南开大学中外文明交叉科学中心
南开大学梅田善美日本文化研究基金 资助项目

南開大学梅田善美
日本文化研究基金
Umeda Yoshimi Japanese Culture Research Fund,NKU.

善美原典日本研究文库
井上哲次郎儒学论著选集

刘岳兵 主编

日本阳明学派之哲学

[日]井上哲次郎 著
付慧琴 贾思京 译

中国社会科学出版社

图书在版编目(CIP)数据

日本阳明学派之哲学 / (日) 井上哲次郎著 ; 付慧琴, 贾思京译. —北京: 中国社会科学出版社, 2021.9
(善美原典日本研究文库. 井上哲次郎儒学论著选集)
ISBN 978-7-5203-9115-3

Ⅰ.①日… Ⅱ.①井…②付…③贾… Ⅲ.①王守仁(1472-1528)—哲学思想—研究 Ⅳ.①B248.25

中国版本图书馆 CIP 数据核字(2021)第 192038 号

出 版 人	赵剑英
责任编辑	韩国茹
责任校对	张爱华
责任印制	张雪娇
出　　版	中国社会科学出版社
社　　址	北京鼓楼西大街甲 158 号
邮　　编	100720
网　　址	http://www.csspw.cn
发 行 部	010-84083685
门 市 部	010-84029450
经　　销	新华书店及其他书店
印刷装订	北京市十月印刷有限公司
版　　次	2021 年 9 月第 1 版
印　　次	2021 年 9 月第 1 次印刷
开　　本	650×960　1/16
印　　张	31.25
插　　页	2
字　　数	337 千字
定　　价	138.00 元

凡购买中国社会科学出版社图书, 如有质量问题请与本社营销中心联系调换
电话: 010-84083683
版权所有　侵权必究

"善美原典日本研究文库"编辑委员会

（按拼音排序）

顾　　问：王金林　王守华
主　　编：刘岳兵
编委会成员：江　静　李　卓　刘　轩　刘雨珍
　　　　　　刘岳兵　吕顺长　莽景石　乔林生
　　　　　　宋志勇　王宝平　王　勇　杨栋梁
　　　　　　尹晓亮　张玉来　赵德宇

回归原典，与史料肉搏

——编纂"善美原典日本研究文库"缘起

回归原典！与史料肉搏！

这口号已经喊了有十多年吧，但一直是雷声大雨点小。之所以一直没有太大的动静，一是因为要系统地整理、译注某一方面的史料，并不是件容易的事，这是可想而知的；二是没有碰到可以促使我下决心尽快动作起来的机遇。前者是急不得的，史料的译注，是基础性工作，必须仔细认真，力求尽善尽美；而后者是可遇不可求的。

是的，我们将这个"文库"命名为"善美原典日本研究文库"，其中的"善美"当然可以理解为尽善尽美。对善、美的标准的理解，我们还在不断的修为中提升；实事求是、精益求精、追求卓越，是我们立身为学的基本态度。

其实，"善美"也是一个日本友人的名字，他叫梅田善美。我们设立此文库，并以他的名字命名，是为了纪念和感谢梅田夫妇为中日文化交流事业所作的无私奉献。梅田夫妇曾经致力于支持和推动浙江大学日本文化研究所、浙江工商大学东方语言文化学院和东亚研究院的中日学术和文化交流工作，并于2013年6月，梅田善美先生的夫人梅田节子女士在南开大学设立"南开大学梅田善美日本文化研究基金"（简称"善美基金"）。该基金设立之时，善美先生已经逝世两年多了。在2020年，即善美先生逝世10周年之际，我们开始筹划编纂本文库。

原典（the original text）一词，《辞海》里虽然还没有收录，但是学界已经比较常用了。给我印象最深的，是日本的中国思想史研究者积十数年之功而推出的六卷本《原典中国近代思想史》（西顺藏编，岩波书店1976年、1977年），而经历了三十多年之后，又出版了七卷本的《新编原典中国近代思想史》（岩波书店2010年、2011年）。六卷本的《总序》中对之所以选择按照原典来编纂思想史这种形式有这样的解释："为了打破日本学界、论坛上被视为权威、作为常识的认识框架，深化中国认识，进而去改变日本认识，与其对鸦片战争以来中国人的思想活动进行评价、解说，首先将史料原原本本地提供出来，让每个读者都能够直接接触到，与之搏斗，这样不是更为紧要吗？"只有回归原典、与史料肉搏，才能打破陈规，更新范式，推陈出新。日本人认识中国是这样做的，中国人认识日本，何尝不需要这样做。

我们相信"每一件史料都在呢喃细语，都有自己的思想"。而历史之学就是"一种倾听，一种体察，一种理解"。种种史料，散在于史海中，有些在现在看来可能极为"荒谬"，在当时却"司空见惯"；有些在现在的中国可能被视作极为"反动",而在当时的日本却"理所当然"。历史之学不仅要对"荒谬"和"反动"的史料作出解释,而且也要对与之相应的"司空见惯"和"理所当然"的史料作出说明。广义地说,任何历史遗存都可以被当作史料,为历史学研究所用。这里所说的"原典",既强调史料的"原始性",即是指第一手史料,同时也强调史料的"典型性",即是指有代表性的史料。成为某一学科、某一领域的范式的研究著作,也可以纳入原典中。而收入本文库的原典,都是系统的,而不是零散的。通过阅读本文库,读者可以对某一历史现象、或某一学科领域、或某一具体问题的发展历程或研究状况有系统的了解。这是编委会的共同心愿,也是我们编纂本文库的理想。

本文库的编委,一部分是"善美基金"管理委员会的教授,一部分是梅田善美先生生前与浙江大学交流时结识的好友,也都是中国学界日本史、日本哲学和中日文化交流史领域的代表性学者。本文库作为中日文化交流的结晶,同时作为善美基金的重要成果,经过编译者和出版者的共同努力,一定可以为中国学界、论坛,也期待为民众、为每一位有心的读者提供一个认识和了解日本,同时也反思中国及中日关系的值得信赖的读本。

现在机遇来了,我们奋力前行!

刘岳兵

辛丑清明节

(原文发表于《中华读书报》

2021年6月16日第10版)

编者的话：《井上哲次郎儒学论著选集》导言

这是为"南开大学梅田善美日本文化研究基金"（以下简称"善美基金"）出版项目所写的第三篇"编者的话"。前两篇分别是为天津人民出版社2015年出版的《日本的宗教与历史思想——以神道为中心》和2016年该社出版的《日本儒学与思想史研究——王家骅先生纪念专辑》写的，这两本书作为"日本思想文化史研究"系列著作的"初集"和"续集"，原来是想将这个系列一本一本地编下去的。后来杂务渐多，但一直惦记此事。各种机缘巧合，这套《井上哲次郎儒学论著选集》作为"善美原典日本研究文库"的"初集"终于要出版了，实际上这套书也可以算作上述"日本思想文化史研究"系列的"第三集"。只是这一集不再是单本，而是"自成系列"的一个四卷本的小丛书。这一集虽然迟来了一些，但是相信这种等待不是没有意义的。

一

井上哲次郎（1855—1944年，号巽轩）的儒学研究，对我而言在多种意义上都是旧话重提。

我的博士学位论文《日本近代儒学研究》①虽然没有专门研究井上的儒学思想，但是他的儒学研究著作和《敕语衍义》等都是我写作的重要参考文献。大概是意识到自己研究的不足，后来我编了一本《明治儒学与近代日本》②，组织相关领域的研究者力图对明治儒学的方方面面进行比较系统的梳理，其中第二章就是"明治儒学的意识形态特征：以井上哲次郎为例"。该章的内容由三位作者的三篇文章构成，分别是陈玮芬先生的《井上哲次郎对"忠孝"的义理新诠：关于〈敕语衍义〉的考察》、严绍璗先生的《井上哲次郎的"儒学观"："皇权神化"的爱国主义阐述》和卞崇道先生的《权威话语的借用：从〈敕语衍义〉看明治儒学再兴的途径》。这些文字，我相信已经成为中国学界关于井上哲次郎儒学研究的经典论述，也是一次最集中表述。

后来我有感于学界对朱谦之日本哲学思想研究了解得不充分，特别是有些人对朱谦之与井上哲次郎日本儒学研究之间关系的轻率表述，先后发表了《朱谦之的日本哲学思想研

---

① 刘岳兵：《日本近代儒学研究》，商务印书馆2003年版。
② 刘岳兵编：《明治儒学与近代日本》，上海古籍出版社2005年版。

究》①、《中国的日本哲学思想史研究如何从朱谦之"接着讲"——纪念朱谦之先生诞辰120周年》②等。其实,我在博士学位论文写作时就对照着阅读过井上和朱谦之两人的相关著作,还指出过对朱谦之著作中"以讹传讹"的一处瑕疵。这一点后来被书评作者发现,作为评价我"考辨之细微""实证求实的治学态度"的证据。③

来南开和我一起学习过的同学中有对井上哲次郎的思想感兴趣,并发表过专门的学术论文的,在学的同学还有准备将井上哲次郎的思想作为博士学位论文选题的。这次系统地将井上哲次郎的儒学研究成果介绍到中国学界来,所有的译者也都是我的学生。这样"兴师动众",我相信也不是没有意义的。

二

东京富山房出版的《日本阳明学派哲学之研究》(1900年)、《日本古学派哲学之研究》(1902年)和《日本朱子学派哲学之研究》(1905年)被称为井上哲次郎的日本儒学研究"三部曲",是运用西方哲学观念整理、分析和研究江户时代日本儒学思想的开拓性的、具有奠定这一领域研究范式的划时

---

① 刘岳兵:《朱谦之的日本哲学思想研究》,《日本学刊》2012年第1期。
② 刘岳兵:《中国的日本哲学思想史研究如何从朱谦之"接着讲"——纪念朱谦之先生诞辰120周年》,载杨伯江主编《日本文论》2019年第1辑,社会科学文献出版社2019年版。
③ 张国义:《评刘岳兵的〈日本近代儒学研究〉》,《历史教学问题》2004年第2期。

代意义的著作。在学术史和思想史上，这三部研究著作和育成会1901年到1903年出版的十卷本资料集《日本伦理汇编》（井上哲次郎、蟹江义丸编）一起，对于我们了解江户时代日本儒学和伦理思想的历史状况具有里程碑的意义。

研究著作中设专章论述的，日本阳明学派的代表人物有：**中江藤树**、**熊泽蕃山**、北岛雪山及细井广泽、**三重松庵**、三宅石庵、**三轮执斋**及繁伯、川田雄琴及氏家伯寿、**中根东里**、林子平、**佐藤一斋**、梁川星岩、**大盐中斋**、宇津木静区、林良斋、吉村秋阳及吉村斐三、山田方谷及河井继之助、横井小楠、奥宫慥斋及冈本宁斋·市川彬斋、佐久间象山、春日潜庵、池田草庵、柳泽芝陵、西乡南洲、吉田松阴及高杉东行、东泽泻、真木保臣·锅岛闲叟。

古学派的代表人物有：**山鹿素行**、**伊藤仁斋**、中江岷山、**伊藤东涯**、井河天民、原双桂、原东岳、**荻生徂徕**、**太宰春台**（三版时附录中增加：**山县周南**、**市川鹤鸣**）。

朱子学派的代表人物有：**藤原惺窝**、林罗山、木下顺庵、**雨森芳洲**、安东省庵、**室鸠巢**、**中村惕斋**、贝原益轩、**山崎暗斋**、浅见䌹斋、佐藤直方、三宅尚斋、谷秦山、柴田栗山、**尾藤二洲**、佐藤一斋、安积艮斋、元田永孚、中村敬宇。

上述以黑体字标出的儒者的著作都可以在《日本伦理汇编》中找到（朱子学派中还收录有山县大贰、赖杏坪的著作）。此外，《日本伦理汇编》的第九卷是折衷学派的资料（代表人物有细井平洲、片山兼山、井上金峨、大田锦城），第十卷是独立学派（代表人物有三浦梅园、帆足万里、二宫尊德）和老庄学派（代表人物有卢草拙、有木云山、阿部漏斋、广濑淡窗）的资料。

井上哲次郎的日本儒学研究"三部曲"，自出版之后，就不断重印、修订或改版。由于初版距今已经有上百年的历史，许多原书中的图片原本就不十分清晰，这次都全部割爱了。本次翻译的最大特点之一是尽量做到每一个译本都将其初版和后来最有代表性的"巽轩丛书"①版进行互校，不同之处以注释的形式标出，有心的读者从这些或细微或显著的变化中一定可以读出某种意义来。我相信译者的这种用心也不会是没有意义的。

三

对井上哲次郎日本儒学研究三部曲的意义、影响和评价，

---

① 据井上哲次郎自定年谱，1924 年 11 月 5 日其门人知友约二百名于华族会馆为其开古稀祝贺寿宴。寡闻所及，1926 年 5 月 30 日发行的《日本阳明学派之哲学》第十四版的封面衬页上印有红色的"巽轩丛书"字样。扉页的虚线方框内有落款为"大正十三年十月吉旦　巽轩会同人"的说明文字。全文为："维新以来，裨益我国运之发展者，教育、政治、军事、产业各界人才辈出，丰功伟绩，新人耳目。学界亦不乏其人。其中如吾巽轩井上先生乃其泰斗。先生夙从事于东洋哲学研究，对儒教、佛教、神道等多有阐发。先生学问渊博，博闻强记乃其天性。对于哲学、伦理、宗教乃至社会问题，多有犀利卓拔之见。余技亦及文学，尚有诗歌创作。且先生夙尊国体，以推进国民之道德为己任。大而言之，可谓纲常因先生而得以维持。先生于我国文化之发展，其功绩岂可谓鲜少？今先生年至古稀，精力毫不衰减，读书钻研，其气概不让少壮。客岁以来，吾辈受先生之教诲恩泽者，胥谋组织巽轩会，一为先生祝寿，一欲以先生之学为念。因兹发行巽轩丛书，以为事实上之表征。"此版版权页上所标记的"订正十三版发行"的时间为"大正十三年十月二十日"，正好与以上落款的时间一致，但是井上哲次郎的《重订日本阳明学派之哲学序》落款的时间是"大正十三年十一月十七日"。因未见"订正十三版"，巽轩丛书版最初的出版时间待考。

有一些专门的学术论著做了分析。总体的论述，比如九州大学教授町田三郎的《井上哲次郎与汉学三部曲》①、井之口哲也的《关于井上哲次郎江户儒学三部曲》②，都值得参考。把井上的日本儒学研究放到日本儒学史研究的长时段学术史大背景中去看，陈玮芬的论文《对"日本儒学史"著述的一种考察——从德川时代到1945年》③可以参考。

我们先从丸山真男的"日本政治思想史"课堂上，看看他是如何介绍和评价井上哲次郎的这个三部曲的。

丸山真男1948年"日本政治思想史"讲义的参考文献第二类"儒教思想"中，只列了井上哲次郎的《日本朱子学派之哲学》《日本阳明学派之哲学》和《日本古学派之哲学》三册，并附有简短的评介："在德川儒教史研究中占有古典的位置。大体上是将近代学问的方法论运用到德川儒教史中的最初尝试。"④1964年丸山真男的"日本政治思想史"讲义的参考文献中，基础史料第一项就是井上哲次郎和蟹江义丸编的《日本伦理汇编》（10册），"主要是由江户时代特别是儒学系统的思想家的主要著作汇集而成，按照不同学派编成"⑤。1965年讲义录的参考文献中除了《日本伦理汇编》之外，还列出了井

---

① 町田三郎：《井上哲次郎与汉学三部曲》，收入氏著《明治の漢学者たち》，东京：研文出版1998年版。
② 井之口哲也：《关于井上哲次郎江户儒学三部曲》，《东京学艺大学纪要人文社会科学系Ⅱ》第60集，2009年。
③ 陈玮芬：《对"日本儒学史"著述的一种考察 从德川时代到1945年》，载九州大学中国哲学研究会编《中国哲学论集》通号23，1997年10月。
④ 《丸山真男讲义录》第一册，东京大学出版会1998年版，第53页。
⑤ 《丸山真男讲义录》第四册，东京大学出版会1998年版，第39页。

上的日本儒学研究三部作，并介绍说："井上哲次郎的三部作。具有近代【西洋】哲学史素养的博士，以受此训练的眼光来探索近世儒学史的著作。对个别思想家而言，放入阳明学派是否合适之类的问题还值得探讨。近代儒学史研究的开端，在今天也是有意义的研究。"① 1966 年的讲义录对这三本书的介绍是："以明治 30 年之后'国民道德'论兴起为背景的著作。运用西欧的学问方法来研究儒教思想史的最初的著作。"② 1967 年讲义录参考资料中这样评价井上哲次郎的三部作："明治时代用西欧的方法研究江户儒学的最初著作。与《日本伦理汇编》同时代刊行，具有划时代的地位。但是明确地区分朱子学、阳明学、古学，这不是没有问题的。不仅仅因为采取折衷立场的儒者也不少，将幕末志士等归入'学派'，而且大多划入了'阳明学派'，这等于是将其视为普洛克鲁斯特床上的俘虏。"③虽然不同年份的评介各有侧重，但对其学术史意义，是一直肯定的。尽管对"学派"的划分可以讨论，但是其研究范式，也不得不承认已经成了一种沿袭的"传统"。如丸山所言："江户时代儒教思想的历史展开，可以从种种角度来追溯。朱子学派、阳明学派、古学派、折衷学派，这种按照'学派'，特别是以宋明学与古学的对立为中心而进行的探索，是井上哲次郎以来为许多学者所沿袭的做法。"④

---

① 《丸山真男讲义录》第五册，东京大学出版会 1999 年版，第 9 页。
② 《丸山真男讲义录》第六册，东京大学出版会 2000 年版，第 9 页。
③ 《丸山真男讲义录》第七册，东京大学出版会 1998 年版，第 11 页。
④ 《丸山真男讲义录》第七册，第 252 页。

1983年，丸山真男在他的《日本政治思想史研究》英文版作者序中毫不隐晦地宣称，自己的著作"无论对哪方面的德川思想史研究者而言都异口同声地承认是'出发点'"①。但是这个出发点不是凭空产生的。这里他分析了近代以来日本思想史研究的几种类型，第一种就是以"国民道德论"为基础的日本思想研究，而这种类型的代表人物，就是井上哲次郎。下面的引文稍微有点长，但是这种解释是值得倾听的。

> 所谓"国民道德"，既然道德本来是良心的问题，那么道德的承当者就不可能在个人之外——这种想法如今对于居住在基督教世界以外的文化圈中的人们而言也已经是常识——立足于这样的思考时，这一词语直译起来便难以理解。尽管如此，这一词语在日本帝国，自明治中期（二十世纪初）前后，在政治家和教育家之间就开始强调，一直到第一次世界大战后的所谓"大正民主主义"时代，都是根深蒂固地残存在保守阶层之间的一种意识形态用语。最为善意地来解释的话，这是明治维新后日本遭遇西欧化的洪流，为了寻求自己的国家以及国民的同一性（national identity）的一种绝望的努力在道德方面的表现。他们反复宣称，对日本帝国而言，并非是在儒教、佛教、神道这些非西欧的说教与在西欧的伦理中寻求"偏向性"，毋宁说，要将之与上述"传统"说教中所缺乏而必须补充的道德——比如所谓的公共道德——进行适当的捏合，从而树立帝国臣民

---

① 《丸山真男集》第十二卷，岩波书店1996年版，第76页。

应该遵守的新道德，并将之作为现代日本最切实的课题。既然是道德上的问题，"传统的"意识形态中，特别着力于儒教是很自然的。学者或教育家中这种想法的热烈主张者，被称为"国民道德论者"。①

丸山真男认为井上哲次郎就是典型的"国民道德论者"之一。他接着评价说：井上"关于'国民道德'的许多著作和论文，鼓吹的调子越高，其学术价值越低。但是其中他运用在欧洲留学所学到的西欧哲学范畴研究德川儒学的三部曲，是近代日本德川儒学史研究具有划时代意义的里程碑。因为它不为拥有长久传统的'经学'（中国古典的注释学）所束缚，不管怎样是将日本儒学史作为'思想'的历史来对待的最初的力作。即便考虑到将德川时代的儒者或儒教的思想家强行塞进朱子学派、阳明学派、古学派的某个框框里，或者在儒学史中机械地套用欧洲哲学的范畴或学派来进行解释这些缺点，这些著作，即便在今天，依然不失其生命"②。

这里可能有读者会问，丸山真男把井上的三部曲作为用西方哲学范畴研究日本德川儒学的开创之作，强调其划时代的里程碑意义，也就是说井上的三部曲可以说是近代日本学术史上日本思想史研究的一个"出发点"，这和约半个世纪之后他自己的《日本政治思想史研究》也成为该领域公认的"出发点"，这两个出发点之间有什么关系？丸山真男本人的态度，

---

① 《丸山真男集》第十二卷，第80—81页。
② 《丸山真男集》第十二卷，第81页。

或许如他所言:"基于'国民道德论'及在此谱系上成为时代流行的'日本精神论'的思想史的力作(在量上占了绝大多数),即便不那么盲信,以此为前提的伦理上和政治上的教条,对于青年的我而言,几乎有近乎生理上的厌恶感。"①尽管如此,第一个"出发点"和战后日本思想界的关系如何,恐怕也是一个值得思考的问题。而且高调的"国民道德论"著作,即便其学术价值很低,但是其历史价值不低。我们相信本次推出井上的儒学论著,除了其"经典"的三部曲之外,还特意编译了一本《儒教中国与日本》,也不会是没有意义的。

四

其实,井上哲次郎对自己所从事的工作的意义,是有充分的自觉和自信的。根据井上的传记和年谱,他是东京大学哲学科(兼修政治学)的首届毕业生,自从1880年毕业之后,研究、编撰和讲授"东洋哲学史"是贯穿其整个学术生涯的一项重要工作。而以著作的形式展示这项工作的最初成果,就是他的日本儒学研究三部曲的第一部《日本阳明学派之哲学》。

井上哲次郎日本儒学研究的学术史意义和贡献,一言以蔽之,就是为"东洋哲学"研究奠定了基础、建立了范式。具体而言,一方面是运用西方哲学范畴研究、梳理日本哲学思想史的传统资源,一方面是对日本儒学的总体把握和学派分析。其

---

① 《丸山真男集》第十二卷,第89页。

思想史意义，主要是为东洋哲学思想的传统与发展赢得了话语空间。一方面挖掘了日本国民道德建设的传统精神资源，另一方面也为实现他的东西哲学思想融合的理想提供了一个蓝图，同时，这项工作本身也是一次思想融合的尝试。①

《日本阳明学派之哲学》的序文中开篇即表明自己从大学毕业后就开始着手编著东洋哲学史，积累了大量的中国哲学、印度哲学的材料，后来到1897年赴巴黎参加万国东洋学会，发表了《日本哲学思想之发达》，"归国以来益觉对日本哲学进行历史的研究之必要。于是稍致力于阐明德教之渊源、寻绎学派之关系，其稿渐多，堆满箱底。其中有关阳明学者自成一部，名之曰《日本阳明学派之哲学》，以稿本之原貌公之于世，欲为医治现今社会病根之资"。这里所说的"社会病根"，就是该序文中后面提到的明治维新以来，功利主义、利己主义思想流行，破坏了日本国民的道德心，如他在《日本伦理汇编叙》中所说的，造成了"可怕的道德上的危机"。那么如何培养或重振国民道德心呢？他说："欲知我国民道德心如何，需要领悟用以熔铸陶冶国民心性的德教的精神。如此书所述日本阳明学派之哲学，岂非其所资者乎？"他自信不仅日本阳明学派之哲学，也包括日本古学派、朱子学派之哲学，"在东洋哲学史中虽然不过为大鼎之一脔，庶几可成为将心德发扬

---

① 关于日本明治时代政治、宗教、教育领域中日本与西方以及中国与日本之间的文化交涉，请参阅陶德民的著作《西教东渐与中日事情——围绕礼拜·尊严·信念的文化交涉》（大阪：关西大学出版部2019年版）。与本文相关的特别是该书第五章 "'教育与宗教冲突'的背景与本质"和第七章"明治末年出现的神佛耶三教会同与归一协会的意义"。

于世界万国之一具"。

　　井上对日本儒学学派的划分,我们从其三部曲的不断重印再版中可以看出他的观点基本上是一以贯之的。比较大的变化,比如阳明学派,在重订本(1936年巽轩丛书版)中增加了"渊冈山"一章,在新订本(1938年富山房百科文库版)中删去了佐久间象山,新订本序中指出:"佐久间象山应该作为朱子学的倡导者,因此将他删了,换成了高井鸿山。"对佐藤一斋这种被评为"阳朱阴王"的儒者,在《日本朱子学派之哲学》中都只留其章名(第四篇宽政以后的朱子学派 第三章佐藤一斋),而该章的具体内容只有"揭于《日本阳明学派之哲学》第二篇第八章,故兹略之"。可见井上也已经注意到学派的复杂性。按学派来研究哲学思想史,有利于揭示其整体特征和发展状况,只要研究者不局限于学派,并不影响揭示个别哲学思想家的复杂性。

　　其他的修订,这里只举一个例子说明。《日本阳明学派之哲学》初版第37页中介绍中江藤树的著作,最后一项是"《藤树全书》十卷",如其所言,该书明治二十六年刊行,当然是最新成果了。到1926年的重订本即巽轩丛书版中的这一项[①],最后增加了一句:"现在另有《藤树先生全集》的编纂与发行的计划,此书一旦出版,较之从前的将更加正确、完备,故裨益学者亦甚大。"到1938年8月"富山房百科文库"版的《新订日本阳明学派的哲学》中,则在此后专立一目"《藤树先生

[①] 井上哲次郎:《日本阳明学派之哲学》,东京:富山房1926年第十四版,第35页。

全集》（五十卷五册）"，并做了详细的介绍："此书由加藤盛一、高桥俊乘、小川喜代藏、柴田甚五郎四人编纂，是最为完备的藤树全集。尚增加有别卷一册，卷末不仅附有索引，而且刊登了英文的《藤树论》。学者宜用此书研究藤树之事迹及学说。"①《藤树先生全集》虽然到1940年才由岩波书店出版，因为井上哲次郎为该书的顾问，便提前在自己的著作中做了说明。其修订的状况，由此可见一斑。

还有一点是三部曲的"现实意义"，也不容忽视。《日本阳明学派之哲学序》落款日期为"明治三十三年九月廿四日"，就是1900年9月24日。同年7月14日，包括日本在内的"八国联军"占领了天津，8月15日入侵北京，光绪帝与西太后等西逃。八国联军中日军在中国的"出色表现"成了井上哲次郎宣传"高洁"的日本国民道德心的重要"证据"。他在这篇序文中写道："若再就眼前的事实来证明我国民道德心的表现的话，那看看我国军队在中国的表现吧。其独放异彩的是什么呢？不恣意掠夺，不逞暴恶，严守军纪，不为私欲所动，这不是我国民道德心的表现是什么呢？正是因为有如此的国民道德心，我们的军队才能独放异彩。"还说道："该事变是如何暴露了联合国军中各国官兵应被责难的地方的呢？在此期间，我国军队通过剑光炮声彰显了我国民的道德心无比净洁的姿态，闪耀于世界各国眼前。是该培养我国民的道德心呢？还是该消灭呢？我觉得问这个问题就十

---

① 井上哲次郎：《新订 日本阳明学派的哲学》，东京：富山房1938年版，第28页。

分愚蠢。"

　　这两段话，如果所说的事是真实的话，的确是很有力的证据。我手头恰好有两本关于八国联军的书，一本是《京津蒙难记——八国联军侵华纪实》①（以下注释简称《纪实》），一本是《中国和八国联军》②（以下注释简称《联军》）。两本书记录的都是当时的亲历亲闻之事和书报资料。日军当时从中国抢劫掠夺了多少财宝，书里有不少的数字记载，如"户部银库存的300余万两白银和内廷所存金银，全被日本人抢去"③，日本的媒体也报道过从开战到10月初，日本从中国"所得"多少米多少银多少武器军火。④准确的数字，待今后有空再去细查，否则有可能否认"掠夺"过的事实。兰道尔的书中是这样描述日军士兵的，说："和其他人一样，他们也抢劫，但用的是一种平静、温和，甚至是优雅的方式。""他们拿走喜欢的东西，但做得是如此得体，以至于你看上去不觉得这是抢劫"。⑤同时也记载了日本兵不温和不优雅的举动，和其他帝国主义侵略者一样幸灾乐祸地虐待中国的俘虏⑥、向中国的平民逞其暴恶⑦。兰道尔在评价当时的美国兵时说：

---

① 北京市政协文史资料研究委员会·天津市政协文史资料研究委员会编，中国文史出版社1990年版。
② 兰道尔：《中国和八国联军》上下卷，李国庆、邱葵、周珞译，国家图书馆出版社2014年版。
③ 《纪实》，第37页。
④ 《纪实》，第90—91页。
⑤ 《联军》上，第182页。
⑥ 《联军》上，第343页。
⑦ 《联军》上，第357页。

我看到美国的报纸报道说，美国兵是在中国唯一绝对没有进行抢劫的士兵。这句话引申出来的意思就是，美国兵的道德观要高于其他国家的士兵。毫无疑问的是，其他参战国家的报纸也是以同样方式写他们的同胞的。如果报纸的内容总是真实的，那倒是一件非常愉快的事。但是就这件事而言，那种报道特别的虚假。在抢劫这件事上，美国士兵没有比其他人更坏，但更确实的是，他们也并不比其他在场的士兵更好。①

井上的上述文字，大概也是看到当时日本的特别虚假的报道，而引申出来的意思。因为事实是虚假的，从虚假的事实所引申出来的意思也自然是不可信的。从虚假的事实中引申出闪耀于世界各国眼前的日本国民道德心的洁净姿态，这就是日本当时真实的意识形态操作，作为史料，是非常珍贵的。但是，我发现在后来的重订本和新订本中，初版序言中的这两段都删去了。②这当然又是另一种历史的真实。把史实原原本本地摆出来，这对于我们深入了解日本近代的学术思想不会是没有意义的。

----

① 《联军》上，第183页。

② 另外，《日本朱子学派之哲学序》落款日期为"明治三十八年十一月廿三日"，即1905年11月23日。时值日俄战争结束，第二次日韩协约签订，日本掌握了韩国的外交权，在汉城设置统监。由此，该序的结尾这样写道："目前日俄战争已宣告终结，我邦之荣光发扬光大于四海宇内，欧美学者试图究明我邦强大之原因。此时展开朱子学派的历史研究，认识我邦德川氏三百年间的教育主义在国民道德发展史上带来的巨大影响，已是时不我待之事。有志于德教之学者，宜深思之。"这一段后来的巽轩丛书版没有修改也没有删节。

五

井上哲次郎，不只是一个普通的思想家，也是近代日本官方意识形态的重要代言人。这就决定了他的儒学和相关思想研究，不可能停留于纯粹学术的层面，他的研究和学术要为当时的国家意识形态服务。因此，要全面了解井上的儒学研究成果，只知道上述三部曲是不充分的。为此，我们编译了第四卷《儒教中国与日本》。

第四卷《儒教中国与日本》是一本"新书"。井上一生，著作等身。但有意识地编辑单册选集的，就我所知，最重要的应该是其自编的《井上哲次郎选集》，1942年11月由东京的潮文阁出版发行。该选集的内容依次分为哲学篇、伦理篇、宗教篇、教育篇、武士道篇、经济篇、圣德篇、圣哲篇、贤哲篇、军神篇，共收录21篇文章。这些文章一定是他在所涉及的相关领域自认为得意且能适应时代需要的作品。2003年，岛薗进和矶前顺一编纂的九卷本《井上哲次郎集》，列入"日本的宗教学丛书"中，由东京的クレス出版（KRESS株式会社）影印发行，为我们进一步了解井上哲次郎的相关思想提供了资料上的便利。以上选集或著作集，都是我们编辑《儒教中国与日本》的重要参考。

《教育敕语》（1890年）是继《大日本帝国宪法》（1889年）颁布、近代日本国家组织结构成型之后，以天皇的名义发布的宣示国民道德根源、国民教育基本理念的重要文献，可以说它是近代日本官方意识形态的灵魂所在。对《教育敕语》的解说书籍汗牛充栋,而井上哲次郎的《敕语衍义》(1891年)作为师范学校和中学教科用书,影响最大、流传最广。①1899年井上对《敕语衍义》稍加修订,出版过《增订敕语衍义》(文盛堂・文魁堂),而《儒教中国与日本》中收录的《释明教育敕语衍义》是井上哲次郎《敕语衍义》的最终版,1942年10月由东京广文堂书店出版发行。

井上哲次郎的《敕语衍义》的特色与意义,特别是与儒学的关系,如前所述,拙编《明治儒学与近代日本》中已经阐述得非常清楚了,我们不妨来重新温习一下。比如,对《敕语衍义》在中日学界的回响,陈玮芬做了这样简明的概括②:

> 严绍璗认为它深深烙着德国国家主义的印记,指出井上的信念是留德期间受到俾斯麦、斯坦因等集权主义思想影响的结果。他批评井上的思想体系"既是学术的,又是政治的",这个庞大体系的全部价值,"在于使国民加强天皇制国家体制的意识"③。王家骅主张《敕语衍义》刻意将天皇的神格和国家有机体说加以结合,构成一种天皇与国家一体而至上,"忠君"即"爱国"的专制思想,毒害了数代的日本人④。而日本学者则指出井上在《敕语衍

---

① 参见拙著《日本近现代思想史》第三章第二节"《教育敕语》的颁布及'敕语体制'"的形成,世界知识出版社2010年版,第105—116页。
② 陈玮芬:《井上哲次郎对"忠孝"的义理新诠:关于〈敕语衍义〉的考察》,载刘岳兵编《明治儒学与近代日本》,第60页。
③ 严绍璗:《日本中国学史》,江西人民出版社1991年版,第305页。
④ 王家骅:《儒学的政治化、社会化与日本的现代化》,载李玉等主编《传统文化与中日两国社会经济发展》,北京大学出版社2000年版,第151—152页。

义》中完整回顾了古来的日本人如何理解、说明、实践"孝悌忠信"的历史，这种"忠君爱国"、"死轻鸿毛"的精神，规定了井上此后的思考举措，成为他终身不渝的信仰①。

陈玮芬对于从《教育敕语》到《敕语衍义》的精神逻辑如何展开，在其论文的"结论"部分做了详细的阐述：

> 井上哲次郎的《敕语衍义》为《教育敕语》奠定了解释的基调，成为此后五十年间人们理解《教育敕语》的准则之一。当然，衍义虽然是敕语的注释，但是两者的思想理路、企图与策略并不是完全一致的。其最大不同，在于敕语的制定动机是针对维新以来西学影响的反省，关注的焦点在于国民道德的问题，而衍义的论述则着重于日本万世一系的特殊国体，甚乎国民道德。
>
> 《教育敕语》把国民道德的根据限定为天皇祖先的教训，除此之外，不允许人们由内在层面、或是精神权威（如良心）中寻求道德依据。国民如果选择了此外的道德权威，便违反了国体，必须加以遏止。文中罗列了孝父母、友兄弟、夫妇和、朋友信、恭俭、博爱、义勇奉公等各项德目，并不尽然是由儒教道德中取材。即便是五伦之一的夫妇之道，也避开儒教习用的"有别"，而以近代的解释"相和"代之。至于个人的修德修学、社会道德范畴

---

① 町田三郎：《井上哲次郎と漢学三部作》，载氏著《明治の漢学者たち》，东京：研文出版1998年版，第235页。

的博爱公益，或者是立宪国民国家的要件如遵守国宪国法等，无一不在谆谆规范的项目中。至于国家有事时必须义勇奉公的要求，也许不能直接判为与近代国民道德互相矛盾的行为。

如果剔除《教育敕语》中天皇与国民的关系，可以发现其人际关系论中的道德，也就是所谓"父母孝，兄弟友，夫妇相和，朋友相信"，对于儒教已相当普遍的东北亚来说也完全没有任何不妥，它是一种理所当然的道德，也通用于现今的社会。不过，就算各个单项的德目无可挑剔，《教育敕语》本身却存在了根源性的问题，那就是要求国民奉行这些德目的最终目的，并不在于培养出具备"善良"人格的子民，而在于塑造出"朕忠良之臣民"与"显彰祖先遗风"的忠臣与孝子。可以说，《教育敕语》所描绘的理想人类图像，是一个绝不被允许跨出天皇制意识型态框架的人类。

此外，《教育敕语》虽然以"天皇祖训"的方式，为上述训诫日本臣民的教条赋予特殊的个别价值，但同时也反复使用"不谬"、"不悖"、"通古今"（＝时间性），以及"施中外"（＝空间性）等字眼，强调它所具备的普遍性、妥当性。这种将个别价值扩大为普遍价值的逻辑，正好等同于昭和时期甚嚣尘上的天皇制国家乃"八纮一宇"的逻辑。

井上哲次郎认同这样的逻辑，为了统合民心、巩固天皇权威，大篇幅铺陈《敕语衍义》，此书也和《教育敕语》、《大日本帝国宪法》等互为表里，成为天皇制国家的伦理、法理根据，担负了维持天皇政体精神秩序的使命。他试图转化宗教性的虔敬之心入道德领域中，建立"世俗的、实际的"国民道德，又藉由儒教的"差等之爱"来建构以天皇为顶点的世俗秩序①。他明确主张忠重于孝、使用"广泛"、"深大"等语词为忠君爱国的行为赋予正当性。他刻意忽略儒家对"仁政"的要求，批评中国的人民与皇帝之间、家族与家族之间都无法真正能够达到"血缘"的连结，国家由个别家族组成，无法真正贯彻"忠孝一本"的观念；加以历史上再三改朝换代，也造成人民在忠孝之间难以抉择。藉以标举世间唯有皇统一系的日本，把个别的家族制度都包含在天皇的大日本家族之中，提供了忠孝合致的理想社会。他采用日本拥有他国所欠缺的独特而完备的历史传统这样的论调，来激发全体国民的使命感，虽然所使用的诠释语言显然易见是简单、暧昧、也模糊的，却也的确成功地培育出许多忠臣良民。②

严绍璗先生的《井上哲次郎的"儒学观"："皇权神化"的爱国主义阐述》对《敕语衍义》的主题思想和精神实质做了清晰的概括：

---

① 井上哲次郎：《儒教的长处短处》，《东洋哲学》第 15 号，第 67 页。同《非难教育上的世界主义》，《日本主义》第 1 号，东京：开发社 1897 年版，第 12 页。
② 刘岳兵编：《明治儒学与近代日本》，第 82—83 页。

日本社会正在日益接受欧美的文化思想，而这种世态的加深发展，势必会动摇日本天皇制政体的国家利益，于是，井上哲次郎便致力于把日本传统儒学中的伦理观念，与欧洲的（主要是德国的）国家主义学说结合为一体，着力于阐述"孝悌忠信"与"共同爱国"为日本国民的两大德目，是所有的"臣民"对天皇应尽的义务，从而试图创立起一种新的日本精神。

井上哲次郎的《衍义》，从儒学研究的视觉来考察，最可注意点有二：

第一、井上哲次郎抛却历来关于"孝悌忠信"的陈腐旧说，直接把它与"共同爱国"连接为一体，申言这是拯救日本的唯一之道，不仅使人耳目一新，而且使它具有了现代价值观的诠释。与十年前天皇的近臣永田元孚等江户老儒，用陈腐不堪的言辞来指责"文明开化"不同，在井上哲次郎的一系列的阐述中，非常注重近代性的国家意识的表述，其重点在于使"臣民"对于"君主"的忠诚，具有了"爱国"的最普遍与最神圣的意义，这就把传统儒学的政治伦理与欧洲国家集权主义学说融为一体。这是近代日本儒学主流学派的最基本的特征之一。

第二、当井上哲次郎在着力于重建日本国民的精神时，虽然阐述的主旨是传统儒学的伦理道德，诠释的方式是西洋的国家主义，但是，这内外两个理论于日本而言，却都是"异邦文化"，这对井上哲次郎来说，确是一个颇为棘手的问题。于是，他又以十分的努力，致力于强调日本天皇臣民爱国的真正内容，在于建立起日本形态的皇统观念。

井上氏在为《敕语》的第一句话"朕唯吾皇祖皇宗，肇国宏远，树德深远"作"衍义"时是这样诠释的：

当太古之时，琼琼杵命奉天祖天照大御神之诏而降临，列圣相承。至于神武天皇，遂讨奸除孽，统一四海，始行政治民，确立我大日本帝国。故而我邦以神武天皇即位而定国家之纪元。神武天皇即位至于今日，皇统连绵，实经二千五百余年之久，皇威愈益高涨，海外绝无可以与相比者。此乃我邦之所以超然万国而独秀也。

这里阐述的是最典型的"日本大肇国观念"——所谓日本天皇，为"天孙降临"，乃"万世一系"；所谓日本国民，为"天孙民族"，乃"八纮一宇"；故而，日本乃"神国"矣，为"超然万国而独秀也"。这是井上哲次郎把握的《教育敕语》的真精髓，是他在《衍义》中贡献于日本国民面前的"爱国"的真内容，这也就是近代日本儒学研究的真灵魂。

《教育敕语衍义》构筑起了一个把传统儒学、西洋国家主义，与日本神国尊皇观念融为一体的缜密的思想体系。这个思想体系以粘着于天皇制国体为基础，以儒学的政治伦理为内核，以神国皇道观念为灵魂，以国家主义为表述形式。①

---

① 刘岳兵编：《明治儒学与近代日本》，第90—92页。

严绍璗在该文中还将井上哲次郎的《敕语衍义》和日本儒学研究三部曲及 1912 年出版的《国民道德概论》联系起来，指出："井上哲次郎以深厚的儒学教养，足实的西洋文化的熏陶和对天皇制国家的忠诚，开启了近代日本儒学研究的一个新的学派。"①对井上的儒学研究三部曲，严绍璗评价说："在这三部著作中，井上氏遵循他的基本思想，把儒学的伦理与国粹派的尊皇观念的统一，把日本的传统（指包含了儒学与国粹诸方面）与西洋的价值观念的统一，作了合理主义的诠释。或许可以说，从《教育敕语衍义》到这三部'学派之哲学'，井上哲次郎在近代日本的儒坛上，完成了作为日本儒学研究中主流学术奠基者的神圣任务。"②而井上的日本儒学三部曲也为他后来的国民道德论的铺陈与展开提供了重要的精神资源。

本书中收录的《释明教育敕语衍义》主要由四部分构成，第一部分绪言，说明《教育敕语》颁发的经过与原委；第二部分影印《敕语衍义》全篇；第三部分释明，这一部分是核心部分，是在《教育敕语》颁布半个世纪之后的新的历史时期，重新为其护教与辩诬，并赋予其新的历史意义；第四部分《附录 道体论之概观》也很重要，是要为日本的国体观念从哲学上寻求"道体论"的思想根据。

我们来举例看看他的说法，比如在"释明"部分的第十章"《教育敕语》与儒教主义"的结尾他写道：

---

① 刘岳兵编：《明治儒学与近代日本》，第 92 页。
② 刘岳兵编：《明治儒学与近代日本》，第 92—93 页。

> 我们日本国民如今在战时,在道德方面取得了优异的成绩,无论从任何国家的立场来看都无法非难。不仅在轴心国被赞赏,在同盟国也惊叹不止。正因为如此,《教育敕语》的精神,不仅从儒教来看,不能非难,无论从佛教来看,还是从基督教来看,都不应该非难,我觉得倒是应该大加赞同。①

在第十三章"《教育敕语》与目的主义",也就是"释明"部分的最后一章,在结尾的部分,他这样写道:

> 我们日本正如《神敕》中所宣扬的"宝祚兴隆,天壤无穷"一样,历经二千六百年,时至今日,这一宣言越发成为事实,如今感觉其效验最为显著。同时,我立即想到的是,神武天皇在《奠都之大诏》中显示了八纮为宇的国民理想。这是一种非常亲切、蕴含了博爱精神的国民理想。首先使之在日本全国实现,进一步扩大到大亚细亚诸国,最终使世界各国纳入其范围内,这是一个世界性的大理想。佛教、基督教、拜火教都论说最终的理想,康德、费希特、黑格尔这样的哲学家也论述终极理想,而且儒教以治国平天下为目的,但由于出现各种各样的情况,世界并未按照他们的那些理想进展。时至今日,我们日本已经在横亘大东亚诸国的广阔范围,正在不断实现八纮为宇的大理想。此次神圣事业的参加者,都正在实现他们作为人

---

① 井上哲次郎:《释明教育敕语衍义》,东京:广文堂书店1942年版,第339页。

的生命的目的。

　　而且,为了使这种大理想惠及其他国家,兴亡盛衰不定,社会不安定的国家是不可能实现的。而我国像《神敕》中所说的"天壤无穷"那样,是一个永远无限发展的国家,只有我国才可能实现大理想。与实现这个目的相对,其他功利主义的国家、共产主义的国家、还有一群追随其后的小国家没有丝毫神圣的意义,这是显而易见的事实。我国现在举国正在不断成就着非常伟大的神圣事业,这是由于其在其根基上能够实行"惟神之道"这种大道的缘故。我认为这些事值得今天及今后的学者大力研究,为了广大的世界人类,应该阐明其真相。①

以战争中日本在道德方面的优异成绩来证明《教育敕语》精神的普遍价值,这种论证的方法,井上已经在前面提到的《日本阳明学派之哲学序》中用过一次了,后来相关文字虽然删去了,但是由此可见其思维方式并未改变。不仅没有改变,而且变本加厉,把近代日本自身所进行的"以帝国主义、侵略主义为目的,蚕食或吞并他国,或使其殖民地化,以他民族作为榨取对象"的行径美化为"伟大的神圣事业",而且从不着边际的所谓"神敕"中寻找精神慰藉和动力。

在《附录　道体论之概观》一文本论的结尾部分,井上还煞有介事地论证着日本的"惟神之道"与其他各国的道的功能和特点不同,津津有味地讲述着其优越性和永恒性,相信在此

---

① 井上哲次郎:《释明教育敕语衍义》,第355—357页。

引领下可以将世界化为一个"伟大的神国",并且认为:"只有具有万古不变的基础的皇国,才可能实现这种社会的理想。"①这里已经将"皇国"日本及其"惟神之道"作为一种信仰,神圣化了。所谓论证,不知不觉中进入(或者被带入)一个"解释循环"之中。打破这个"循环"的,只有等到日本的战败。可惜他没有等到这一天。也许他是幸运的,可以抱着他的梦想死去。

《儒教中国与日本》中收录的其余二十八篇文字分为"中国哲学与文化""儒教与日本""古今人物论""序跋与行履"四个部分,其中"中国哲学与文化"部分值得听取的内容不少,特别是《性善恶论》这篇文章,其论述之条理、系统、深入,眼界之开阔,很难想象这是 130 年前发表的论文。"序跋与行履"部分收录了相关著作的序言和他对自己学术、人生的回顾以及自订年谱,这些对于了解井上哲次郎其人其学都是必要的材料。放弃个人的"厌恶感",这些文字作为知识考古学的重要标本,是研究那个时代的精神结构、分析日本近代官方意识形态话语的形成的珍贵资料。由于井上哲次郎的"学界泰斗"身份,这些文字对于我们辨明近代日本的学术与政治生态,尤为重要。中村元、武田清子监修的《近代日本哲学思想家辞典》②,不愧如监修者所言,可以说至今仍然是近代日本哲学思想家个别人物研究"集大成"的辞典。按照经历、思

---

① 井上哲次郎:《释明教育敕语衍义》,第 404、405 页。
② 中村元、武田清子监修:《近代日本哲学思想家辞典》,东京:书籍株式会社 1982 年版,第 59—62 页。

想、著作、文献四个部分，囊括近代日本约一千名思想家，是所见辞书中对井上哲次郎记述最详细的一种。词条作者伊藤友信分析了战后学界对井上"负面评价"多的原因，在于他是官僚式的学者，而且具有国家主义者的思想性格。尽管如此，但是，作者提出对井上的思想不应该以其官僚的、国家主义的侧面为前提去看，而应该在明治时代的哲学潮流中对其进行客观的把握。①要简单地否定它很容易，但是要究明其思想肌理、剖析其逻辑结构，才是思想史研究的关键所在，只有这样才能做到真正有效的批评，才能粉碎它以免重蹈覆辙。而这依然是日本近代思想史研究中的一个重要的、艰巨的课题。

六

中国学术界，其实对井上哲次郎早就不陌生了。关心中国近代学术史的有心人，对这种"厌恶感"也许早就已经有免疫力了。

稍微调查一下就可以发现，《日本阳明学派之哲学》在著名的《教育世界》杂志上几乎全书都译载了。从1907年3月第148期的《教育世界》开始，到同年10月第162期，以《日本阳明派之哲学史》为题连载翻译了除序言和附录的几乎整本《日本阳明学派之哲学》。此外，1915年到1916年的山西宗圣

---

① 伊藤有信：《井上哲次郎》，中村元、武田清子监修：《近代日本哲学思想家辞典》，第60页。

会刊物《宗圣汇志》(《宗圣学报》)也节译过此书。

井上哲次郎最初在中国有影响的刊物上亮相，大概要数在 1899 年 5 月发行的《清议报》第 17 期上发表的"来稿杂文"《读韩氏原道》了。该文结尾写道："韩氏《原道》，通篇支离而无理，矛盾而不通。既不通，又无理，可谓之旷世之大文字耶？近世学汉文者，何故藉藉称之也？吾久叹学汉文者无识见，而局于陈迹，不能驾古人而上之也。乃摘发韩氏原道之谬误，使其知前人之不及后人，后人之不复及后人。"文章劈头即狠批韩文"与真理相背驰也甚矣"。主要从论证逻辑和具体观点来批评韩文的论述。印象比较深的，首先是他从逻辑上指出："定名与虚位，毕竟无分别也。"其次是他认为个人的经验不能作为衡量"公言私言"的标准，"古今如此久矣，东西如此广矣，其所未闻见，不知其几千万也"。而且主张："公言私言不足以证是非正邪。"因为"真理之始出也，必私言也。若排斥私言，则真理亦不出也"。进而问责韩愈："韩氏排斥私言，则后世真理之不出于汉土，岂非韩氏之过耶。"从观点而言，与韩愈之排佛老，强调其道不同，井上则从三者可以统一融合的侧面，先强调"孔老二氏之学，其旨意亦往往相符合"。继而批评韩氏排佛之妄："佛氏说法，令一切众生始成世善，终成出世。终成出世，虽似外天下国家；而始成世善，与孔子之道何以异也。且夫佛氏以一切众生为平等无二，是与泰西所谓同等之权，其义稍相近矣。然则佛氏岂外天下国家哉。"最后，井上从经济学的观点来批评韩愈"鳏寡孤独废疾者有养"的结论"虽似仁者之道，而不必然也"。他将"人民"分为两类，一类是生产者，一类是耗产者。耗产又分为两种，一种是耗产而资以为益者，一种是耗产而后全不为益者。而"废疾者"则是属于"耗产而后全不为益者"之列。他担心以"夺生产者之所得，授之耗产而后全不为益者，则其由此而生之悲，不及由此而生之喜也。呜呼，是知二五而未知十之言也。生喜则生喜矣，然而后来妨生产之害，虽不彰著，而其实不尠尠也"。

在同月发行的《清议报》第 18 期上又刊载了井上哲次郎的《心理新说序》。该书为井上抄译倍因（Alexander Bain, 1818—1903 年）的《心理学》编成，于 1882 年出版。该序中强调"科学原出于哲学，而心理学实为哲学之根基"。通过对比东西洋哲学发展之兴衰，指出："我东洋虽不乏哲学，而论法未穷其精，实验未得其法，而继起无其人，此其所以少创起欤。"并以中国哲学的发展为例做了详细说明。之所以翻译此书，是因为作者倍因属于实验学派，"其说精该，最可凭信"，可以作为振兴哲学的阶梯。

他的基本哲学观念，也可以从发表在 1903 年 10 月《新民丛报》第 38—39 期合刊上的评论中江兆民的文章《无神无灵魂说之是非如何》中窥见端倪。井上在文章中对中江兆民在临死前所著《一年有半》和《续一年有半》中表现的哲学品格、破除迷信的自由精神表示钦佩的同时，也认为其无神论思想仅及事物表面现象而未及深入肌理，对此感到遗憾。他说："吾人手足耳目之所得接触者，现象也。现象者刹那刹那变动不居者也。拘泥现象，不求其他世界之理，人生之事遂不可得而解释，又何哲学之足云？盖世界人生之事理于手足耳目所得接触之现象而外，又有不变之实在弥纶磅礴于其间。笃学之士，极深研几，发现此不变之实在以为立论之基础，始得解释世界人生之事理，始得谓之哲学。"那么这种实在究竟是什么呢，他说："实在云者，依心传心之物也。《起信论》所谓'离言说相离文字相'者也。惟其不可以言语文字显，故能超然而为世界及人生之根本主义，亦惟其为世界及人生之根本主义，故必由多方以显之。此各种之写象法所由兴也。"井上力图以"现象即实在论"的主张，会通东西哲学各派的宏愿，复流于另一种表面，这也不仅仅是个人的心力所限，那个时代的脚步太快，而对西方的了解尚浅。

　　作为教育家的井上哲次郎，尤其受到近代以来中国学界的关注。他的道德理想主义的教育理念，他对德育的重视、对东洋传统中道德精神要素的阐发，在日俄战争之后，特别是他的日本儒学研究三部曲完成之后，就陆续在不同的杂志上翻译介绍到中国来。1906 年在东京创办的《政法杂志》第 1 卷第 5 期（1906 年 7 月 14 日发行）翻译发表井上的讲演《行为与目的之关系》（亦见于同年 8 月重庆广益书局出版的第 114 期《广益丛报》）、同年 11 月出版的《直隶教育杂志》第 20 期发表其《普通教育之德育》、1909 年 6 月《教育杂志》第 1 卷第 7 期发表其所拟《学生座右铭》、1917 年 10 月出版的《学生》第 4 卷第 10 期发表其《意志之修养》等，都是专门探讨教育的。不仅如此，我们也注意到，井上以自己的教育理念和道德观念对当时社会思潮和社会现象进行批评的文章，即作为思想家的形象也受到中国学界的关注。如发表在 1921 年 3 月刊出的《改造》（上海）第 3 卷第 7 期上的《私产之种类与其道德价值》，就是针对当时流行的社会主义思想而发表的。私有财产的道德价值，这是一个很有意义的话题，其中的一些论述也不乏精彩之处。但是他认为社会主义否定依靠自己劳动获得的私有财产，认为社会主义只重视体力劳动而不重视精神劳动，从而批评社会主义思想，这些都是时代的偏见或阶级的偏见。

1938 年 10 月大阪每日新闻社编的《华文大阪每日》半月刊的创刊号上刊登了井上的《论新民主义并勖中国当局》，后来在该刊第 3 卷第 11 期（1939 年 12 月）、第 5 卷第 1 期（1940 年 7 月）还先后发表了他的《中国今后的思想界》《今后中国思想界的根本问题》，日本占领武汉之后成立的"奴化宣传机构"中日文化协会武汉分会出版的《两仪》月刊第 2 卷第 2 期（1942 年 2 月）发表的《新东亚文化与日本之使命》，也是从井上的上述著作《东洋文化与中国之将来》中翻译的。这些文章和著作，充分发挥了井上作为官方意识形态代言人的作用，在日方操纵的中文杂志上传播，是不足为怪的。

话题扯得有点远，了解一些学术史，对于中国的研究者而言，大概也不是完全没有意义的。

七

这套《井上哲次郎儒学论著选集》从选题到编辑、出版，我的师妹韩国茹博士所付出的心力与辛苦，值得铭记。也要感谢中国社会科学出版社的社长赵剑英博士和总编辑魏长宝博士的大力支持。作为中国社会科学院培养的博士，我对"原典日本系列"的呼唤，从"打雷"到"下雨"，从《"中国式"日本研究的实像与虚像》的出版到"善美原典日本研究文库"的开张，都有幸得到了"自家"出版社的关照，我感到非常温馨和庆幸！

也期待这套"选集"的出版，不仅能够为推进和反思日本儒学研究提供一份"原典"参考，更期待我们能够在充分消化、理解、批评"原典"的基础上，即经过一番与史料的"肉搏"之后，化"井上之学"为方法，为我们在建设人类命运共同体的征程中思考与处理传统与现代、东方与西方、理想与现实、学术与政治这些具有普遍性的问题时提供一些经验与教训。

刘岳兵

辛丑初伏第九日初稿于九樗仙馆

日本无条件投降七十六周年纪念日定稿

目录 CONTENTS

1 / 《日本阳明学派之哲学》序
1 / 重订日本阳明学派之哲学序

1 / 日本阳明学派之哲学叙论

5 / 第一篇　中江藤树及藤树学派
 第一章　中江藤树 / 7
  第一　事迹 / 7
  第二　善行及德化 / 17
  第三　著书 / 21
  第四　文藻 / 26
  第五　学说 / 29
  第六　批判 / 90
  第七　藤树门人 / 98

第八　藤树有关文书 / 101
　　　第九　藤树学派 / 107
　第二章　熊泽蕃山 / 125
　　　第一　事迹 / 125
　　　第二　文藻 / 135
　　　第三　著书 / 137
　　　第四　学说 / 141
　　　第五　批判 / 159
　　　第六　蕃山有关文书 / 162

169 / **第二篇　藤树蕃山以后的阳明学派**
　第一章　北岛雪山　附细井广泽 / 172
　第二章　三重松庵 / 175
　第三章　三宅石庵 / 178
　第四章　三轮执斋　附繁伯 / 182
　　　第一　事迹 / 182
　　　第二　著书 / 196
　　　第三　学说 / 198
　　　第四　三轮执斋有关文书 / 211
　第五章　川田雄琴　附氏家伯寿 / 214
　第六章　中根东里 / 220
　　　第一　事迹 / 220
　　　第二　学说 / 226
　第七章　林子平 / 237

- 第八章　佐藤一斋 / 239
  - 第一　事迹 / 239
  - 第二　著书 / 249
  - 第三　学说 / 252
- 第九章　梁川星岩 / 272

277 / 第三篇　大盐中斋及中斋学派
- 第一章　大盐中斋 / 279
  - 第一　事迹 / 279
  - 第二　著书 / 306
  - 第三　学风 / 309
  - 第四　学说 / 318
  - 第五　批判 / 338
  - 第六　中斋门人 / 343
  - 第七　中斋相关书目 / 345
- 第二章　宇津木静区 / 349
- 第三章　林良斋 / 356

359 / 第四篇　中斋以后的阳明学派
- 第一章　吉村秋阳　附吉村斐山 / 362
- 第二章　山田方谷　附河井继之助 / 367
- 第三章　横井小楠 / 372
- 第四章　奥宫慥斋　附冈本宁斋、市川彬斋 / 378

第五章　佐久间象山 / 381

　　第六章　春日潜庵 / 385

　　第七章　池田草庵 / 394

　　第八章　柳泽芝陵 / 399

　　第九章　西乡南洲 / 402

　　第十章　吉田松阴　附高杉东行 / 407

　　第十一章　东泽泻　附栗栖天山 / 413

　　第十二章　真木保臣、锅岛闲叟等 / 416

422 / 结论

429 / 附录

　　附录一　阳明学派系统 / 431

　　附录二　阳明学派系统 / 433

　　附录三　阳明学派生卒年表（西历）/ 435

　　附录四　备前的阳明学者 / 437

445 / 译后记

《日本阳明学派之哲学》序

我从明治十三四年起就计划编著东洋哲学史,关于中国哲学、印度哲学的书稿虽已裒然成册,堆满书笥,但仍有许多未整备之处。要将此公之于众,尚须十年左右的工夫。然而历时已久,还没做出任何研究成果,或许有人因此而怀疑我荒废学业,对此我也只能表示遗憾。

明治三十年(1897)我奉命参加在法国巴黎举办的万国东洋学会,发表了《日本哲学思想之发达》的演讲。回国后,日益感到对日本哲学进行历史研究的必要性,便开始对德教渊源稍加阐明,探寻学派之间的关系,以至于书稿堆积,铺满箱底。其中,阳明学自成一部,于是将之命名为《日本阳明学派之哲学》,姑且将书稿原样公之于世,希望能有助于医治当今社会的病根①。

---

① 1936年版作"以此欲向专家询问意见"。

一般来说，国民的道德心是发展进步的，并且也应该使其发展进步，这是不言自明的道理。它亦决非一代人的产物。其由来极为久远，实为千秋万代之遗传。决非匹夫所能颠覆。想要了解我国的国民道德心如何，领悟熔铸陶冶国民心性的德教精神至关重要，即如本书所叙述的日本阳明学派之哲学，岂不对此有所助益？若欲以眼前事实来证明我国民道德心的彰显，那么来看我军队在中国的行动吧。在联合国军中，尤其大放异彩的是什么？不恣意掠夺，不肆意残暴，严格遵守军纪，不为私欲动摇，这不是我国民道德心的彰显，又是什么呢？只因有如此的国民道德心，我国军队才得以大放异彩。仅将武器装备视作我国军队勇武的原因，完全将精神置之度外，这种观点只不过是睁眼瞎似的俗人的肤浅见解罢了。①

　明治维新以来，世间学者或倡导功利主义，或主张利己主义，其结果终将破坏我国民的道德心，固然其学问并不彻底，但亦会挫败国家之元气，毒害风教之精髓。如功利主义，固然可以作为国家经济的原则，却不能成为个人唯一的道德准则。要说理由的话，在功利主义的基础上，道德就成了他律性的道

---

①　1936年版中从"若欲以眼前事实来证明"到"这种观点只不过是睁眼瞎似的俗人的肤浅见解罢了"被删掉。（井上哲次郎作此序乃1900年9月24日，当时正值八国联军侵华之际，包括日本在内的八国联军在攻占大沽炮台、天津、北京后，肆意烧杀抢掠，横行无忌，其凶残本质暴露无遗。井上却论说日本军队在战争中"不恣意掠夺，不肆意残暴，严格遵守军纪，不为私欲动摇"，以此彰显了日本的国民道德心。井上大概是看到日本政府的虚假报道，而引申出来如此内容。但这种否认侵略中国的事实，夸耀日本的国民道德，是应该大加批判的。这一点同样反映在本序的最后一段中。我们在《编者的话》中引用当时的亲历者之亲见亲闻对作者的这一论调进行了有力的反证，请读者参考。后来在1936年的重订版中，这些言论可能由于不妥而被井上自己删除。　　译者注）

德，在心德的养成上毫无效果。功利主义引导人趋于私欲，玷污我国历来奉为神圣的心德。功利主义是取巧构思出来的理论，不足以作为德教；至于利己主义，实际上就是有害无益的诡辩而已。

社会关系变化多端，不断展开新局面，然而随着每次新局面的展开，正邪善恶井然分明。实际上就个人来看，这种例子应该不少。但先将此事置之一旁。中国当今之事变，亦展开了新局面。然而，该事变是如何暴露了联合国军中各国官兵应被责难的地方呢？在此期间，我国军队通过剑光炮声彰显了我国民的道德心无比净洁的姿态，闪耀于世界各国眼前。是该培养我国民的道德心呢，还是该消灭呢？我觉得问这个问题就十分愚蠢。① 然而，实际上各色各样的、欲从根本上消除我国民道德心的异端邪说公然行之于世。② 这就是我不待修订此书，就姑且将书稿原样发行出来的原因。我国民的道德心即为普遍之心德，心德实际上可谓是东洋道德的精粹，在东洋哲学史中，此书只不过是大鼎之一脔，但惟愿以此将心德发扬于世界各国。

明治三十三年（1900）九月廿四日
井上哲次郎识

---

① 1936 年版从"社会关系变化多端"到"我觉得问这个问题就十分愚蠢"被删掉。

② 1936 年版作："然而，世间实际上存在各色各样的思想，有人鼓吹功利主义或利己主义，想要从根本上消灭我国民的道德心。"

重订日本阳明学派之哲学序

  德川时代的儒教虽然分为朱子学派、阳明学派、古学派、折衷学派及独立学派等诸多流派，但其中阳明学派仅凭少数学者及志士来维持命脉，具有相当显著的特色。若将其特色简而言之，即抱有纯洁如玉的动机、具有壮烈的贯通乾坤的内在精神。因此，在此学派中博学多才之人相对较少，但高洁俊迈的君子与实干家则比较多。尤其像中江藤树这样的学者，是古今稀有的品格高尚之人。如今藤树神社将他作为祭神来供奉，这绝非偶然。日本的阳明学虽源于王阳明，但多半都是藤树学。其中藤树在省察派中的影响颇大。而且会津北方的阳明学派以宗教般的虔诚尊奉并继承了藤树的教说。藤树的学说思想到底带来了怎样的影响，产生了怎样的结果，努力从历史的角度追寻、探求、阐明这些问题，即本书的目的。近来我邦之中虽有继承欧美的思想，提倡各种主义之人，但在道德实践上颇为不振。哲学思索固然深远，但也会陷入勃窣理窟之误区，囿于坚白同异之辨，迷恋经院哲学而不知返。他们应通过东洋的活学问稍微革新一下干枯、浮躁的头脑。但又有人沉溺于东洋训诂之学，对西洋的哲学充耳不闻，早已不足为论。要而言之，使东西洋哲学融为一体，进而形成超越，乃是当今学界的当务之急。如今太过拘泥于翻译性质的输入哲学，也应该稍微留意一下东洋哲学。佛教哲学暂且不论，学界不应忽视阳明学这样的儒教哲学。从这点来看，我认为绝不能疏忽日本阳明学派的史学研究。这次恰逢重订本印刷完成之际，述吾之感想以为序。①

大正十三年（1924）十一月十七日
文学博士井上哲次郎识

---

① 1936年版中的"重订日本阳明学派之哲学序"。

人生而不学，与不生同；学而不知道，与不学同；知而不能行，与不知同。故为人者，必不可不学；为学者，必不可不知道；知道者，必不可不行。知道至难，自古英才敦行之士，不为不多，然知道者鲜矣，学问思辨之功，所以不可缺也。

——贝原益轩

日本阳明学派之哲学
叙　论
文学博士　井上哲次郎著

17世纪初，德川氏平定海内，我国文运顿时兴盛。以藤原惺窝为首的学者开始倡导朱子学，林罗山继承这一思想，亦鼓吹朱子学，因此天下靡然，皆随其风。朱子学以建瓴之势逐渐巩固其根基。在此之际，若无与之抗衡并行的思想，我邦之儒教哲学则会滔滔不绝，唯向此一方倾注，不久即会结晶，进而偏执、顽固、荒诞，全失活力，成为死学。然而与朱子学勃兴相伴，与之对抗的古学气势大盛。不仅如此，与紫阳背道而驰的阳明学也意外地闪露出曙光，才得以打破朱子学一枝独秀的弊害。

然而，阳明学很快遭到打击。自崇奉朱子学的林罗山被德川氏聘用以来，朱子学成为三百年间官方的教育原则。因此，阳明学从一开始就遭到林家的猜疑。宽政以后，愈发受到压制，从此官方人员不能公然倡导姚江学说，甚至将阳明学当作谋反之学，视如蛇蝎。然而阳明学并非谋反之学，这是不争的事实。只是因为朱子学是官方的教育原则，而阳明学主要由民间学者提倡，几近平民主义，自然而然形成了官民之别。朱王二氏之学，原本就主旨相异，又有官民之别，岂能不相互倾轧？事实果然如此。阳明学被官方权势排挤而忧屈不得发展。现在我们正向自由的思想界突飞猛进，趁此时研究阳明学的史学发展，消除那二百五十年的郁结，岂不亦是学术界中一大快事？

首先了解一下阳明学到底为何物。阳明学系明代伟人王阳明（1472—1529）的主张，与朱子学有难以相容之处，现在将显著的差异点列举如下。

第一，朱子学问广博，由学问进而至于求得德行之法；阳明与其祖述的陆子相同①，以德行为先，学问在后，不，德行本身即唯一的学问。朱子为学之修行应比作归纳法，而阳明学则应比作演绎法。

第二，朱子以理气作为世界的根本主义，试图由此解释世界，因此，他的世界观为二元的，应称之为理气并存论；与之相反，阳明认为不应一分为二，主张同体不离，因此他的世界观为一元的，可称之为理气合一论②。

第三，朱子区别心和理，认为心属气；③阳明主张此心即理，只要明白此心，理自会明了，因此，阳明认为明理不用广

---

① 1936年版作"阳明与其先驱者陆子相同"。
② 1936年版作"可称之为理气合一论或理一元论"。
③ 1936年版作"朱子认为心有理与气两方面"。

泛研究外界之事，只要明白此心即可。

第四，朱子学主张为明此理必须经历许多经验，故其倾向经验论；与之相反，阳明认为真正的知识唯存此心，故其倾向唯心论①。

第五，朱子认为先知后行，而阳明不言知行之先后，主张知行一致②，因此，朱子重学理，阳明尚实践，有如此差异。

由此观之，朱子学和阳明学各有长短，难以定其优劣。然而朱子学能出博学多识之士，却有动辄使人固陋迂腐之弊。与之相反，阳明学往往不免浅薄之訾，却能使学者单刀直入、得其正鹄，在这一点上确实胜于朱子学。试着考察一下德川时代的儒教史吧！当时朱子学派中并非没有伟人，但固陋迂腐的人也不少。与之相反，阳明学派虽人数较少，但成名之人物较多，几乎没有真正固陋迂腐之人，像中江藤树、三轮执斋、中根东里、春日潜庵，皆有可观之行为，而像熊泽蕃山、大盐中斋、佐久间象山、吉田松阴和西乡南洲，皆有可观之功绩。若考察接近姚江学派的人，其人物之多实为显著之事实。阳明学无疑胜于人物陶冶。因此，有必要叙述其史学发展，指示其脉络所存，探寻其精神之真相。如今道义扫地，滔滔世人几近迷于歧路，当此之际，若试以先辈之行为、心术等为鉴，岂能不得立志之櫺柄乎？

---

① 1936年版作"故其倾向唯理论"。
② 1936年版作"主张知行合一"。

第一篇

中江藤树及藤树学派

| 第一章 |

中江藤树

第一　事迹

藤树姓中江氏，名原，字惟命，通称与右卫门，藤树其号也，又号西江、默轩、颐轩①，庆长十三年，即千六百八年出生于近江国高岛郡小川村。小川村是江州大沟分部侯的领地。祖父吉长仕奉米子侯（即加藤侯），父亲吉次在小川村务农。藤树虽出生于农家，但幼小聪敏，崭露头角。九岁时，其祖父来到小川村，欲抚养藤树，将他收为嗣子，藤树的父母因为只有一个儿子拒绝了请求。然而，祖父屡次乞求，藤树最终跟随祖父前往伯耆，开始学习文字。祖父本拙于文字，为此每感遗憾，因此让藤树努力学习，代替自己写作文书。他人皆惊叹藤

---

① 1936年版作"又号默轩或顾轩"。

树如此年幼就这般擅长文字。不久，米子侯转任豫州大洲，祖父成为风早郡的官吏，藤树跟随祖父先前往大洲，再来到风早郡，开始从师学习。藤树阅读《大学》，看到"自天子以至于庶人，一是皆以修身为本"，感叹道："幸哉！此经之存，圣人岂不可学而至焉乎？"以致泪落沾襟。一天，他在吃饭时，仔细思索道："此是谁所赐也？一则父母，二则祖父，三则君。三者之恩，不可以须臾忘。"十三岁时，藤树跟随祖父返回大洲。然而，过了一年，藤树失去了祖母，再过一年，失去了祖父。可以想到藤树的不幸。藤树失去祖父以后仍留在大洲。到宽永元年（1624）夏，一位禅师受医师之邀，来大洲讲《论语》，当时大洲风气尚武轻文，没人来听讲，藤树一人跟着他学习。禅师不久回京。于是藤树无师可从，乃购入《四书大全》来读。然而他担心社会舆论，于是白天与诸士讲武，晚上偷偷读书，多少有所造诣。然而到翌年正月，藤树失去父亲吉次，这时他十八岁。收到父亲的讣告，藤树恸哭不已，本打算回去送葬，却因故未能成行。此后藤树依然留在大洲，愈发勤于学业。藤树专奉朱子学，严格以礼法自持，颇拘泥于形式，性格动辄变得严厉，有显露棱角之迹。他曾经拜访儿玉某，恰遇荒木某在座上稍微带着嘲笑的语气说"孔子来了"，藤树立即愤然道："孔子卒距今二千有余载，今汝目我以孔子者，岂以我学文而嘲之乎？学文士之常耳，士而无文，与奴仆何异？"某羞愧离开。他又曾与某氏谈兵法，某氏说世有防箭法，他于是道："余亦有防箭法，只在其直进无避而已。夫中吾身，是命分之箭，千万中唯有一枝耳，若有避之心，则非命之箭亦中者也。"其言如此锋芒毕露，直击人心。然而反过来，他愈加虔诚志学，也愈发自信，可知其重视操行的精神如同秋霜烈日一般。

藤树在二十七岁之前一直留在大洲，其间前后两次回江西省亲。他尽孝之念甚为强烈，第二次要回大洲时，想带母亲一起回去，但母亲年老不想离开故乡前往远方，他只能独自返回豫州。在归途的船上，藤树患上了哮喘病，病情极为严重。哮喘俗称喘息（Asthma bronchiale），完全是一种神经疾病。藤树是如何患上这样的疑难病症的，其原因固然难以查明。然而他日常的行动尽以礼法律之，甚至偏于克己主义，几乎陷入毫无闲暇的状态，以此观之，二竖①之灾岂非形成于此？正当此时，其母越发年老，独自住在江西，身边无一子孙侍奉，这无疑令人同情。以藤树之心思之，如何久耐？当时，大洲侯分封其弟为新谷侯，命藤树前去侍奉，藤树于是无法回去孝顺母亲。癸酉元旦，藤树读《皋鱼传》，偶然读到"树欲静而风不止，子欲养而亲不待"，对母亲思念不已，乃赋诗道：

羁旅逢春远耐哀，缗蛮黄鸟止斯梅。树欲静兮风不止，来者可追归去来。

藤树屡次请求辞官还乡，都得不到许可，最终他弃官回到小川村，实际上这发生于宽永十一年（1634）藤树二十七岁

---

① 二竖：出自《左传》，病中的晋景公梦见造成病因的二竖子因害怕良医而藏于肓与膏（横隔膜之上、心脏之下）之间。后指病魔，转指生病。——译者注

时。乙亥元旦他作的诗大概描述了他在故乡的真情实感。诗云：

> 乡党元旦会九族，和气油然相亲睦。昔日虽知非真知，舟可行水车则陆。

自此藤树侍奉母亲尽孝，并且自己愈发勤奋勉力于学。藤树二十岁以来热心研读四书，尤其将《大学》《论语》二书奉为金科玉律，他欲将圣人的礼法、态度全都加以实践躬行，但恰如被桎梏一般，以至于行为表现得极为拘束。但此举时而不合时宜，凝滞之多，以至于他渐生疑惑：若圣人之道果真如此，则在当今世上吾辈不能实践。于是藤树取五经熟读之，颇有触发感得之处，乃作《持敬图说》及《原人说》，这时他三十一岁。因为他不专门学习先圣之精神，非常拘泥于外面的形式，所以他自己都惊讶自身的行为。然而《持敬图说》及《原人说》也不适合实行，甚与人情相悖，与物理相逆，他自身本想体验数年，而最终意识到其胶柱鼓瑟之弊。藤树又读《性理会通》，有深受感动之处，乃祭祀太乙神（即皇上帝）。不久又深信《孝经》，断然视作孔子遗书，每天早晨按例拜诵之。《孝经》可称得上是藤树家学中的福音书，其著作《翁问答》大概叙述了他此时的思想。宽永十七年（1640）冬即藤树三十三岁时，他得到《王龙溪语录》后读之，才得以接触姚江流派。龙溪是阳明门下之人，其见解近似禅，如《语录》中也时常掺杂佛语，因此藤树虽欣喜因此书而得到不少触发感悟，但诧异其中夹杂佛语，近似禅学。此后，到藤树三十七岁时，才购求《阳明全书》①，读后乃释然曰："圣人一贯之学，以太虚为体，异端外道，皆在吾范围中，吾安忌言语之相同哉。"至此可见藤树几乎贯穿一切教义，有将之融合之势。总之，藤树三十三岁之前，完全尊崇朱子学，努力恪守其法则，其间或曾怀疑其实行艰难，但仍困苦于紫阳的窠臼中。直到接触姚江流派，藤树才逐渐觉悟拘泥之非，乃谓诸生曰："余尝信朱学，命汝辈专以小学为准则，今始知其拘泥之甚矣，盖守格法之与求名利，虽不可同日而论，至其害真性活泼之体则一也。汝辈读圣贤书，宜师其意，勿泥其迹。"又与池田子的书信中道：

> 我深信朱子学，长期用功于此，但不觉德化之效用，对学术也心生疑问，难以愤启。此时承蒙天道之惠，传入《阳明全集》，买来熟读之，愚拙的我有所愤启，疑问得以解决，稍许领会德化之要领，此乃一生之大幸。如若没有这一助之力，此生或许空虚无果。

三轮执斋在《藤树先生全书》的序中道：

> 其最初尊信朱子，全心投入在《集注》上，加之《大全》，一起暗诵。然而心中未有所得，怀疑不止，于是广泛探求书店，得知《阳明全书》首次传入我国，便详览熟

---

① 下面引用的与池田子的书信中有《阳明全集》，但实际上是《阳明全书》，该书很久以前即存放在江西书院，大盐中斋强向村民求得此书，并带回去精读之，用红笔在栏外记入评语。京都的宇田栗园曾珍藏该书。

读，数年的疑惑尽悉明了。因此得出通往圣门阶梯之路在阳明夫子致良知之学上，藤树先生从其教，数年超然豁达，默然领会，百年之后在我国接其心传。

实际上这是藤树在学问上渐入佳境之处，然而其余生不长实在令人惋惜。

藤树在大木月峰所起草的《行状》中被描述为"四体丰肥"，又见《先哲像传》所刊载的肖像①，也是颇具肥满之态，由此想来，他应当比常人健康，而事实上却体弱多病②，尤其是三十岁以后他的身体屡次被病魔所侵，这或许因为他刻苦勤奋过度了吧。庆安元年（1648）八月二十五日待到藤树病危时，他端坐于几案后，命一切妇女退下，召集门人，谓之曰："吾去矣，谁能任斯文者也！"言毕溘然长逝。或有这样的说法。③藤树时常咳痰，每次发作就摞起数个枕头俯卧，病愈后再移开。藤树已病危，他的母亲问道："现在感觉怎么样？"藤树怕母亲担忧，硬是用手拿开一个枕头说："好一些了。"母亲说："这样的话，不久定能起来。"说完欢喜离开，母亲一离开，藤树便远逝。果真如此的话，藤树患上哮喘以后，最终引起了胸部疾病，即使在今日，即便是专门的名医对此也不能确定病因。然而，藤树毋庸置疑是因呼吸道疾病去世。门人用文公之家礼将藤树葬在小川村东北方的玉林寺，邻里乡党皆啼哭送葬，

---

① 1936年版作"又见藤树书院所藏的肖像"。
② 1936年版作"然却多病"。
③ 请参考《续近世丛语》卷一开头。

那般场景如同哭丧亲戚。之后，村民将他的家修建为祠堂，命名德本堂，时至今日祭祀不断，世人所谓的藤树书院就是这里。

藤树去世时年仅四十一岁，虽不能谓之夭折①，但可谓早逝。然而，他留下的可作为后人模范的赫赫功绩，决非他人所及。藤井懒斋在他所编纂的《本朝孝子传》卷下称赞道：

> 淡海吹起，陆王儒风，岂翅善身，诲人有忠，为母颤禄，旋乡色愉，于嗟笃孝，性乎学乎。

藤树正直诚实，温恭谦让，一举一动无不中规中矩，其感化人的力量不同寻常，因此村民尊信他如神明，世人最终称其为近江圣人。如今读其著书，想象其人，可知这绝非滥加褒扬。门人西川季格在其所著的《集义和书显非》中评价藤树道：

> 见其日用行住坐卧之态，并非平常人所及，无人不尊其德容，实乃扶桑古今一君子也。

其中叙述了其亲眼所见的藤树，由此可见藤树的为人品行。

藤树珍惜光阴，经常用功于学问思辨，孜孜不倦，每晚与学生讲会到半夜，或到五更（即凌晨四点）。据说藤树曾经也学过围棋，但从事学问以后，完全荒废了。藤树的学问在于学习孔子之圣，但他也广泛涉猎儒教以外的学问，由于其母亲深信佛教，他自己虽不喜好佛教，但为了母亲也曾屡次讲授佛

---

① 1936年版中该句被删掉。

书,如盂兰盆会时,他与母亲一起祭祀家庙,甚为恭敬,或许是他不想违背母亲的意愿吧。藤树以余力讲授佛书,不足为怪,然而,他也讲授医书,教人医学,自己创作了数部医书,这实在是意料之外的事。藤树曾在大洲与大野某交友,大野某的儿子了佐性格愚钝,无法成为士人,继承其后。大野某打算让他从事卑贱的职业,了佐心生羞愧,偷偷请求藤树允其跟他学医,藤树怜其志向,于是教授《大成论》,命其研读。开始的两三句就几乎教了两百遍,从上午十点到下午四点,了佐才渐渐记住。饭后让他再读,又已经全都忘记了。自此以后每天都命其研读,过了一年也无所得。藤树回到小川村,了佐又来学医,藤树担心医术难以理解,特别为他创作了《医筌》,并对此加以讲解,使他通晓其意,最终了佐以医生为业。藤树某晚谓诸生曰:"余于了佐,竭吾精力了矣,然非彼勉励之功,吾亦未如之何也。二三子天资非了佐之比,苟有志焉,何患不成,特缺一勉字耳。"后来山田权从伊豫来学医,在他之后,森村某也来学医,藤树为这二人著述了《小医南针》及《神方奇术》。其后伸条太亦来学医。世人将藤树看作医师,藤树自己也像医师般思考,讲授医书,自己著医书,向许多人传授刀圭之术,不也很奇特吗?但想到原坦山曾讲授解剖学,可知古今世上不是没有类似的例子。

藤树的感化力很强大,这应出于其天性,但亦是其德行所致。或是训诫盗贼很快使其转变为良民,或使大小神祇组①突

---

① 神祇组:江户初期旗本奴组织的以水野十郎左卫门为首的集团。　　译者注

然折节,这恐怕不过是后人的托言吧！然而,全体村民被藤树深深感化,如神明般尊信他,即使在今天,尚可见此遗风留存,前述的德本堂即所谓的藤树书院,在藤树死后仍然被村民长久保存。明治十三年（1880）九月遭受火灾,一朝化为乌有,即使如此,有志之士策划并再建一书院,将之称为藤树书院,世间学者常来拜访此处,追忆藤树的学问德行。伊藤东涯为藤树书院题诗道：

江西书院闻名久,五十年前训义方。今日始来弦诵地,古藤影掩旧茅堂。

大盐中斋在吊唁藤树先生的遗迹时,赋诗道：

院畔古藤花尽时,泛湖来拜昔贤碑。余风有似比良雪,流灭无人致此知。

由藤树的论著想见其人,藤树可谓真正的圣人。只因他蛰居于近江的一个小村庄,直接感化的地域甚为狭隘,才只得到"近江圣人"的名号。如果他进入广阔的城市,在群儒之间竞争的话,岂止于"近江圣人"？杉浦重刚在他所作的《祭藤树先生文》中道：

近江圣人欤,日本圣人欤,东洋圣人欤,抑亦宇内圣人欤！圣之所以为圣,古今东西,盖一其揆。已为近江圣人,所以为宇内之圣人。

的确如此,藤树确实达到了圣人的境界,岂止局限于近江之地？室鸠巢曰：

> 百年来无可非议之人只藤树一人，然而至于其学术之谬，又明辨毫不隐藏。

三轮执斋也认为在我国先哲中，唯独藤树为姚江之后头号人物。①可以说诸人对藤树推崇之至。

藤树不乏门人，然而许多未成为大儒，只有一人出类拔萃，即熊泽蕃山。然既有蕃山存在，亦不能说藤树之门冷清。除蕃山以外，尚有间接受藤树启发的硕学。若问是何人，新井白石是也。他在《折薪记》卷上写道：

> 我十七岁时，到同样被雇佣的年轻武士所住之处（指长谷川），看到案几上有本书，题为《翁问答》，我就想它讲述的是什么呢？便借来带回家看，才初次知道有圣人之道，自此我迫切志于圣人之道，但无人可为我师。

由此观之，白石立志完全是因为少年时读了藤树的《翁问答》。徂徕门下的太宰春台也受到藤树的影响，虽然春台的父亲言辰是位武士，但其性喜圣人之道，尤其喜好藤树之学，因此春台年幼时就在家中对藤树之学有所耳闻，非常钦慕江西派学风，这就是在徂徕门下春台与他人选择不同的原因。他在《复备前汤浅之祥书》中道：

---

① 1936 年版中此句后面添加了如下内容："古贺精里曰：'偃武以来，儒先辈出，而惺窝、藤树为其选也。至其为学，皆以陆王为宗。然天资粹美、践履纯笃，海内学者未能有先之者。'"

> 纯先君子尝好中江氏学，亟为纯等称熊泽子之贤，纯自龆龀习闻其语，云云。

以此得以验证。其他如三轮执斋、川田雄琴、佐藤一斋、大盐中斋等人多少都受到了藤树的影响。果然藤树与世道人心的关系，岂鲜少乎？

> 人苟有一片之诚，存于胸中，则虽若甚微不可见，而实为万事之根源，可以修艺事，可以植学识，可以治民人，可以交神明。
>
> ——中村敬宇

第二　善行及德化

中江藤树的善行难以一一列举，并且关于其德化的美谈颇多，全部罗列亦非易事。而且本书的目的本在于叙述哲学的变迁，因此，无论是多么有益的事，过多地涉及于此书并不合适。虽然如此，藤树的学问与行为无法完全分离，其行为即其学问的实践，其学问即其行为的研究，其行为无不依据其学问，其学问无不关乎其行为，合乎所谓知行一致[①]的旨意。因此，藤树的善行及德化是其学问的结果，将之除外的话，就无法了解其学问的价值。所以，在此记述藤树的善行及德化，绝不是谈论无关紧要之事。

---

① 1936年版中作"知行合一"。

《藤树全书》卷一刊载了十八件逸事，现列举其中两件如下。

大沟侯之臣别府某负责小川村的法令，一日，他来小川村工作的时候，村民某犯了错误，触犯了法令，被囚禁起来。村民等人请求藤树劝说别府某，赦免其罪。藤树当夜前往别府某的寓舍，谈话至半夜，未谈及一句犯人之事就回去了。因此，村民对此觉得不可思议。藤树说："别府某的脸色缓和下来了，你们不用担心。"第二天果真赦免了那人。有人问别府某其中缘由，别府某说："昨夜，先生来访，理应是为村民某谢罪，然而一句也未提及此事，应该是尊重我执行的法令，先生如此这般重礼仪，不堪谢罪，因此才释放了那个村民。"

门人中川某欣然接受庄子的大简飞扬论而见解偏于疯狂，藤树曾为之担心。某时他对门人中西某说："中川子的见解趋于疯狂，我甚为担忧，假使我失去了自己的儿子，也未曾如此忧虑。"此话传到中川某那里，他听后非常吃惊，便恭敬地来见藤树先生，抱怨道："我从年幼时就信奉先生，全身委于先生，这绝不是为求名利，只求正身修行，如若先生有异议，为何不及早纠正而让我犯错呢？"藤树听后，正颜曰："然君子不忍言人非，我虽不肖，亦学君子，故不妄言。今言之，实在出自不得已之良心，吾子思之。"中川某听后恭敬认错道歉。

《闲散余录》中又有如下记载，道：

  藤树本是近江人，他在京都葭屋町一条边现有一块宅地。某时藤树乘竹轿从江州到京都，在途中他边乘竹轿边对轿夫讲性善、良知、良能之事，无心的轿夫也欣喜落泪。实德之物感动至此，值得称赞。

言语若出于至诚，就连车夫马夫也深受感动，可以说藤树有许多事迹可以证明这一点。

藤树德化的影响永久留存于小川村及其附近，三轮执斋曰：

  其没已有八十年，其乡的村民怀念他如同怀念父母。传承其德化之人又将他的忠孝之德、敬信之实试于一念感通的良知上，故可知先师之治绩。（《拔本塞源论私抄序》）

又曰：

  江州小川是藤树先生的隐居地，藤树书院保存至今，方圆五六里间，敬慕其德化的人怀念他如同怀念父母，先生去世七十余年，连熟识其长相的人都没有，却连愚夫愚妇都敬慕他，所以他们担心校舍荒废，多次修葺并守护之。

橘南溪又在《东游记》卷四中记载如下：

  尾州一士人有事经过这边（江州大沟），听闻先生的墓地在小川村，便向耕地的农夫问道："我不知道田间道路怎么走，你能为我带路吗？"农夫便走在前面带路，不久到了麦秆小屋，农夫说："请稍等片刻。"便进入屋内，不久就出来了，只见他在一层新棉布衣服外穿上了碎花纹的短外褂。士人很是吃惊，心想：原来是个很有礼貌的人啊！只带我去墓地，就够了。这样想着便到了墓地。农夫打开竹栅栏的门，说："来吧，进来礼拜吧！"说着他的身体已拜伏在屋外，士人非常吃惊，意识到农夫换衣服并不是因为他，而是尊敬先生。士人问："你是藤树的仆从吗？"农夫说："我不在其身边侍候，但是，此村无一人不承蒙先生之恩，多亏了先生，使村民明辨尊敬父母、疼爱子女这些道理。对先生绝不能草率，我的父母时常这般教诲。"士人最初也只是抱着随便看看的心情来的，但见到农夫的样子，听了农夫的一席话后，也变得郑重其事，恭敬地礼拜之后才离开。

此事也见于《先哲丛谈》。南溪又记述了亲自从村井氏处听到的事，如下所示：

  其后我在肥后与村井氏交往密切。某日他从村外回来讲说："今天我见到了罕见的真迹，近来有一位婿养子从江州来到此地的家老某某人处，我有事去找他，突然想到物语之序，便问：'据说你老家的领地中有位叫中江藤树的人，你也知道吧，你有没有他的真迹？'彼人一听正襟危坐道：'从我的祖辈起，他们就很尊敬藤树先生。老父亲非常疼爱我，由于我要去远方，他早就拿出秘藏的一副卷轴让我带上。如果你想见的话，我可以拿来给你看。'于是，他进入内屋，换上礼服，带着卷轴出来，放在地板上，远远退下礼拜。看到他如此尊敬，我也洗洗手、漱漱口，虔诚礼拜。"

南溪晚于藤树一百余年，现由其记事可以推知后人是多么尊重藤树。在藤树的故乡，即便是商贾也知礼义，不为利欲熏心，像旅舍茶馆，如果有客人遗忘之物，定会将之放置于阁上，等待遗失者回来领取，历年之后，像烟管烟包之类的物品即使落满了灰尘，也未私自收拾起来。这是同样晚于藤树一百余年的原念斋在《先哲丛谈》中所记之事。明治三十二年（即藤树死后二百五十二年，1899），我亲自拜访小川村的江西书院，直接探寻藤树的遗迹，深感其教化绵延不绝，留存至今。由此观之，藤树德化之功，岂不亦伟大乎？

第三　著书

《翁问答》五卷

此书是藤树拜访住在邻里称为天君的隐居之人时，其门人体充从旁记录二人问答的笔记。①然而此乃假托之事，此书完全是在叙述自家的学说。此书是藤树还未转向王学时完成的，主要论说孝之道义，同时排斥佛教，后来多少加以修正，末卷驳斥良知。由于此书以平假名记述，所以任何人都能理解。《世事百谈》卷三中记述："心学之书种类繁多，其中没有比得

---

① 1936年版中此句前面增加了如下内容："此书原本有上下二卷，各有本末二卷，故合起来有四卷。然而，如今的通行本多分成五卷。称此为问答是由于……"

上《翁问答》的。"确实如此。然而藤树写完此书以后,学识渐长,对此书心生不满,存修正之志。然而此时京师之书肆,已得其稿本,付梓公之于世。藤树听闻大惊,于是毁其板。然而书肆哭诉其损失,藤树便将他曾经著述的《鉴草》授予书店,补偿其损失。

《鉴草》六卷

此书是针对《迪吉录》摘要而补写的评论,也是以平假名记述。行文平易。《迪吉录》为颜茂猷所著,刊行于明代崇祯年间,大概有八卷,此书记载的是女子训诫,对女子的教育有所裨益。

《孝经启蒙》一卷

《甘雨亭丛书》第五集中收录此书,藤树的真迹原稿现存于藤树书院。

《论语乡党翼传》三卷[①]

此书之首道:"《乡党》一篇,画出夫子德光之影迹,以开示所以后学求得圣心之筌蹄。"藤树认为《乡党》篇是学习圣人行状的有力文字,并对之认真地加以注解,然而藤树生前未将此书出版。宽保二年(1742),京师的石川惟之才将之交与刻板印书之人,推广此传。伴蒿蹊著述《畸人传》,开头首先列举藤树之传,论曰:"《论语》亦从《乡党》之篇到《先进》二三章,未终其业,现今很少流传,但我少年的时候在古董铺见过《乡党》注解刻本,知书林者亦少,想到我没有购买,便

---

① 1936年版中《论语乡党翼传》三卷前面增加了著书:"《孝经藤树先生语闻书》一卷(写本) 此书为中村伯常所传,卷末有伯常的跋文,依此盖其祖先所传。"

觉遗憾。"然而此书作为单行本尚存于世,也收录于现存的《藤树全书》中。

《大学解》一卷

《中庸解》一卷

《首经考》一卷(写本)

收录于冈田季诚的《藤树全书》中。

《春风》一卷

此书为《春风》《辨惑立志》《阴骘之解》《亲亲仁民爱物》四篇的合刻本,之后宽政四年(1792),浪花书店私自将书名改为《劝善录》再次刻印。

《日用要方》一卷

《小医南针》三卷

《神方奇术》一卷

松下伯季的家中保存着藤树真迹。

《捷径医筌》六卷

上述四种书都是医书,所以对了解藤树关于道德的学说,并无意义。

《藤树先生家集》一卷(写本)

《藤树余稿》一卷(写本)①

卷末附载藤树先生年谱。

《藤树文录》一卷(写本)

卷末记载《安昌弑玄同论》及《林氏剃发受位辨》两篇,

---

① 1936 年版中在此前面增加了"《藤树文集》一卷(写本)"。

其他与《藤树先生家集》无异。

《藤树遗稿》二卷

此书刊行于宽政七年（1795），开头刊载了西希颜的序，结尾附上了橘春晖的跋。

《藤树别集》一卷（写本）

《江西文集》一卷（写本）

以上六种书大同小异。①

《论语讲说》一卷（写本）②

此书为《先进》篇的讲义笔记，卷末记载有："大沟侯儒臣中江藤树讲说。"大概是有人记录了其为大沟侯讲授的内容，从而流传下来。③

《语园》二卷

卷末记载有："此书之作者，不著名氏，然世传近江中江藤树先生之所述，曾为童蒙用国字，藏之于塾，故今希于世也云。于时宽正十二年九月得焉，林保又。"然而此乃一条兼良公之作，而非藤树之作，《语园》之事，见于《国书解题》。

《先哲像传》及《近代名家著述目录》中列举了二十多个书目，但不能认为这些都是一部书。例如，像《原人说》只有一篇文章，不应该将它当作一部书。另外也刊载了《藤树先生行状》《藤树先生学术旨趣大略》《知止歌小解》《心学文集》等，但这些都不是藤树的著作。

---

① 1936年版作"以上七种书大同小异"。
② 1936年版中在此前面增加了"《藤树先生教化状》一卷（写本）"。
③ 1936年版此句改为："然而这本来不是藤树的讲说。"

第一章　中江藤树

《藤树先生全书》三十五卷（写本）

这是冈田季诚初次编纂的，最为准确。三轮执斋的序中道：

> 先生（藤树）在江西小川讲道之时，季诚的父亲仲实从师侍奉。季诚出生在先生过世之后，父亲仲实亦在他年幼时离开，尽管如此，他亲炙于先生的三男江西常省子，得以闻其道，笃信之并深深敬仰。先生的著书、赠文本来很多，但收于各家，流传于各地，无人将之收集整理。藤树的《翁问答》、《鉴草》、《大学》《中庸》之解、《孝经启蒙》、《医筌》、《春风》等书虽已在书店刊行，但未定稿的书、未完成的编著未见其全书，其他残篇遗文散于各处。季诚闻之，必寻求得之，或有疑问之处，则向江西常省子请教，或是将之送到先生门人泉仲爱、加世季弘、中村叔贯所在的备州，求其修正，并与其家藏之书合并收录其中，命名为《藤树全书》。此书完成时，先生的长子宜伯及二子仲树都已去世，只有季子常省轩季重一人在江府，因此将书送给他，请求他修正、写序。那时，江府发生火灾，其书也化为灰烬，岂不痛哉！季诚又收集其草稿，编辑，再次得其全部。时值常省轩也已去世，书藏于家中，徒然历经岁月。

由此可知此书的由来。这足以说明冈田季诚的功劳之大。后来在松下伯季的见闻录中见到大阪的津川某计划编纂藤树全集，但不知其书完成与否。

《藤树全书》十卷①，志村巳之助、斋藤耕三编纂

此书刊行于明治二十六年（1893），世间学者欲了解藤树多依据此书。然而此书不仅文字校对甚为疏忽，还混入蕃山的著书，反而遗漏了藤树的著书。例如，《鉴草》也有刊行本，是任何人都熟知的书，却未被收录进全书之中，不知是什么原因呢？《孝经全图并说》并非藤树所作，却刊载于《孝经大全》卷一的末尾。《孝字从老省》等关于孝的学说也非藤树所作。编者必须对这些问题进行一下说明，然而对此毫不加以批评，内容错杂混乱就将之刊行，可谓杜撰甚重。近来虽有再版，错漏依旧，仍有不少误人之处。如此，无论是对藤树，还是对世人，其疏漏之罪决无可恕。但有此书亦胜于无此书。②

第四　文藻

藤树专修道德，因此他在诗文上并未多加用意。然其气象正大、思想高尚，因此其诗文虽未加雕琢，亦自成佳作。他在岁末送熊泽蕃山回备前的诗中道：

---

① 1936年版中在此前面增加了如下内容："《藤树先生全集》十五卷（写本）　此书系镰田柳泓门人筱原元博所编纂。处处加以编者的意见及说明，又考证文字异同，方便读者。十五卷中两卷是附录，亦以资参考，中江氏谱系刊载于附录第二卷，可惜的是，此书第一卷失传。元博字以礼，摄津人。"

② 1936年版中在此后面增加了"如今特别计划《藤树先生全集》的编纂及发行，此书一旦出世，由于比以前的更加准确完备，则必然对学者大有裨益吧！"

> 旧年无几日，何意上旗亭。送汝云霄器，羞吾犬马龄。梅花鬓边白，杨柳眼中青。惆怅沧江上，西风教客醒。

这真的是一首杰作①，虽然《全书》记载的其他诗文有数十首，但多为道学之诗，且不拘平仄押韵之规则。摩岛松南在《娱语》卷二中道："偶读藤树集，每篇片言只语，亦必归道德，其气象纯粹可想也。然当时文运未阐，行文之间，未免疏谬，诗亦直述其志，殊乏风致，余唯爱其《明德首尾吟》一绝。"读其诗道：

> 原是太虚月一团，怒雷阴雨甚无端。阵阵西风云霁后，原是太虚月一团。

可惜的是他将转句中的平仄弄错了，如果将这句话改为"西风阵阵云晴后"，反而更为恰当。曾有人认为此诗乃为赤穗义士所作，松南论曰："此篇或传为赤穗义士作者误矣。"亦有在当时即被人吟诵的短文，现列举两三篇论述立志的短文。

其一

> 志者，致知之始，跻圣之基本也。故曰，志真立，则驴鸣亦为师，苟不立其志，则孔圣亦不为师。故学问之道无他，在立必为圣人之志而已矣。

---

① 1936年版中在此后增加如下文字："羽仓简堂的《非诗人诗》中（《小四海堂丛书》卷十）选出了丁亥正月的戏作，云：'灵府无尘物我融，温光和气四时同。春来心上更无别，堂有蓬莱门有松。'这确实是有道君子心中的样态。"

其二

志者，气之帅也，故克立其志，千过不来，万欲忽消。人云虽立其志，未能克己，此未体察者也。子曰："三军可夺帅，鄙夫不可夺志。"宜自省。

其三

志有真假。志名志利志色，种种愿于外，皆灭生入死之假志也。只志于道一念，养生出死之真志也。人之所欲，无甚于生，其所恶，无甚于死，而安于假志，而不知真志者，可怜可怜。

藤树也作和歌，大多叙述心法，虽缺乏诗情，但其中亦有佳作。例如：

题明明德

如何形容我心之月？为迷失在黑暗中的人照明道路。

题勿纵染指之欲

一见下雪，未等积雪，便将其扫去。在风中的松树，不会被积雪压弯。

题偶成

相较于学后的心情，也许以前都在逃避。

未曾想到，梦仅是梦，醒来发现梦境竟是浮世。

该如何是好？圣人高声呼唤，在世间梦中被其声惊醒。

世间之人向外部寻求乐趣，如同猴子捞月。

由此观之，藤树决非缺乏文采之人，只是并不多加用意而已。但他常常备受触动，抒发情意，才成就这般好文辞。他曾经说"心法明者，文理自通"，盖夫子自道者也。

藤树是一位被称作"近江圣人"的德行家，因此有人会臆测其所作论著大多缺乏生气。然而他的文章出乎意料得富有活力，论锋尖锐的文章亦不少，如《林子剃发受位辨》，痛击林罗山以儒者之身效法佛氏的行为，以至于将林罗山比作穿窬之盗。他又在《翁问答》中批判佛教，有单刀直入、萃精锐直逼敌垒之气概。倘若世间子弟读藤树之书，绝不会昏昏欲睡，反而会觉得兴趣盎然，回味无穷。

第五　学说

一　叙论

藤树三十三岁前完全尊信朱子学，三十三岁以后转为信奉王学，成为我国王学派的鼻祖。但可惜的是藤树早逝，其倡导王学只不过八年，倘若他再活几十年的话，他的造诣之深定难以估量。虽然他在不惑之年后仅活了一年，但其论著多达十余种，以此看来，也不能说他不成功，更何况他的学问见识已十分深远。虽然藤树尊信王学，但他并不批判朱子，他在评论朱王二氏的言论中道：

> 有人云朱子为大儒，又为贤者，有人云王子为文武之士，也为贤者。的确，朱子学问过于广泛，学者近理学、远心法，王子过于仁、约，类似于异学悟道之流。然而，二人共为贤者在于以天理为心，去人欲，都不做杀害无罪之人取得天下之事。

由此观之，可知藤树尽管尸祝阳明，也崇敬朱子。藤树认同阳明关于《古本大学》的见解，也认同朱子提出的经传有差别的观点。他不像阳明那样，认为经传是一篇文章，其言道：

> 现今我以《古本大学》为准是信服阳明，认为经传有差别之分是从朱子之见，由此可知我不偏不倚，我只希望这些见解最为合理，如果这并非真知，那就是我愚笨。

他一心期望公平，丝毫没有党同伐异之念，足以想见其胸襟之宽广。

藤树的学问在于专攻伦理，并践行伦理，虽有关于宇宙或神灵的学说，但最终也是来阐明伦理之说。伦理虽存在于人与人之间，但要明确其根基，则须论及宇宙或神灵。要而言之，藤树学问的范围限于伦理，即伦理是唯一的学问。然而，藤树最为坚信在天之神灵，又重视心法，崇尚操行，极为偏重实践躬行，因此，与其将他的学问比作以智力考察为主的哲学，倒不如比作以既定信念为基础的宗教。他以慎重的态度考察的成果中有不少足以引起我们注意的内容。

二　宇宙论

关于宇宙，藤树持有一元的世界观（monistische weltanschauung），然其一元的世界观略微具有唯心主义（idealistisch）的倾向①，达到了极为高尚的哲理境界。现在介绍其要点：无极②之太极，至诚且至神之物，即为上帝，即被称为"万有精神"的世界之实在。然而世界由理气二元组成，理为其心，气为其形，分其心成万物之性，分其形生万物之形，形分异，心分无异，换言之，差别受其形，即为气，平等受其心，即为理，如此认定世界有理气二元，便不得不谓之二元世界观。若论理气之差异，理③为气之柁鞔，造化之主宰，气为理之舟车，造化之具，虽曰理无体无方，实为定体止方，气流行发用无所定止，理尊为气之帅，气贱为理之卒徒，然若仔细考究这理气二元，毕竟终归一元。理为气之柁鞔，是故若气不以理为准则，则不能成其用，就好比没有柁鞔的舟车；气为理之舟车，是故理若无气，亦不能成其用，就好比没有舟车只有柁鞔。理气相合造化行，以此言之，理气不能分为二，即理气妙合无间，本非二物，有理才有气，有气才有理，有彼此才得以共存，二者须臾不能分离。

从这个角度来讨论、考察，藤树试图通过理气来解释世界，此乃二元论，与朱子的世界观无异。然而，藤树论说理气

---

① 1936年版作"然其一元世界观明确具有唯心主义（idealistisch）的倾向"。
② 请参考《原人说》。
③ 请参考《明德图说》。

之妙合，进而主张理气共为上帝具有的两种属性，几乎与斯宾诺莎氏心意与物质为万有本体之属性的一元世界观不谋而合。然而，藤树所说的上帝决非理气以外的事物，分而言之，为理气，合而言之，为上帝，同一世界有两面，差别观之，为理气，平等观之，为上帝。因此藤树清楚地道破了他的一元世界观，道："太虚天地人物一贯分殊，譬如一树有根干花实枝叶之分。"又道："太虚三才总一贯，此中自有之真乐，教此谓之真教，学此谓之真学。"由此观之，毋庸置疑藤树具有纯粹的一即全的观念。

进一步探究藤树一元世界观的究竟，它其实具有唯心主义倾向。《明德图说》中道："心乃统体之总号、太极之异名，合理气，统性情，虽主一身，其实通天地有形之外，其大无外，其小无内，即造化之天，得在我者也。"由此观之，藤树并非如朱子般主张心属气①，而是认为心统合理气之二元。因此在与土肥子的书信中，藤树断言"心统理气而立名"，盖世界由理气生成。然而若认为心统理气，自然主张心统世界。藤树在与户田氏的书信中述说此意，"人为小体之天，天为大体之人，人之一身与天地合，毫无差异"，"形虽异，而其神一贯流通无隔，理无大小，故方寸太虚本同"，"我心即太虚，天地四海亦在我心中"，云云。藤树论述《论语》中的为己为人，道："太虚寥廓乃吾人之本体，故天地万物无不在己。是以为己者即为天地神明，立心而修行万物，一贯之谓也。"依此番言

---

① 1936年版作"藤树并非如朱子般主张心具有理气两方面"。

论来思考，藤树与阳明同样具有唯心主义思想，几乎认为万法唯心。

天地人三才中存在平稳固定的法则，万物生生不息，此乃道。从宇宙层面上来说，为天地之道；从人类层面上来说，为人道。《神道大义》中道"天地开而有人道，人道即天地之道"，《天理之条》中道"人心从天理为道，即与以一阴一阳为道相一致"，阐述的也是此意。若从三才一贯之道来说，生死有无都没有差别，主张生死有无有别是因为尚未开悟，若彻底开悟，只见长在不灭之道，又谈何生死有无？《或问八条》的最后一条道："人心乃形气之心，若无此形，则无此心。吾人之本心乃为理，理无始无终生生不息，性即心。君子明此理，而不以生死存亡为二。人以天理行动之时，形色共为天性，遵循形也，以生死言有无者，不知道者也。"其中的理即为道。《翁问答》卷一道："本来太虚三才之道一贯始终，生死有无没有差别，圣人所说的儒道，即是以生死有无无别的三才一贯之道为其教化，成为其学问。"至此可知藤树对生死有无一视同仁，如老佛诸氏般，在现象之外追求一种无差别的平等的实在，但他并非脱离现象而陷入虚无的主张中。

三　神灵论

藤树认为上帝造天地生万物，或单纯将它称为天、皇上帝，或是太一尊神、太上天尊大一神。上帝乃世界之实在，远至天地之外，近在一身之中，久远至古今之间，短暂至一息之顷，微小至一尘之内，幽静至隐独之中，上帝无所不在，知一念之善恶、一事之善恶，以祸福来劝善惩恶，因此，上帝极为值得尊敬和敬畏。然而世人未能超出其外，仅仅由于他们不知道这个道理。但知止者追求了解尊敬和敬畏之本然，"止于至善""顾諟天之明命""诚意""正心""修齐治平""戒惧慎独"等，都是出于恭敬奉持上帝之命，这就是持敬，因此持敬成为圣学之始终。

藤树明显具有通我别我的思想，如前述引用，他说："人为小体之天，天为大体之人。"其中的天即为上帝，因此，在藤树看来，上帝即通我，在我心中的天即别我。何谓在我心中的天，此乃我心，即良知，即明德，即 conscience，即 gewissen，即 συνείδησις。《明德图说》中云："天与心一理。"又云："盖明德者，上帝之在人者，而纯粹至善者也。"藤树在与户田氏的书信中云："天地人为三极，形虽异，而其神一贯流通无隔，理无大小，故方寸太虚本同。"他又在《人道图说》中明确提出良知乃神灵，云："知为天理之贞德，为心之神明。"由此观之，在我心中的一点炯炯良知即为上帝，因此上帝在我心中。在这点上，藤树的思想与吠檀多派的本体论类似。吠檀多派主张梵天（Brahman）既为世界之本体，又为个人之精神，梵天为最高之实在，天地万物皆在梵天中，然而与此同时，梵天在我之中，我的精神即为梵天，换言之，我在梵天中，梵天亦在我之中，故曰"我即梵天"（aham brahma asmi），又曰"是即汝"（tat tvam asi）。《约翰传》第十章第三十节中说"我与我父一也"，在第三十八节中说"父在我，我在父焉"，而且不能忽视在第十四章第二十节中也有类似的言语，即"尔在

第一章 中江藤树

我，而我在尔"。藤树的思想亦与此无异。此世界之实在为上帝，因此我在上帝之中，然而良知即为上帝，因此上帝在我之中，因此若依据自反慎独，在我心中得以发现上帝，扩充并与之合一的话，则其大无外，其小无内，最终得以充实于天地之间。

藤树认为上帝行赏罚，因此毫无疑问上帝具有人格（Persönlichkeit），然其决非具体之物。详细来说，可谓之"人感的"（anthropopathisch），不可谓之"人形的"①（anthropomorphisch）。盖其本体充满太虚，不，倒不如说太虚即为上帝之本体，他论述《易》，曰"太虚寥廓，神化之全体也"，由此可知。然而他又在《大上大尊太一神经序》②中曰："其体充塞太虚，而无声无臭，其妙用流行太虚，而至神至灵。"如此可谓上帝无声无臭，不可谓之虚无，冥冥之中其妙用流行。因此，藤树所说的上帝应称为世界精神（Weltseele）。上帝为世界之主人，犹如个人之心为其身体之主人，于是藤树道破世界之主人的上帝与个体之主人的心共为太虚，同为一体。于此则可联想到大盐中斋，中斋认为："方寸之虚者，便是太虚之虚，太虚之虚，便是方寸之虚也。"即确立了通我与别我一贯的太虚说，在姚江学派中大放异彩。其实他完全继承了藤树的学说，不管怎样，藤树早于中斋提出③了中斋主张的观点。由前述引用的两句可知上帝乃太虚。现在要论证我心乃太虚的观点，藤

---

① 1936 年版作"拟人的"。
② 1936 年版作"《大上大尊太乙神经序》"。
③ 1936 年版作"道破"。

树便谈到为己为人，道"太虚寥廓，吾人之本体也"，又论述明德，道"本与太虚同体也，故天地万物，尽包在明德里面"，这些都在叙述我心与世界之本体为同一体，即为太虚。他又论述慎独，云："厥为神也，于太虚寥廓之中，只有一个，而无对行，其实体具于方寸之中，而塞于天地，无所不通，无所不利，千变万化，无非此独之神通妙用。"这是说容纳我身之太虚与我方寸之虚直接相通，因此只要积累慎独之功，我即可以与太虚合一。他又论述慎独，云："太虚寥廓之皇上帝太一元神之一，厥灵光，禀受人心之月窟，而妙用一贯。"云云。其意由此愈加明了，藤树又论述中，道"无所不在，无所在，大本在太虚，降在人心"，此亦说明天人合一之妙处。总而言之，藤树主张太虚与我方寸之虚直接相通是毋庸置疑的事实，因此在太虚说上，他是中斋的先驱，但中斋并不认为太虚为上帝之本体。

四　人类论

人类之位置　　世界由理气二元生成，天即此二元之实在，气成其形，理成其心。其气分成人物之形，其理分成人物之性。万物之中，唯独人得其理之全体，明明德；得其气之正直，动静顺。因此，人为万物之灵[①]，征服宏大之物，制服强者，德得以配天地助造化。而如其他生物，精神浑浊，毫无理之灵觉，愚昧无知，只有身体之欲，此乃造化生人所余之糟

[①] 1936 年版作"人为万物之理"。

粕。然而理气为世界之根本主义①，因此虽为禽兽，但离不开理气，而禽兽中理气浑浊，愚昧故不见理之灵觉，可谓之无理之灵觉，唯至其末，只有气质之灵觉。人灵觉全，故知生死，死而不消亡；野兽不知生死，死即消亡，唯气质深厚，故只知为死悲痛；鸟相比野兽知觉较弱，虽悲痛哀鸣，但无忧死之心，大鸟与野兽接近；鱼只有感觉，没有知觉；草木仅为质之生，也无感觉。如此可见等级越低，知觉越弱，到最后完全没有知觉。于是得出这些等级中占据最高位置的是人，人有圣人凡人之别，圣人乃人之神明，凡人乃圣人尚未开化之状态。

人类之同根 人类同根生，相互为兄弟姐妹，藤树在送中川氏的序中道："万物皆由大本生，四海之人悉为连理枝。"他又在《翁问答》卷一中云："天地为万民之大父母。由此来看，我与他人，凡有人类之形的人，皆为兄弟。故圣人以四海为一家，以中国为一人。而确立我与他人的差别，疏远、轻视他人乃迷惑的凡夫之心。"由此来思考，藤树的人类同根思想由其一元的世界观得来，不管怎样，他不确立彼此之差别，对所有人一视同仁，与许多圣人相同②，具有博大的人生观。《论语·颜渊》篇中道"四海之内，皆兄弟也"，此句虽出自子夏之口，但或许他叙述的是孔子之意。释迦也叙述一视同仁之意，云："尔时，四大河入海已，无复本名字，同名为海。此亦如是，有四姓。云何为四？刹利婆罗门长者居士种，于如来所，剃除须发，着三法衣，出家学道，无复本姓，但言沙门释

---

① 1936年版作"理气为世界之根本原理"。
② 1936年版作"与许多人相同"。

迦子。所以然者，如来众者，其犹大海，四谛其如四大河，除其结使，入于无畏涅槃城。"①这正是四海兄弟之意。耶稣也主张所有人皆在天父之下，相互为兄弟姐妹。

人类之同性　藤树与孟荀二氏相同，主张万人同性说。孟子认为人性本善，荀子主张人性本恶，其学说虽完全相反，但在主张万人同性这一点上，他们是一致的。藤树同孟子一样主张性本善，他在《大学》十五条中道："人率其性而行，其迹皆善。"又在《凡心图说》中言："生为人者，圣人凡夫在天性上相同。"以此得以证明。既然人性本善，为何会产生君子小人之别？其歧路实际存在于方寸之中。大凡人处于世，不敬会破坏自身形象，故在见闻所及之处，君子小人共持敬，唯独在见闻不及之处有自欺者与慎独者之别，自欺者为小人，慎独者为君子。②换言之，君子小人共持敬，只以主意所向之异分为君子、小人：向外在人见闻之处慎重，内心隐藏羞耻之事并为之，此乃小人；君子主意之处在内，以天地神明为友，在人见闻不及之处，即一念独知之处戒惧，此乃慎独，慎独乃入君子之域之关门。因此君子小人共持敬，唯有对外与对内之差别，由此导致其品格不同，本质有别，因此可知其歧路实际在于方寸之中。

人类之同等　既然藤树已持有万人同性之见解，必然得出人类同等的结论。要说缘由的话，人皆具有成为君子、圣人的本性，在这点上没有任何差异。而且藤树崇尚的是德性，而

---

① 出自《释迦谱》卷六第七页右。
② 请参考《凡心图说》及立敬之条目。

非世间名利,因此贫富贵贱不能规定人的品格。他在《翁问答》卷二中道"虽有贫富贵贱的外表装饰,但修养内容相同",叙述的正是此意。他又在《明德图说》中言:"以性言之,则万物一原,固无人物贵贱之殊。"在《大学》十五条中言:"古字人与民相通,有位者谓之人,无位者谓之民。官位乃人任命之物,人一出生,无论贵贱皆为天民。故人有限,民无限。"他还在《大学解》中表达了同样的意思,云:"天子诸侯卿大夫庶人五等之位,虽有尊卑大小之差别,但在其身上,毫无任何差别。"他在此明确表明横目竖鼻的人民皆平等(Gleichheit),其旨意与卢梭主张的人类皆悉平等相同。然而,藤树固然不像卢梭一样倡导自由(Freiheit)。

五　心理论

藤树认为任何人都有良知,主张良知本就为人所有,即天授之于人。良知不仅为天所授予,良知也即是天、神明、上帝。由《明德图说》中所说的"天与心一理",以及《人道图说》中所说的"知乃天理之贞德,心之神明"可知。《明德图说》中又道:"明德者,上帝之在人者。"明德即良知,故以良知为上帝。藤树又在与中村子的书信中写道"一念独知之内,神常昭昭",这也是说良知为神明。正如神灵论中已详细叙述的那样,上帝为世界之主人,良知为个体之主人,个体之主人与世界之主人乃同一体,即为最高的神灵。因此,藤树所说的良知可与佛教的如来(Tathāgata)一视同仁,故藤树自称良知为如来。他在与牛原氏的老母亲的书信中写道:"良知乃明德之本体，佛法中所谓的如来，乃此心。"如来亦为世界之本体，任何人只要能打破迷妄，可直接从内心成为如来，与如来合一。因此藤树以良知为如来的观点不是没有原因的。

此外，藤树还从各种视角出发考察良知，并附上各种各样的名称，因此，现在按顺序逐一进行叙述。

第一，性之本然乃天授之于人，性本善。《大学》十四条中云："人率其性而为，其迹皆善，不率性为之，其迹不善。"可知藤树主张性善说，他所谓的良知正是此性，故可谓性即天性、即良知，《大学》十四条中有句"心之灵觉光明，性理自显，性乃本心"，本心即良知。

第二，良知乃理，即天理，缘由在于天理与人欲相反，是心之本能。《或问八条》中云："心主天理时，人欲亡失，此乃操存。心主人欲时，天理亡失，此乃放舍。"可知天理乃良知。

第三，藤树又称良知为机。《天命性道合一图说》中道："天人合一，理气合一，谓之机。机者，心之天理，而人间是非之鉴也。""然则机良知乎。"云云。这是以良知为天人合一之关键。

第四，藤树也说良知为心，这是由于人类之心本有灵照，毫无污点。然而，人心道心有别，故又以道心为良知的别名。藤树论感悟，道："解感则人心疑惑悉消化，而无我之吾立，而道心常明，吾与心合同而为悟，心即道心也。"道心为良心的别名，这原本出自《尚书·大禹谟》及《荀子·解蔽篇》，与藤树的良知相同，谓之Conscience。藤树又屡次使用本心真心等词，可知此皆良知的别名。

第五，由于良知为吾人自身之本体，藤树称之为真吾（Das Wahre Ich）。吾有真吾与假吾之分，吾人现在所有的妄念杂虑都是孩提以后沾染而来，本来并非真吾，然而世人误认为真吾，世间各种颠倒迷乱皆由这一错误产生。那么，何为真吾？真吾即良知，藤树断言："真吾者，虚灵不昧，良知是也。去假求真，学者之先务也。"

第六，诚我意，达到真实无妄的地步，即存良知，因此诚可谓良知，良知又谓之诚。《大学考》中道："诚纯一无杂，真实无妄的本体即为良知。"藤树论诚意道："诚者本心之实德，所谓赤子之心，孩提之爱敬，当下不昧良知，是也。"又在答清水子书中道："诚为良知之本体，格意必固我，返良知之诚乃诚意。"可知他对诚与良知一视同仁。

第七，自反慎独之时，良知炳然显露，因此藤树同等看待良知与独，主张独为良知的别名。《大学考》中道："独即良知之别名。"他又论慎独云："独者，一念独知之灵明，天性之殊称，云云，孟子所谓良知也。"他又在《心学文集》卷上道"独者，良知之殊称，千圣之学脉也"，列举了十五种意思，独本来为独在（Alleinsein）之意，它又为世界之一原，乃所谓的绝对（Das Absolute）。

第八，良知乃明德。《大学》开头有"在明明德"，即明良知之意，《明德图说》中道："明德者，本心之殊称也。"本心即良知，故藤树对明德与良知一视同仁。《大学》十四条中道："明德之全体，充塞于太虚，是以虽具于方寸，光于四海，通于神明。"又道："本与太虚同体也，故天地万物，尽包在明德里面。"这些都是形容良知之句。藤树在答中村子书中道："明德之本体，无所变化，寂然不动，神明昭昭。"也可看出他在说明良知之状态。

第九，《中庸》所谓的中乃良知之别名，中为喜怒哀乐未发之状态，即混沌的心之本体。若喜怒哀乐已发，必有其迹，成为现象，未发之间，乃无差别平等之实在。《中庸解》的开头道："中庸乃明德之别名，明德在内部无所倚，有中央之意，故借中字为明德之别名。"明德即良知，故可知中乃良知。藤树又将"中也者，天下之大本也"解释为："中虽具于方寸，但与太虚太极一体一理，故不仅为吾身之根本，亦为天地万物之根本，故云天下之大本也。"这正是形容良知之言。

第十，藤树从广义上解释孝的意思，认为孝乃世界之实在。《孝经心法》中道："孝乃天地未生前的太虚神道，天地人万物皆由孝而生。"他认为孝乃理气合一的天地之本体，神明之所倚。如此一来，孝即为良知。果然他在《孝经启蒙》开篇断言："孝者，天性之殊称也。"天性即良知，故可想而知孝乃良知。

第十一，藤树以天君为良知之别名，在答复冈村氏的书信中有"见世之心里面常住不变的天君泰然自若"，"应登上本心之堂，见天君"，其实天君指的就是良知。

第十二，道与良知相同。阳明说过"道即是良知"，藤树也认为道是良知。他在《中庸解》中阐述其意，"道的本质乃《大学》中的良知"。虽然《大学》中并没有提到良知，但他将格物致知的"知"解释为良知,所以他才这样说。道盖天道,其所由来先天也,然其应用经验也。为什么呢?因为依斯道行动,即为人道,由此可知,道乃天人合一之机。

第十三,良知为善,不,为至善。藤树在答复一尾氏的书信中道:"良知即善,致良知,善常主心。"又在《大学抄》中道:"至善乃无极之理,至乃无极太极之意。整体来说,明德中有至善,至善中有明德;分开来说,明德乃性之体,至善乃性之用,至善乃性之主宰。"从作用上来说,至善乃良知之名。

第十四,良知乃说乐①、大安乐,即妙乐(Wonne)。藤树在送中西子的书信中道:"说者,心之本体也。"又在《论语抄解》中道:"说乐乃心之本体。"说乐②虽为人人具备之物,但只因意必固我之感而失之。又在《大学》十四条中道:"心之本体,元有大安乐。"即他认为说乐③乃良知本来就有之物。这亦与吠檀多派的思想相类似。《吠檀多经》第一卷第一章第十二节中道:"由妙乐形成的自己为最好的自己。"因此,从优波尼沙土中寻求其根据,《鹧鸪氏奥义书》(*Taittiriyaka-Upanishad*)(二、五)中道:"其他的内在的自己由妙乐形成,这与由悟性形成的自己不同。"此处所说的其他的内在的自己,即为梵天,我们亦在梵天中,与梵天一体。然而,妙乐仅指梵天,并非由悟性形成的自己,而吾人最深处的内心也包含妙乐,与最好的自己无异。《鹧鸪氏奥义书》(二、七)中

---

① 1936 年版作"悦乐"。
② 1936 年版作"悦乐"。
③ 1936 年版作"悦乐"。

道:"究竟多少人在呼吸呢?若妙乐不在精气中或心胸中①,那么唯有它能产生福祉。"藤树与吠檀多派相同,认为悦乐为世界实在(Weltwesen)良知的本体,实在是奇妙的不谋而合。

第十五,良知乃光明。藤树在《依丸药示工夫》一文中道:"良知自克和乐光明,故不求明快,而自然明快。"他将良知的别名称为明德,亦是因为其光明的属性。然此光明充满太虚,光耀四海,其光明与日月合,无所不通,无所不至。在这一点上,藤树也与吠檀多派不谋而合,左右逢源,完全一致。吠檀多派以梵天为光明②,商羯罗阿阇梨(Sankara Acharya)在《吠檀多经》的注释(一、三、二二)中道:"大凡能够认识的事物,只因梵天的光明才得以感知,日月等也在其中照耀。梵天是自然的,并非依靠其他的光明而感知,梵天表现为一切其他事物,却不由其事物表现出来。"佛教亦视如来为光明,如来有三身(Trikāya),一为法身(Dharmakāya),二为报身(Sambhogakāya),三为应身(Nirmanakāya),法身乃毗卢遮那佛(Vairochana),即光明遍照之意。耶稣教中亦有类似主张,《马太传》第十七章第二节中提到耶稣登上高山,相貌发生变化,"面耀如日,衣皎有光"。不仅如此,《约翰传》第八章第十二节中也说:"我乃世之光,从我者,乃不行于暗,而获生之光。"虽然藤树并未主张良知为一切世界光明的本源,但

---

① 精气为空间,相当于藤树所说的虚空,心胸即为藤树所说的方寸,如此看来,可谓不谋而合。
② 请参看《吠檀多经》第一卷第三章第二十二节乃至第二十三节以及第四十节。

他认为良知乃光明,这与吠檀多派中的梵天相同,又与佛教徒提出的如来乃光明的主张类似。

第十六,良知为仁。藤树在《论语抄解》中道:"孔门之学,以仁为宗,一贯为准则。仁乃一贯之本体,一贯乃仁之体段。"又道:"将德爱命名为仁,仁为万物一体之本心。"又道:"仁之本体,不在凡心之外,克去私欲,本体呈露,凡心即仁之本体。"他明言烦恼即菩提之意,此处的仁即为良知。

第十七,良知为礼。藤树在《论语抄解》中解释克己复礼,道:"礼与仁乃同体异名,仁指浑然全体,礼指其条理。良知以私欲为非,因仁之灵昭条理不言仁,而云复礼。"又道:"明德之条理为礼,明德之慈爱为仁,意思所指不同,但其实质同为明德。"藤树赋予良知各种别名,这是他从各种方面考察良知的结果,但最终都归于良知。

第十八,良知为全知(omniscient),即一切智(sarvajna)。藤树在《大学解》中道:"良知所知,智谋机巧也无法掩盖。"又道:"明德之独知虽隐微,但通鬼神而不能欺骗人,比十人指视还严格。"又在《中庸解》中道:"独所知,通天、通地、通鬼神,虽能欺骗人,岂能欺骗天地鬼神?"这些论述都将良知称为全知(omniscient),即无所不知(allwissend),丝毫不会被欺骗。尤其是良知在我方寸之中,如何能欺骗之?

第十九,良知广大无边,即遍布各处。藤树在《大学解》中道:"良知虽在方寸中,但通天地有形之外,与鬼神同吉凶。"又在《大学解》中论述良知的别名明德,道:"明德虽在方寸中,但与太虚寥廓一贯,包括天地万物,其大无外,其尊无对。"又道:"明德上通天道,下通人道,通生、通死、通顺、通逆、通昼、通夜,无所不通。"即良知贯彻万象,通达四方,即无所不在(omnipresent),即普遍存在(allgegenwärtig)。

第二十,良知长在不灭。藤树在《大学解》中道:"良知不灭不昧。"又在《中庸解》中道:"虽为至恶之人,独知之灵明也不昧不灭,何况其他人呢?"他认为良知虽会被私欲蒙蔽,但不会被完全消灭。他又在《中庸解》中断言明德"万古不易、常住不灭"。

第二十一,良知乃圣人。藤树在《天命性道合一图说》中主张良知"爱敬无欲无知","呜呼!爱敬无欲无知者,夫圣人乎!心之圣人,此之谓良知。故致其良知,则圣兹得焉"①。良知乃心之圣人,故人心中皆有圣人。若能培育扩充良知,即能成为圣人,所谓圣人乃扩充良知并与之合一者。

由此观之,毋庸置疑,藤树所谓的良知即今天伦理学家所谓的良心(Gewissen),但其包含的旨趣未必与良知相同,不,应该是与良知大有不同。良心可从先天的(transscendentales Gewissen)、经验的(empirisches Gewissen)即后天的两方面进行考察。伦理学家所谓的良心止于经验的一面,然而,藤树所谓的良知兼具两者。这样说的原因是良知在我方寸之中,如果我们依照良知规定日常行为,行为结果皆善,若背道而行,必陷于不善,这是经验性的方面。若进一步考察良知,其与世界之实在相通,与世界之实在为一体,这是先天性的方面。于

---

① 阳明曰:"人胸中各有个圣人,只自信不及,都自埋倒了。"(《传习录》下)

是，这超越了伦理学家所谓的良心范畴，进入一种缥缈的诗的境界。因此，藤树所谓的良知即为绝对，如基督教的神，婆罗门教的梵天，佛教的如来。要而言之，藤树思考上帝的内在性，使之与良知合一，因此，他往往超越经验的范畴，赋予良知神秘的意义。

良知乃我方寸中纯一无杂之本心，具有先天性与经验性两方面的性质。因此这实为天人合一之枢纽、圣人凡人区别之所在。任何人都有良知，如果操存之，使小我与大我相合，便能直接与世界之本体为一体，即可即身成佛。君子小人的区别不在其他，只在能否操存良知。

若我心中唯有良知，则毫无理由生恶，原因就在于良知乃善。藤树在答复一尾氏的书信中道："良知即善，致良知，善常主心。"然而，若严格来讲，这并未尽其意，只是从现象界出发就结果而言良知即善；若就良知本身而言，良知乃心之本体，与世界之本体为一体，故无善无恶，即从绝对的角度来讲，良知无善恶，良知即善只是相对而言。《孟子》三条中道："心之本体乃虚灵不昧，不仅无恶又无善。然而性乃本然，若观性感通之迹，皆善无恶。"这是从绝对、相对两方面进行的考察，藤树谓之体用一源、显微无间，他融合有无生死，具有类似于现象即实在论的世界观。如此从两方面来考察同一个良知，这绝非始于藤树，阳明早就有这种思想。《传习录》卷上道"人性皆善"，又道"至善者，性也，性元无一毫之恶"，又道"无善无恶是谓至善"。阳明主张人性为善，又认为性无善恶，这并非自相矛盾，而是融合了相对之善与绝对之善。藤树这种相对之善与绝对之善的思想或许从阳明学说中得来。不管怎样，藤树认为恶的元素不在良知之中。

到底恶是如何产生的？恶之本源在哪儿？我们必须探明恶的由来。藤树认为意即意念，为一切罪恶之起因。《大学考》中道："导致明德昏昧的病症多端，而终究其病根在于意念。"又道："意者万恶之渊源。故有意念时，明德昏昧，五事颠倒错乱也；无意念时，明德明澈，从五官令，万事中正通利也。"《大学解》中道："学问之功，正是辨明疑惑，确立本体。疑惑之根，乃意念一病。"这些都是在说人生所有罪恶终由意而生。藤树所谓的意或许为意欲（Das Wollen），若只有意欲，必有所执着，若有所执着，必偏于一方，因此产生隔阂、拘泥之弊害，完全陷于差别偏见，不免导致百般罪恶，这是毋庸置疑的经验事实。因此藤树主张意乃恶之本源，朱子认为"意者，心之所发也"，而藤树认为"意者，心之所倚也"。在朱子之解中，意必然倾向恶的观点并不明了。然而，依藤树之解，意非本心自然，本心自然唯善无恶①，非本心自然，则会对某一边有所倚仗，即对某物有所执着，故必然倾向恶。因此若有意，良知蒙蔽而昏昧；若无意，良知明，为神灵。因此可谓君子小人之别在于是否有意。《大学抄》中道："意分圣凡，为明暗分界。圣人已无意，无意而无惑，无惑而无教，无教而无圣贤之名，此乃太古神圣至治时代。心无始，意生而人有惑，而后人有疾病，世有治乱，而不能无教无政。"又道："意乃不常

---

① 《大学》十四条云："人率其性而为，其迹皆善，不率性为之，其迹不善。"由此可知。

往来之念，无事之时为间思①，有事之时为杂虑，赤子之心无意，圣人之心无意，凡人之心唯有此意念，如无至诚无息之性。"可知良知与意正相反。因此，我们必须探究意由何而起。毋庸置疑，意不在本心之中。要说缘由的话，本心本无善恶，硬要说的话，只能称之为至善。这样的话，我们该在何处认定意的存在？《大学考》中道："凡心发动有善有恶，本因意伏藏在心的里面，然则恶念从意伏藏之处发起，而非本心之显现。"如此藤树认为即便意伏藏在心的里面，却不可能存于本心之中，因此意的起源更不明了。由此想来，藤树认为此世界由理气二元生成，且心统理气，然而理气并非均为良知，良知为理，即天理，天理附着于人，成为良知，成为本心。意非理非气，只作为气的结果而产生，因为良知与世界本体为一体，所以气亦为良知，不，良知乃融合理气的本体。《中庸解》中道："大极②为造化之根本，阴阳为造化之具，太极阴阳合二为一，自然不能相离。"太极即理，阴阳即气，故此谓理气合一。《中庸》十一条中道："道乃理气，云理而残气，云气而残理，理气不相离，言此而残彼，言道时即言理气，此乃理气一体之名。"在与土肥子的书信中又道："性心气本为一体，意思有所不同，心指灵觉，性指灵觉主体，气指灵觉流动充盈身体，性就气中，专指理，心统理气。分开理气来看，理有灵觉，气无灵觉，理主宰，气为所乘之机。"藤树的概念稍微缺乏周密性，并非没有混乱之处，然而也有明晰而无可置疑的地

---

① 1936年版作"闲思"。
② 1936年版作"太极"。

方。依他所言，理气可分开解释。本质上，理气则不相分离，实为一体，换言之，理气一分二，二合一。从理气融合为一体来说，这就是世界的本体，即个人的良知亦为此，因为良知与世界的本体为一体。然而，理气又可分开来说，若分开来说，良知为理，而非气，于是意完全源于气。因此，依据融合与分开的不同，可知良知的观念自然有所不同。

既然意源于气，为人生一切罪恶的本源，那么气不就成了恶之本源吗？理乃善，不，倒不如说理为至善，这本无须论证，现在气与理相反，不正是恶吗？这必然在心中引发此疑问。而藤树决非认为气乃恶，他在《明德图说》中道："形气者，为理之配，本有善而无恶者也。"气本有善无恶，而只因有其性质（即身体），不免有所偏倚，换言之，不免有所好恶，如此有所好恶，谓之意。为何会有好恶呢？有好恶或许是执着于身体之欲。藤树在《孟子》三条中道："恶起于人欲之私，不随性之感通。随性而为，人欲无害，其事皆善。"又在《大学抄》中道："执着于身体之欲，故心中丧失鉴空横平之本然，不得其正，心主被物役使，物反成主，此乃放心。"由此观之，人类由于身体的存在，执着于我态即自我（Ichheit）①，而产生私欲，对物有所好恶，此乃意，即意欲、人心。意与良知难以两立，良知明，意退而灭迹，意起而良知隐，若意之势力旺盛，其弊害实在难以预测。藤树论天君道："吾人之灵台，如无此主人，则终作虎狼狗彘蛇蝎蜘蛛之栖噎。"又在《大学

---

① 1936年版作"执着于我态或我想"。

解》中论良知与意,道:"心之邪念①,在意与良知之间。若心有意念之杂,本体昏昧,无法修身。致良知时,心正修身。"意与良知难以两立已然明了。然而,人类会没有意欲吗?即便是致良知的君子,又怎会没有意欲呢?就这一点,藤树的解释似乎有所不足,但其实不然。若不拘泥于其词句,唯取其旨意,反而可以融会贯通。盖虽为圣人,亦不可能没有意欲,只是其意欲并非拘泥于自我,并非满足私欲之意,故不称之为意,要与小人意欲的意相区别。藤树论述一贯,云:"欲明明德于天下者,性之欲也。名欲高,位欲贵,财欲积,色欲美,形气欲便利,器欲好格者,人之欲也。"此处说性之欲与人之欲相对,可知圣人也有意欲。但圣人的意欲并非藤树所谓的欲,他所谓的欲乃人之欲,邪僻之物。与人之欲相对,他偶尔使用性之欲一词,其实说的并非是意欲。藤树在《大学考》中阐述此旨意,道:"心之所倚,率良知之诚时,虽倚而非邪僻,以倚至不倚之时,倚亦不倚之理。"若率良知之诚,所有的作为都不以私利私欲为目的,然而正因为不违背良知,可谓无意无欲,是故率良知,恶无所萌生,虽有喜怒哀乐,但不失节度,得以中庸,乃善。然而,若有所计较、谋划,此乃意,乃所谓人心,人生一切罪恶由此产生。意本不在良知之中,若按良知做事,必为善,然意却离开此正路,亡其本然,故以善为正统,以恶为旁出。君子尽其良知,故其所为皆善。小人有意欲,良知被蒙蔽,故各种罪恶不免随之产生,然而,良知并非

---

① 1936年版作"心之邪正"。

完全泯灭，若通过自反慎独，是可以成为君子的。而禽兽只有意、欲，小人自甘堕落，近乎禽兽。

接下来考察藤树对知识有着怎样的见解，根据他的良知说就已经能推测出来。任何人原本都有良知，所以知识在人心中，不应向外界寻求知识，应发展人心中的知识。藤树在《人道图说》中道："知乃天理之贞德，心之神明，空空众理妙，感应天下之事，鉴别是非善恶。"他认为判别是非善恶的知识完全自然存在于人类之中，即真正的知识是先天的（transscendental），依据经验从外界获得的知识反而会产生掩盖真正知识的弊端。他还在《人道图说》中阐述此意，道：

> 知的本体中存在是非善恶，并未区分，因无一物的虚明神灵，故万事万物之形显现，情分离，如同镜之虚明，因无一物，故能照出物之形。镜子仅虚明而已，因神灵而照出实物，知乃神明，故能主天下之事，映出实物，云云。镜子前哪怕放置一把扇子，映照一物不移开的时候，便不能照出其他实物。知空空无一物时，也能应对万事。知识有所储备时，并非真知自然之照。

由此观之，毋庸置疑，藤树认为吾人真正的知识是先天的，这样的话，他与斯宾诺莎的主张甚为相似。斯宾诺莎认为我们原本具有知识，但被情欲遮掩，若扫除情欲，知识自然明了。康德认为理性是解释世界的根本主义①，通过先天知识可以说明心理

---

① 1936 年版作"根本原理"。

发展，其哲学构成未必可以相较，但在确立先天知识这一点上也与藤树相似。然而，吠檀多哲学与藤树的思想最为接近，吠檀多派主张我们先天就具有知识，只是被迷妄掩盖，因此除掉迷妄，即可求得解脱，使面向外界的思想转为面向内部。《剃发奥义书》（三、二、九）中道"了解最高的梵天乃为梵天"，又（二、二、九）道"看最高深之人时，心中的铁锁破裂，一切疑团化解，一切礼节消失"。吠檀多派认为自知乃最高的知识，藤树也认为了解自己的本体良知乃知识之至。他曾在偶成的著作中道："知愚者不愚，知己者明也。"这与空海所说"即此如实知自心，名为菩提"相同，又与苏格拉底氏一语道破的"知己"旨趣相同。

六　伦理论

（一）理论方面

在探究有关伦理的一切事项前，首先必须确定一个问题。是什么呢？不是别的，即善恶的标准。关于善恶的标准自古以来有种种不同的学说，那么藤树是以什么作为善恶的标准呢？藤树认为良知乃解释世界的根本主义①，遵从良知乃善，违背良知乃恶，完全将良知作为善恶的标准。他在答复一尾氏的书信中道"良知即善，致良知，善常主心"，云云，"良知乃善之本体，违背良知乃恶之本色，应能辨清其意义"，可知辨别善恶的标准只有良知，并且据此也能推测藤树是动机论者。现在

---

① 1936 年版作"根本原理"。

确实存在许多伦理学说，但大致可分为依据动机和依据结果确定善恶的两派。例如，利用派①（utilitarian）以行为结果是否有益来比较、区别善恶，故为结果论者；与之相反，不论行为结果如何，仅依据内部先天的判断力（即直觉）来区别善恶，此为动机论者。藤树则属于后者，他在答复田边氏的书信中写道："善恶的本质在心上，不在于事迹。一念致良知乃为善，一念背离道乃为恶。"利用派②认为善恶的本质在于事迹，而藤树认为完全在于我们心中。

藤树的伦理思想无论涉及何种细枝末节，其根本终究在于良知，古人道"良知乃生前随身的规矩，死后随身的资粮"，藤树视良知为判断人的行为的唯一标准。从良知的观念来看，以下三种事实是必然的结果。

神人合一 我们虽为人类，但各自都有良知，而良知乃神灵，为世界的本体，所以若我们能够扩充良知，即可以成为神灵。神人合一之机，实际上就存在于此。觉得神灵在幽远之境，无法知道我们心中的隐微，这种想法非常浅薄。实际上，神灵在我们身上，我们的良知即神灵，想欺骗也欺骗不了。即便欺骗了它，内心也会产生责备的声音。藤树在《神道大义》中道："君子于己所独知之思上谨慎。平常思考之事，若是天地神明修正之事，就不考虑；平常所做之事，若是耻于让人知道的事，就不去做。因为心中有神明，所以没有发觉不了的事，即便产生恶念，做了错事，也知错就改。不考虑，不去做，回

---

① 1936 年版作"功利派"。
② 1936 年版作"功利派"。

归到原本的清净神明之常。凡夫虽知妄念仍去想，虽知恶事仍去做，然而，心之神明早已知道，所以做隐匿之事。就像照镜子一样，人们心中存在天神一体的神明，善恶无所隐藏。"这与天国在胸中之意相同。《路加传》第十七章第二十一节中道"视哉，神之国在尔衷也"（Denn sehet, das Reich Gottes ist inwendig in euch）。藤树亦是此意，他还在答复中西氏的书信中写道："君子安乐之本体在吾人方寸之内。"这与基督之语是多么相似呀！要而言之，知善恶的神明在我们心中，故必须据此规定一切行为。总之，藤树与基督相同，从内容上（immanent）考察神灵①，他解释忘字，道"心者，天人合一之神明"，最能道破此意。然而，方寸中有神灵，这不仅限于君子，任何人心中都有神灵，只是小人被意念蒙蔽。一旦免于意念之累，此心即为圣人之心，我们即为圣人。藤树在《翁问答》卷二中道："若正心诚意，圣贤之心即我心，我心即圣贤之心。"他又在《慎独之赞》中道："心之良知，斯之谓圣，当下自在，圣凡一性。"这与空海所言"一切众生身中，皆有佛性，具如来藏，一切众生，无非无上菩提法器"（《法华仪轨经》）相同，也与吠檀多派"我即梵天"（aham brahma asi②）的意思相同。要而言之，知善恶的神明在我们心中，故据此规定一切行为。

物我一体　　藤树具有一元的世界观，他认为万物并非与我们分离，终究为一体。他在送中川氏的书信中写道"万物皆

---

① 1936 年版作"从内在方面考察神灵"。
② 1936 年版作"aham brahma asmi"。

由大本产生,四海之人悉为连理枝",认为世界之人皆为同胞,这是从一元的世界观直接论及伦理方面。既然他具有一元的世界观,由此推论,在涉及人类相互交往时,他持有一视同仁的观念,这是必然的结果。他在《论语抄解》中道:"意必固我之私欲产生隔阂,因此我们与天下互相抵触,无法互相接受,昏迷颠倒。除去意必固我之私欲,回归礼,当下我们即与天下互相融通,毫无隔阂,万物一体的本心显露,天下尽归入吾仁之中。"他认为君子博爱之情无边无际,彼我无隔阂。他又在《论语》十八条中道:"其心遍万物,故天无心,仁以万物为一体,故无欲。"这是说君子之心如天,毫不偏倚。要而言之,可知藤树从一元的世界观出发进行推论,确立四海兄弟万国一家的博爱人生观。

内外莹彻 任何人都有良知,故不需以外界事实来确定善恶,仅在我方寸中便可直观善恶,即辨别善恶之师在我心中。藤树在《论语》十八条中道:"虽有明师,却难知一念之微,唯有奉持我心中知善恶的神明时,明师乃在我心中,幽明无隔。"然而,世人动辄不信我心中之师,自欺欺人,满足意欲,最终成为小人。《凡心图说》中道:"生而为人,圣人、凡夫在天性上无所差异,心中都有知善恶的神明,人们因良知而憎恨不义,耻于罪恶。只是由于慎独与自欺的差异而相距千里,才有君子小人之名。然而,一念自反辨惑,慎独改过,归于善时,凡夫亦能成为君子。"小人一旦改过,就能成为君子,而大多数小人掩盖其过错,内心存有不善,只装饰外表伪作君子,因此,内外并不莹彻,不免昏迷颠倒之弊,甚是可怜。他在《大学解》中道:"小人虽有贪欲之心,但利害之心深重,故在外人见闻之时有所忌惮,不能尽情地做不善之事,然而,因其不辨独知时应慎重,与在外人见闻之时无异,而在独居时无所忌惮,云云。""虽为小人,但良知不灭不昧,故其心行之善不善,明显识得,因此小人见君子时,由于忌惮而突然惊慌,隐藏其不善,表现出善人的样子,云云。""有所忌惮时,戒慎之心真切。戒慎则欲心退,良知明朗。故小人担忧他人看出自身不善的心境甚为深重,掩藏而失去限度,如同被看穿肺腑般。独知似乎隐微,却在天下最为显现,最终人们识破,亦如看透内心一样。"盖小人认为秘密行不善之事,若能隐匿此事,则无人可知,这种想法甚为愚蠢,因为小人完全不知其事自然显露于外。藤树在《大学抄》中道:"善恶在内心皆诚,显露于外无所隐藏。即使善恶有时有所隐藏,其实最终也会为人所知。"耶稣亦曾阐述此意,道:"盖藏者无有不露,隐者无有不显也。"(Es ist nichts verborgen, das nicht offenbar werde, und ist nichts heimlich, das man nicht wissen werde,《马太传》第十章第二十六节)即便认为人可欺,而心之神明即良知无论如何也不可欺,良知在我们心中,常知我们的隐微,如此想来,实在难为情。因此,君子不论人是否知之,而畏惧一念独知的神明,不敢违背它,故得以内外莹彻。

意乃百恶之渊源,若无意,内心清朗,不留一丝阴影,良知之光煌煌,若有意,良知隐藏而百恶生。藤树在《大学解》中道:"无意时,功名利害毁誉得失死生祸福一切习俗顺逆,都不能污染,有意则功名等众魔作祟,所谓的万欲由意而生。"

意如同佛教中所谓的魔罗（Māra），将人引入不善，使人很快陷入地狱的正是意，佛教的"Satan"（魔鬼）、波旬，皆生于我方寸中。因此，藤树教授除去意的方法。至此藤树的见解与叔本华接近，叔本华视意思为生命，又为实在，此处与藤树不同，不，倒不如说正相反，但其一切苦恼乃意思的结果，因而否定意思，归入虚无寂灭之处的见解，两者却甚为相似。然而，其中有绝不能混淆之处，藤树并未主张要消灭意，而是教导要诚意，这与叔本华不同，又与佛教及婆罗门教不同。藤树在《大学抄》中道："不应绝此意，即便想使之消失，它也不会消失，唯有通过诚意使其改变。"此言意味深长，因为只要人存在生命，意就无法消失，所以唯有通过诚意来解决。叔本华说："只要意思存其处，生命亦存在，世界亦存在。"（Wenn Wille da ist, wird auch Leben, Welt da seyn, Sämmtliche Werke, Bd. Ⅱ, S. 324）他将意志视为生命及世界的本体，虽说如此，但只要生命存在、世界存在，意就不会无缘无故地消失。因此，藤树教导诚意，打破佛教的谬见，他在《大学抄》中道："异学将此意看作轮回，见诚意受用，就想断绝之，因此差之毫厘，谬以千里。此意未能断绝，自欺成为习性，真知模糊。"藤树的言语稍微不够清晰，佛教想消灭此意，反而消灭不了，这是因为搞错了方法，如此理解就足够了。将此意看作轮回并不是根本的差异，藤树不仅说出因果报应，又明确道破轮回，他在《论语抄解》中道："毕竟只是一种病，始于意，成于心，在我身上存留，我又生此意，无限循环。"这不是轮回，是什么呢？但藤树下功夫的要点在于诚意，实际上这是修身正行的根本条件，可谓人心万机的出发点。那么，通过什么方法才能诚意呢？诚意的方法唯有致知格物。什么是致知格物呢？致知格物乃至知正事①，至知乃克服意念己私，至当下不昧之良知，正事乃端正貌言视听思五事。藤树在《大学解》中道："除了致知格物以外，没有什么可下功夫的了，这是天下第一等人的第一要义，无其他路可走，无其他事可做，如此简单直截了当。"因此，终究至良知才是所期之事，而至良知在于端正五事，五事乃显露于外表的作用，其善恶是非根源在于心之邪正。心邪是由于意念作祟，意念实际上主宰五事之非，一切烦恼皆由意念而起。除了意念，还有煌煌不灭的良知，良知能知五事之善恶邪正，以良知所知为主，格五事之非，即为格物之工夫，修身正心诚意致知之功，一切都存在于其中，换言之，格物即以伦理为目的的实践躬行的出发点。

藤树的良知说与佛教的止观或三昧非常类似，《大学》开头道"止于至善"，藤树解释止乃达到良知本体而寂然不动之意，因此，止从现象界收敛隐匿，直接与世界本体合一，此处在说其寂然不动之状态。是故止乃即身成佛之意，烦恼即菩提之意。如此看来，止不单有经验的意思，也有超绝的意思，即进入冲漠无朕、先天未画的境界，达到安于神明的地位。这不禁让人生疑，这与佛教的止观或三昧有什么不同呢？《起信论》（《义记》下末第二十二页以下）中道："云何修行止观门？所言止者，谓止一切境界相，随顺奢摩他观义故。所言观

---

① 藤树将致解释为至，三宅石庵对其不当的解释进行辩论，见于《藤树先生书翰杂著》的凡例中。

者，谓分别因缘生灭相，随顺毗钵舍那观义故。"《大智度论》卷七（第十页右）中道："何等为三昧？善心一处住不动，是为三昧。"由此可知两者是多么相似啊！然而，止并非终止之意，而是确定根本，创作地基。换言之，止乃是建立一切伦理行为的出发点，决无远离世间之意，因此不能与涅槃解脱之教相混淆，尤其佛教以灰身灭智为最终目的，两者虽有相似之处，但有很大差异。藤树担忧人们可能会消极理解止，他在《大学解》中做如下论说："至善之德，止而能虑。止乃体，虑乃用，体用一源。止外无虑，虑外无止，虑即止，止即虑。无虑之止，乃枯寂之止，非本体之止。止外之虑，乃意念之虑，而非天性之虑。止在定静安虑之中。"即止明显不是枯木死灰之意。藤树又在《止至善》之歌中道：

止于至善则苦，海水干涸乃乐之国。

如此一来，通过止可以到达极乐世界（Sukhāvatī）。藤树又将止之境界与中庸的中一视同仁，中乃喜怒哀乐种种情绪尚未表现的先天未画、冲漠无朕的状态。他在《中庸解》中道："中虽在方寸中，但与太虚之太极乃二体一理，故中不仅为吾身之根本，亦为天地万物之根本，故为天下之大本。"中亦与止相同，不能消极理解，若消极理解，必陷于顽空，不免有与异端相同之感。藤树在《中庸》十一条中对中进行解释，道"这是神明不测之灵性"，又道其是"至诚无息之殊称"，可知应积极理解中。

藤树认为存在先天未画、冲漠无朕的境界，并将之视为伦理行为的本源，因此，他同康德、叔本华诸氏一样，认同先天的自由（transscendentale Freiheit），他在《慎独之赞》中道："心之良知，斯之谓圣，当下自在，圣凡一性。"此处的"当下自在"即当下不昧之良知自由自在之意。藤树又在《中庸解》中做了如下论述：

> 道如水，人如鱼，本来道与人一贯不离，只是人因意念之惑自身离开道，故惑而不学，与道分离，学而领悟时，吾心即道。鱼得水，才得以自由自在，鱼离开水，其苦痛无法言说，人于道亦是如此。

由此观之，人与道合一，如鱼得水，才能自由自在。藤树并未道破经验界的必然性，但明确认同先天的自由。

藤树又认为因果报应乃是对伦理行为的制裁，苦乐都是自业自得，他曾对诸生说："余深信善恶之应报，故一举一动，无不畏敬，汝辈虽小事决不可轻轻处理焉。"他还著《阴骘之解》，列举因果报应的例子。又论辨惑立志，道："与夺之权在天，得失之机在人一心，是以自反慎独之功更新而不违背仁时，天与之，人得之。向外请求，而自欺违背仁时，天夺之，人失之。"因此是苦是乐，由各自所为来决定，而引发行为的最初念头动机如何，通过苦乐便可知晓。藤树作了和歌阐述此意，道：

> 苦乐不在其他，只一念之间分为极乐与地狱。

藤树又在《翁问答》卷二中详细论述福善祸淫之理，然而，他有时十分迷信因果报应之事，这虽为尺瑜寸瑕，但毋庸置疑亦是他的一个缺点。

（二）实践方面

1. 立志

在实践方面，以立志为先，志在研修道德，以期成为圣人。藤树论立志道：

> 志者，致知之始，跻圣之基本也。故曰，志真立则驴鸣亦为师，苟不立其志，则孔圣亦不为师。故学问之道无他，在立必为圣人之志而已矣。
>
> 志者，气之帅也，故克立其志，千过不来，万欲忽消。人云，虽立其志，未能克己，此未体察者也。子曰："三军可夺帅，鄙夫不可夺其志。"宜自省。
>
> 志有真假，志名志利志色，种种愿于外，皆灭生入死之假志也。唯志于道一念，养生出死之真志也。人之所欲，无甚于生，其所恶，无甚于死，而安假志，而不知真志者，可怜可怜。

藤树又论志道：

> 志乃志于道。初学之人，志于道，虽未知道，但因心志所向正确，故鲜有邪伪之惑。
>
> 学而立志乃志于义理，无有人不知而破义者，此乃学之始。
>
> 应想着天地之间自己一人活着，以天为师，以神明为

友，就无心依赖外人。

最后一句，最适合学者。若不先独立自身，具有自主精神，那么什么事业也无法成功。

2. 感悟

已经立志，那该从何事开始呢？首先必须打破感障，人类因私欲而被感障遮掩，故不见良知之光明。若能打破感障，良知如天日般再次绽放光明。藤树在与国领大的书信中道：

> 意欲之魔障深重时，良知丧失主翁权，故无提撕力，以致堕落，看起来其本质突然废弛。然而，气机之动静无常，故魔障有退散之时，其时良知惺惺，悔过之心恳切，在此好时机，志不废弛，有益于进修。

藤树又论感悟道：

> 解惑则人心疑惑悉消化，而无我之吾立，而道心常明，故吾与心合同而为悟，心即道心也。

他在《翁问答》卷四中还有更为贴切的论述，其言道：

> 人分为迷惑与觉悟两种，迷惑时，为凡夫，觉悟时，为圣贤君子佛菩萨。迷惑与觉悟都在一心之中，人欲深重，无明之云深厚，心月之光幽暗，如同黑夜，此乃迷惑之心。学问修行之功积淀，人欲纯洁，无明之云放晴，心月之灵光照耀明亮，此乃觉悟之心。

只要打破惑障，我即成为真吾，可与当下不昧之良知成为一体。

3. 自反慎独

为打破惑障，必须自反慎独。盖一切伦理的行为都以自反慎独为首，自反慎独可谓进入圣人境界之关键。藤树论述自反慎独道：

> 自反慎独，通治万病之圣药，有换骨颐神之良能，汤散丸之所不治，针石灸治之所不及，非此药不及，非此药不能愈，虽然，而服食者鲜噫！

他在与国领大的书信中道：

> 心里面有位常住不息的良知主人公，与此君相对，若努力修行，何时都能除去浮躁。若修行不间断，不久可与主人公见面。与其见面后，万事颠倒皆易除。

他又在答复佃叔的书信中道：

> 虽被外物吸引，错在我心，不在外物；虽被世俗改变，世俗无过错，错在我心。若能自反，除去心上意魔，天下不会有作祟之物。
>
> 平静之心，水中之月，时而决定隐藏之波。

通过自反慎独才能与当下不昧之良知合而为一，与世界本体成为一体，即进入先天未画、冲漠无朕的境界，得以安于神明的地位，一切伦理的行为应以自反慎独为出发点。

4. 修德及积善

即便通过自反慎独可与当下不昧之良知合一，突然又因私欲而良知被遮掩，且长期处于止之境界，无法规定其行为，也无法修德。藤树于是论修德之法，道：

> 思吾人修德，日日积善而已。一善益，一恶损，若每日行善，则每日恶退，此乃阳长阴消之理，若长久不懈怠，难道不能成为善人吗？名乃实之声，善人应有名，有实有名，不谓之德乎？人趋于利而轻蔑义，人敬重义则蔑视利，是因为天理人欲无法并立。

是故欲修德，最好成积善之功。藤树于是论积善之法道：

> 人皆憎恶坏名声，喜欢好名声。若不积累小善，好名声无法显现。若是可在人前彰显的善事，小人即会为之，但却不将小善看在眼里。君子日日为善，不舍弃任何小善，需要时亦行大善，但并非追求大善而为之。大善稀少，小善每日都有许多，大善近于名，小善近于德。人争相为大善，是因为人好名利，因名利而为善，大善也成为小善。君子积小善修德，没有比德更大的大善，德乃善之渊源。

实际上这是有德者的心境，是学者最应该勤勉之处，《周易·系辞下》道："善不积不足以成名，恶不积不足以灭身。小人以小善为无益，而弗为也，以小恶为无伤，而弗去也，故恶积而不可掩，罪大而不可解。"而藤树所言比其更为贴切。

5. 毁誉

世间的毁誉褒贬容易动摇人心，人虽志于道，但动辄被其左右，故藤树关于毁誉表达了深刻劝诫之意，其言道：

> 虽不是真心想做，但为当世之人褒扬之事，则为之；虽真心想做，但为人诽谤之事，则止之。追求眼前之名，乃为利，名利之人，谓之小人，从有形之欲而不知道。
>
> 若听到别人称赞自己，即使是做了小事，也很高兴自豪；若听到别人诽谤自己，真有其事，则怨恨别人，无其事则发怒，饰非遂过，不知改正。人皆知其人品，知其心邪，而自己却想着隐藏起来，不被别人知道，所欲必为，不听劝谏。
>
> 见人之非而思己智，无不自满，违道求誉，背义求利，士谄媚或通过手段获得俸禄，庶民欺瞒人而得利，此乃不义，富贵如浮云，最终使子孙灭亡，却不察知。
>
> 知己有，不知别人有，若己有利，不顾伤害别人，近则亡身，远则亡家。自满而认为自己有才学的人便是如此，没有比其更愚蠢的了。

藤树又在与佃子的书信中，论述所交往之人的善恶是非展现了自己的善恶是非，道：

> 万事之态，不在他人之非，皆因我心中之非，云云。世间之人通过我心之样态，或成为魔，或成为师友。

这些名言实在是千古不磨。想来，藤树所教之道理可谓与

《法句经》《经集》或福音书中的说法不分伯仲。

6. 悔

任何人都有过失，故一旦出现过失，人很快就会绝望、放纵，再次追求放纵之心，不回归原来的地位，故世人几乎没有完人。因此，古来圣人都对悔悟教导颇多，而藤树对悔的阐述，最为贴切，其言道：

> 悔乃由凶至吉之道，强烈懊悔之事反而是前非之病，未拔之根。曾经的过失到如今毫无迹象，心绪变换，即使回想起来也无悔，只是如他事一般；若回想起来搔头冒汗，是因为心中还藏着过失之根，又重现其境而已。

如此阐述悔悟之心法，实际上很有效力。孔子道："过则勿惮改。"此言过于简单，难以窥见悔悟的工夫。子贡道："君子之过也，如日月之食焉，过也人皆见之，更也人皆仰之。"这也未论及悔悟的工夫如何。又如《普贤观经》所说的忏悔工夫，虽然论述详细，多达数百言，但总觉得不及藤树说得简明又得要领。

7. 孝

藤树所谓的孝具有广大无边的含义，决非普通人认为的狭义之孝。若从狭义上解释，孝乃敬爱父母。然而，在藤树看来，孝先天就存在于世界，是通过人类行为发展起来的伦理秩序。现在想来，《孝经援神契》（收录于纬书一，《古微书》卷二十七乃至二十九）中道："元气混沌，孝在其中。"指出孝先于人类而存在于世界，而非始于人类。之后，有些人详述此意，创作了《全孝图说》，刊载于《孝经大全》卷一之中。藤树基于这些学说，从广义上解释孝，他在自己所创作的《孝经心法》①中写道："孝乃天地未画之前的太虚神道，天地人万物皆由孝而生。"由此观之，孝不仅先于人类存在于世界，又是生成世界万物的根本主义②，即促进世界万物发展进化的根本主义③。藤树又在《翁问答》卷一中道："本来孝以太虚为全体，历经万劫，无始无终，无时不孝，无物不孝。"若真如此，孝如同世界最大的理法，具有遍一切处（omnipresent）的性质。另外，藤树解释孝曰："其全体充塞于太虚，通彻于无限。"又道："太虚之神明，是其本体，圣人之妙用，是其感通。"在藤树看来，孝乃广大无边的世界实在，与良知相同。他也在《孝经心法》中道："神理所包含的乃孝，以言语无法命名，强行取象云孝。"因此孝不仅具有经验之旨趣，也有先天之旨趣，恰如佛教的真如实相，仅凭言语是无法言尽的。详细阐述藤树之意如下，孝乃存在于世界的大道，世界万物只因孝才得以发展进化。若从人类的角度来说，孝先天伏藏于我们身上，随着我们成长而不断发展，即自己之德性、自己之良知。自己之德性、自己之良知正是父母遗体之天真，故培育之、尊重之、遵循之，即为敬爱父母。藤树阐述此意道：

---

① 刊载于《藤树全书》卷二的《全孝图》和卷六孝的《第一说》，即为《孝经大全》的《全孝图说》，刊载于卷二的《人在气中》等文亦为《孝经大全》第一卷的《全孝心法》，这些都不是藤树所创作的，读者理应注意。

② 1936年版作"根本原理"。

③ 1936年版作"根本原理"。

> 自己德性乃父母遗体之天真也,是以养吾性,所以养亲也,尊吾性,所以尊吾亲也。此则大孝之精髓,不论在膝下与否。

父母又继承祖先的遗体,溯其本源,不得不归于天地神明,故藤树引用的《全孝心法》中也道:"可见此身不但父母遗体也,是天地的遗体,人是太虚的遗体。"藤树又引用《孝经援神契》道:

> 孝在混沌之中,太虚本体之神灵,在方寸者为孝,所谓未发之中,是也,故曰孝者在混沌之中。

藤树又在《孝经启蒙》中对《诗经·大雅》的"无念尔祖,聿修厥德"注释道:

> 父母之本,推之至始祖;始祖之本,天地也;天地之本,太虚也。举一祖而包父母先祖天地太虚。

由此观之,虽然孝始于敬爱父母,但其所关系的并非仅限于父母,敬爱父母即敬爱天地神明,由此可以说藤树在建设一种深远的祖先教。然而藤树所谓的孝不仅具有上下关系,也有纵横关系,如博爱的人道,如万物一体的达观,如仁义礼智信的五常,皆是孝的结果。他在《孝经心法》中道:

> 爱其亲之心天下无人憎恶,敬其亲之心天下无人轻慢。尽心敬爱侍奉其亲,明白天地同根、万物一体的性质,尽早灭私欲,存天理,寻其大而无外,见其小而无

内，始称为仁，义乃孝之勇，礼乃孝之品节，智乃孝之神明，信乃孝之实。

若行孝，则遵循天理自然，合乎伦理秩序，故得以发展进化。因此，藤树认为孝乃促进世界万物发展进化的根本主义①，若不行孝，迟早难免灭亡，这违背了自卫自进的理法。于是，藤树阐述不孝导致自取灭亡的原因，道：

这个是人根，若灭却此心，则其生如无根之草木②，倏不死者，苟幸免而已。

孝在伦理上是如此重要的纲常，故学者应该学习孝。藤树认为孝是唯一应学之物，其言道：

此是三才之至德要道，生天生地生人生万物，只是此孝，学者学此而已。孝于何在？在吾此身，离身无孝，离孝无身，立身行道，光于四海，通于神明。

我身之所以存在，是因为祖先之孝，若祖先不孝，我身就无法存在，我家族早已灭亡，故道"离孝无身"。而孝乃我身之实在，即良知，伏藏于我身，故道"离身无孝"。只要能行孝，我身之德最终可以绽放光辉，照耀世界。

8. 忠

藤树关于忠的言论并不多，大概他认为忠乃孝的一部分，

---

① 1936 年版作"根本原理"。
② 1936 年版作"则其生如无株之草木"。

故在论说孝时，也就包含了忠。他在《翁问答》卷三中道：

> 君之恩与双亲之恩相同，乃广大之恩德，忠臣必由孝子之门而出，故明孝德之人必在战争中勤勉于武道，立下战功。

由此观之，藤树认为只要具备孝德，自然附带着忠德。他在《孝经启蒙》中道：

> 忠本孝中之一端，故所以事家人严君之敬，所以教臣也。经曰"以孝事君则忠"，此意也。

这即是忠孝一本之旨意。藤树依据《孝经》中的"资于事父，以事君，而敬同"，认为孝最重要，并视之为根本，而孝之后，忠最重要。他在《孝经启蒙》中道：

> 君臣夫妇长幼朋友四伦之中，君臣之义最重。

藤树曾侍奉新谷侯，但为赡养家乡老母，弃官逃归故乡，那时他在留言条中写道"辨别忠孝，我认为孝重忠轻"[①]，以此可证藤树以孝为首。

9. 谦

自古以来圣贤有不少关于谦德的教导，如《尚书·大禹谟》中道"满招损，谦受益"，《易经·谦》道"天道亏盈而益谦"，《老子》道"天之道，其犹张弓乎，高者抑之，下者举

---

① 1936 年版此句被删掉。

之"，耶稣道"且自高者，必降为卑，自卑者必升为高也"，皆为千古格言。关于谦德，藤树亦有很多教诲，其中有些颇适合学者，他在送佃子序中道：

> 夫人心之病，莫大于满心。人之浮气躁念，千状万态，如狂如醉，知病悉是满心为祟①，是以心术之要，莫先于降满致虚。

他又在论述老子三宝的文中道：

> 谦尊而光，卑而不可逾，居于人下者，人常敬爱之，聚集于吉祥门下。

《大学抄》中也有同样的论述。虽然这依据了《易经·谦》中的"谦尊而光，卑而不可逾"，其句亦不失为千古名言。藤树又论述谦意，道：

> 谦者，虚也。心虚则好恶出于自然，是非见于心体，廓然大公，而物来顺应。意者，心之所倚也，谦与意相对，心有所倚，则好恶私作，是非逆措，万欲千殃，于是乎生，终丧其本心。故《大学》诚意之传，以自谦揭示本心自然之好恶，以为诚意之准的，旨哉！

藤树认为有谦无意，有意无谦，谦与意终究不能两立。他又论述谦，道：

---

① 原文为崇，疑应为祟。——译者注

> 天德由此明，五福由此得。子曰："有周公之才之美，使骄且吝，其余不足观也已。"学者克去满心，而不求谦德，则虽博学多才，未足为出下愚之凡窟，可猛戒。

玩味诵读这些言论，藤树论述谦德之深切，许多言论都不亚于古代圣贤。

10. 忍

忍与谦相辅相成，均为人的美德。关于忍，藤树有所教诲。我们应倾听他的言论，他论述忍，道：

> 善用此字，克私欲，则世间无穷之苦痛忽消，而心安气和，百祸福因此而已矣。

又道：

> 这字从刃从心，以羞恶之心，为裁割人欲之利刀。能用此忍，则四方八面来之心，名利之妖魔，情欲之盗贼，无一不断尽者。故曰："忍字众妙之门。"

这句对忍字的说明，甚为有趣，而实际上也非常贴切。藤树又道：

> 这个是以道制之勇心也，初学炼形化气之良方，入道积德之门也。

藤树又专门针对忍字题了一首诗，道：

> 一忍七情皆中和，再忍五福皆骈臻。忍到百忍满腔

春，熙熙宇宙都真境。

这首诗虽然既不押韵，平仄也不齐整，但仍然应该被朗朗诵读，因为它作为教化很有价值。

七　政治论

藤树本来以伦理为主，故政治之事谈论不多，但偶尔也会有政治相关的论述。藤树同孔孟一样，认为政治、伦理并不分离，政治是以伦理为基础形成的，即为政教一致论者。他在《翁问答》卷二中道：

> 政以明明德为本，学问乃治理天下国家之政，可知这本来是相同的，云云。天子诸侯所表现的一言一行，皆是惩处之根本，故得以理解政与学问本为同一理。

西洋古代的哲学家也往往以伦理为政治的基础，尤其是柏拉图、亚里士多德诸氏主张国家的目的在于培育民族道德，法国的费奈隆著述的《忒勒马科斯历险记》亦在叙述伦理政治的理想。然而，现在的政治成为极为错综复杂的机关，其目的固然不能与伦理冲突①，但也并非仅凭伦理形成政治。因此，从现在来看，藤树关于政治的见解尚有未尽之处。然而，藤树论述法律制度要依据时处位等斟酌考虑，颇具法眼。他在《翁问答》卷二中道："好的法度乃活法，对事情的处理不固定。专门

---

① 1936 年版作"其目的固然在于伦理"。

固定的法度乃死法，无法实际应用。"可以说明他论述的内容绝不迂腐。他又在《翁问答》卷五中频繁说明权，阐述虽为圣人制定的礼法，但一味遵循礼法，就难以灵活变通，因此他论述即便违背礼法，但不应违背道，必须懂得变通的妙用，最后他道破"权之外无道，道之外无权，权之外无学，学之外无权"。于是可知藤树主张应采取临机应变的态度。

藤树提倡文武合一论，认为本来文武乃一德，二者绝不能分离，文离开武，不是真正的文，武离开文，不是真正的武。正确践行孝悌忠信之道乃文，努力消除孝悌忠信的障碍，并践行之乃武。他颇为巧妙地论述了文与武具有必然联系的原因。藤树又以文为仁，以武为义，文武共为人性之一德，道：

> 文乃仁道之异名，武乃义道之异名，仁与义同为人性之一德，故文武亦同为一德，并非分别之物，云云。文违背仁，虽名文，实际上并非文；武违背义，虽名武，实际上并非武，云云。文武合一乃为真正的文武，乃为真正的儒者。有文艺，无文德，对文道无用；有武艺，无武德，对武道无用。譬如无根之草木，无法结出果实。

当时，藤树的言论可谓卓见。上毛的岩井任重从《翁问答》抄录这些有关文武的句子，另外编成一本册子，或许是因为他非常敬服藤树的学说吧。

八　学问论

藤树认为伦理乃唯一的学问，说到学问，即意味着伦理，同样说到伦理，并非以学理为主，倒不如说以实践为主。藤树论圣人道：

> 学乃去将来之人欲①，存原来之天理的学问，在存天理，灭人欲之私时，此心即为圣人之心。

藤树又论学道：

> 夫学乃学习居于人下之事。不学为人父，学为人子，不学为人师，学为人弟子。能为人子，便能为人父，能为人弟子，便能为人师。不自大，才会被人推崇尊敬。

他又在《翁问答》卷三中道：

> 学问的本质在于去除心中污秽，端正日常言行。

在藤树看来，学问即践行伦理，而藤树学问的根本主义②是良知，故学问的关键在于认定良知，与之合而为一。他在答复田中氏的书信中道：

> 学乃致良知，立志最先。

他又在答复佃叔一的书信中道：

> 学问之工夫以认知本体为第一义。

---

① 1936 年版作"学乃去后来之人欲"。
② 1936 年版作"根本原理"。

此处的本体即良知。如今思考其意思，稍微与僧佉派的哲学思想类似。依据僧佉派的哲学，神我通过大与心根的作用觉察到自性的污秽，并脱离之，成为自存的实在。藤树所谓的良知如同神我，若意识到良知被私欲污染，则自身回归本体，成为自存的实在。毕竟藤树以践行伦理为学问①，故不需要博学多识，又不崇尚诗赋文章，他主要将精力用在经学上面。经书中他最重视《易经》，藤树在《灵符义解》中道：

盖儒者之道，以《易》为主本，四书六经所说，诸儒发明之语录，虽广，皆本于易理，一毫有差则异端也。

藤树又在《翁问答》卷三中道：

本来教授一部《易经》，而推广到十三经，学好《易经》为善。

虽然藤树如此重视《易经》，但遗憾的是他却没有与《易》相关的著书。除了《易经》以外，他还重视《孝经》《大学》《中庸》《论语》。藤树固然崇尚经书，但他仅致力于取其精神，丝毫不拘泥于训诂。换言之，其目的在于与古圣人之心融会贯通，认为学问不是讲授经书，更不是读经书。沉溺于经书的注解是他劝诫最多之处，他在答复谷川寅的书信中道：

所读之书本来是吾人心性的注解，读注解是为了领悟

---

① 1936 年版作"毕竟藤树以践行伦理为真正的学问"。

本经，而自身不承认良知，只探究经书，好比不读本经的文字，只探究注解的训诂。

他又在答复小川子的书信中道：

> 盖经有心、有迹、有训诂。学训诂，而讲明其迹者，初学未知文字者之所务也。已晓文义，则专于正经上体察玩索，须求心心融会之妙，云云。

这与陆象山所言"我不注六经，六经皆我注脚"的意思相同，可知藤树极具洞察力。他在《翁问答》卷三中道：

> 虽不是用眼看并记住文字，但能理解圣人本意，作为我心之镜，以心读心，是真正的读书。心不领会其意，只用眼看并记住文字，乃是眼读文字，并非真正的读书。

他又在《翁问答》卷二论述四书六经中的心、迹与训诂三者的差别，道：

> 学其训诂，能辨其迹，能取用其心，成为我心之师范。若正心诚意，圣贤之心即为我心，若我心不违背圣贤之心，言行自止于至善，如此谓之真正之学问。

若能从私欲束缚的现象界退藏，达到冲漠无朕、先天未画的境界，即自身与本体合一，则脱离空间、时间及因果关系的限制，故我心即先圣之心，先圣之心即我心。藤树曾创作"藤树规"，将之悬挂在门楣上，成为身践力行之资，其文如下：

《大学》之道在明明德，在亲民，在止于至善。

朱子曰："尧舜使契为司徒，敬敷五教。五教者，父子有亲，君臣有义，夫妇有别，长幼有序，朋友有信是也。学者学之而已。"愚按，三纲领之宗旨，一是皆以五教为定本，而其所以学之术，存养以持敬为主，进修以致知力行而日新。其别如下：

畏天命，尊德性。

右持敬之要，进修之本也。

博学之，审问之，慎思之，明辨之，笃行之。

右进修之序，学问思辨四者，所以致知也。若夫笃行之事，则自修身，以至于处事接物，亦各有要。其别如下：

言忠信，行笃敬，惩忿窒欲，迁善改过。

右修身之要。

正其义，不谋其利；明其道，不计其功。

右处事之要。

己所不欲，勿施于人，行有不得，反求诸己。

右接物之要。

原窃惟，今之人为学者，惟记诵词章而已，是以吾道之所寄，不越乎言语文字之间。愚尝忧之也深，故推本圣人立教之宗旨，而参以白鹿洞规，条列如右，而揭之楣间，庶几与一二同志，固守力行之也。

这大概是藤树仿照朱子白鹿洞书院的告示创作的，尤其是进修之序以下完全与白鹿洞书院的洞规相同。其还有学堂座右铭，道：

一，可明辨长幼之序而笃行惠顺之义也。尊幼辈行凡三等，曰尊者（谓长于己二十岁以上在父行者），曰长者（谓长于己十岁以上在兄行者），曰敌者（谓年上下不满十岁者，长者为稍长者，少者为稍小者），曰少者（谓少于己十岁以下者），曰幼者（谓少于己二十岁以下者）。

记曰：行一物，而三善皆得者①，唯世子而已，其齿于学之谓也。故世子齿于学，国人观之曰："将君我，而与我齿让，何也？"曰："有父在则礼然。"然而众知父子之道矣。其二曰："将君我，而与我齿让，何也？"曰："有君在则礼然。"然而众著于君臣之义也。其三曰："将君我，而与我齿让，何也？"曰："长长也。"然而众知长幼之节矣。又曰："天子之元子，士也，天下无生而贵者也。"此乃可观长幼之序不可不敬也。

二，同志之交际，可以恭敬为主，以和睦行之，一毫不可自择便利，狠毋求胜②，而不可淫媟戏慢，评论女色，不可动作无仪，不可里巷之歌谣、俚近之语出诸口，宜德业相劝，过失相规。

三，每日清晨拜诵《孝经》，可以养平旦之气，而后或受读，或受讲，或温习，或誊写，不可一时放慢，晚炊

---

① 1936年版作"而三喜皆得者"。
② 1936年版作"狠母求胜"。

后可以游艺，若及志倦体疲，则可少逍遥自适。

九　教育论

藤树的学问以践行伦理为目的，故其教育亦教导子弟使其归于道德，即藤树无视智育、体育等，唯尚德育，以期布德教。他在《大学》十四条中道：

> 圣贤教人，千言万语，总归于诚意一路，舍此更无别事可做，无别路可走，所谓一贯宗是也。

藤树尤其认为，比起言论灌输，不如自身成为模范，并努力躬行实践，由此自然教化于人。他在《翁问答》卷一中道：

> 根本真实的教化是德教，不用言语教化，立我身行道，人自然变化，此乃德教。

他又在为熊泽子践行的书信中道：

> 夫师范之官，立本于隐微，而生道于讲论。

这是说教育应先自反慎独，其后再讲论。

然而，藤树认为年幼时最适合施行德教，因为人在年幼时最容易被改变。因此，藤树在《翁问答》卷一中论述最不应该忽视年幼时的教育。

藤树又认识到音乐方面的教育甚为重要，他在《论语》十八条中道：

> 享受正乐后，心情安宁，游乐之事正，而后容易修德。音乐有五声十二律，或源于和歌，或演奏丝竹，它可以培养人的性情，荡涤污秽，使性格和顺，化为道德。所以，移风易俗之事，没有比音乐更好的了。成就于道德之乐，便是问学，学习正乐后，才能理解。

藤树认为音乐有助于德教。他还主张女子教育的必要性。在当时，世人一般提到教育，几乎都认为仅限于男子，而藤树提出女子教育的必要性，真可谓卓见。现在查看一下《春风》，藤树认为作诗、读和歌与女子不符，唯有修心的学问对女子来说才是必需的，其言道：

> 作诗、读和歌的学问并不是适合妇人的工作，但从事女官的人很多，人们也不觉得奇怪。但若以修心为女官的第一要务，人们则认为不合适，这种看法是错误的。为何呢？因为女人以阴气为形气之本，其气喧闹、小气，内心险恶，容易偏执，而且女人只生活于闺门内，其习私胜，其所见狭隘，故很少有女人慈悲正直，内心诚实。佛教中认为女人尤其罪恶深重，难以成佛，亦是此意。既然如此，女人必须学习心之学问。若妻子内心诚实、孝顺慈悲正直，父母子女兄弟自不用说，连同一宗门都很和睦，其家非常和谐，就连卑贱的奴婢也受到恩泽，其家因此福厚，子孙也因此繁荣，云云。

藤树为训诫女子，专门创作了《鉴草》六卷，后来贝原益轩也注意到女子教育，但藤树可谓已著先鞭。

十　异端论

通过以上所述应该对藤树的学问有所了解，其在各种观点上都与佛教相似，其良知如真如，其知止如三昧，其感悟如无明与解脱，如此算来，两者可一一对照。因此，藤树认为佛教的旨意都是我掌中之物，他曾对诸生道：

> 顷日余看佛书，其奥旨亦悉包含于吾儒教中。若彼教别有好意思，学之亦可也，彼亦不过明其心，则何舍吾儒全体之教，而别求之哉？学者所宜知也。

然而，对藤树的学问与佛教进行比较考察，可以发现其中多少有些差别。这些少许的差别与践行伦理有很大的关系。因此，藤树痛斥佛教，指出二者异同，以期不与自家之学混淆。在伦理论的指导下叙述的有关意念的见解，大概是二者之间重要的差异。藤树论异学道：

> 人道无欲则知义，不知利。遵从公义，无私心，乃无欲。有应取之义则取之，有应与之义则与之，有应蓄之义则蓄之，有应施之义则施之。遵从内心之义，乃无欲，依利乃欲。

由此观之，藤树与佛教相同，也期待无欲，然而，藤树的无欲依义而动，并非消灭意念，而是端正意念，专心遵从义。因此，藤树的无欲是活动的无欲，而非枯木死灰的无欲，从事世间任何事业都能无欲，无依利之心即无欲。因此，在藤树看来，释迦与达磨做事很可笑，他将二者一并称为狂者，在《翁问答》卷四中道：

> 释尊十九岁弃天子之位入山，三十岁成道后，不从事本分工作，有时乞讨，不顾人伦，厌弃世间人事，倡导种种权教方便说，诳诱愚民，此皆以无欲无为自然清净之位为最极，由任元气之灵觉的毫发之差而引起无欲妄行之误。

藤树认为释迦的行为和教义都是错误的，他在《翁问答》卷五中道：

> 在位为欲，弃位乃无欲，积累财富为欲，抛弃财富乃无欲，如此认为是因为明德未明，喜好官位、贪婪财富之心性仍有残留，凝滞于外物，存在便利拣择之私。圣人之心艮背敌应，由于没有意必固我之私，所以无论富贵贫贱、生死祸福，还是天下万事，大小高下、清浊美恶，丝毫没有好恶拣择之情，只是满腔满目，一贯皇极之神理。因此，升官位、积累财富并非欲，弃官位、抛弃财富并非无欲，又并非欲，唯有违背天道之神理乃欲、乃妄，符合天道之神理乃无欲、无妄。若符合神理，无论是登上天子之位，积累财富，还是弃官位、抛弃财富皆无欲、无妄；若违背神理，无论是抛弃天子之位，抛弃财富，还是升官位，积累财富皆乃欲、乃妄。欲与无欲、妄与无妄，不在行事之品格，只在心性。何事为无欲？何事为欲？依据事情来判定是迷惑凡夫的体会，又是异端偏僻之法。若释尊领悟此心，则可视王宫为檀特灵山，为寂光净土，视天子

之位为摩尼轮之位，视衮衣玉殿为麻衣草座，视礼乐刑政为说法、济度众生；但他却险恶偏执，厌恶王宫，进入山中，厌恶衮衣玉殿，喜好麻衣草座。他这是何种心理呢？艮背敌应，不相与时，王宫帝位如何污染我呢？山中的静坐如何有助于我呢？衮衣玉殿如何损害我呢？麻衣草座如何使我纯洁呢？

这便是从藤树眼中觉察到的释迦，毕竟欲与无欲、妄与无妄取决于我心状况之如何，无须拘泥于外部的状态、境遇等。藤树此处所说的天道之神理，可以看作与利相对，与义相同。他又评价达磨，将之比作禽兽，在《达磨之赞》中道：

九年摸像，戕贼本心，弃绝人事，乃兽乃禽。

他又在论述坐禅的文章中写道：

瞿昙迷而入山，又迷而出山，达磨惑而面壁，又惑而背壁，譬如蚁旋磨。

儒教根据当时社会的人伦关系确立教化，故在日常言行中，得以合乎道，未必要弃家入山，也不需要面壁背壁。因此，藤树对释迦与达磨都加以批判，他认为佛教非常有害，毫无一点益处。他在《大学抄》中道：

释迦放弃帝位出家，欲在下层教化，最终未能完成。佛教在其出生国荒废，传入中国，损害中国，传到日本，灭亡日本神道，使国家衰微，云云。释迦放弃帝位之心虽值得钦佩，但愚昧不知好仁之圣学，他放弃与生俱来的帝位便是背离五伦之始。佛教开始后，对天下有什么益处呢？害处数不胜数，没有一点益处。

此论固然过于严酷，不应该断言佛教毫无益处。首先，美术由佛教兴起，文学亦由佛教装饰，加之佛教丰富了我国的思想界，儒教也是受到佛教的刺激，才具有深远的旨趣，即藤树提倡的王学也不免受到佛教的影响。如此一来，佛教有益毋庸置疑。然而，在藤树眼中唯有实践伦理。从实践伦理的角度来看，或许佛教无益吧！佛教到底为实践伦理带来多少裨益，实际上还有疑问，因此，藤树的言论也有其道理。

藤树又论述异学道：

> 佛教乃可悲的愚昧之道，愚昧之人认为它好，故佛教徒必是心性愚昧之人。

连释迦、达磨都被藤树称为狂者，因此，在他的眼中，无论是什么样的硕德高僧也都是迷惑的愚人。

藤树排斥佛教，其言论甚至走向极端，这是为什么呢？王学与佛教非常相似，这是事实，王学通过儒佛二教融合产生，这么说也未尝不可，自古以来称王学为儒中之禅也并非没有缘故。总而言之，王学与佛教容易混同，正因如此，藤树才严厉排斥佛教，使人不为此迷惑。差之毫厘，谬以千里，因此，有必要辨明其与佛教的不同之处。然而，虽同为佛教，但王学特别接近禅宗，因此，必须痛骂禅祖达磨，这是藤树创作《达磨之赞》的原因，赞本是称赞人物德性之意，而《达磨之赞》并非称赞，而是冷嘲热骂，因此说成达磨之骂，才更合适。

藤树除了排斥佛教，还排斥其他教化。老庄管商等教自不必说，记诵词章之学亦被视为禽教，他阐述其理由道：

> 人与禽兽之辨，其机在一心之敬不敬，五伦之逊不逊，天事之修不修而已。虽曰读人之书，然其所以求书者，不在书之所以为书，而却以为求温饱之术。是以其读愈多，而其德愈昏，其所存者，只是禽心，惟岂可不曰禽兽之教乎？

然而，藤树对神道的态度大为不同，他曾主张要远离一切鬼神，除了祖先以外，不谒拜任何祠庙，认为："贱之于贵，不可以相亲，在人且然，况鬼神幽明，殊途者乎！"之后他觉悟到自己的错误，改正道："他神姑置之，若太庙则天地开辟之祖，凡生于此间者，安有远焉而不祭之理哉！"他便去参拜太庙，这时他三十四岁，他有一首依照祝词写的诗，道：

> 光华孝德续无穷，正与牺皇业亦同。默祷圣人神道教，照临六合太神宫。

他曾谒拜菅公之庙，非常敬佩菅公之德，在菅庙题诗一首，道：

> 七字灵光光日东，昭临赫赫在儒宗。斯文兴起冀神助，千里飞梅一夜松。

藤树非常崇信神道教义，他认为其毫不违背中国古圣人之道，并且著《神道大义》，主张神儒调和说。现列举其要点①，神道以正直为体，以爱敬为心，以无事为行，而正直、爱敬、无事三者与《中庸》所谓的知仁勇三者相似，正直乃知，爱敬乃仁，无事乃勇。（一）正直之德乃知明，如镜子照出美恶，没有困惑，没有隐匿，一念之微虽不显露于外，但神明知之，吾亦知之。故君子慎独，平常所想之事，若恐天地神明修正，则不想，平常所做之事，若耻于被人知道，则不做。即便产生恶念，做错了事，因心中有神明，故没有觉察不到的。知错就改，不去想不去做，回归到原本的清净神明之常态。人们心中存在天神一体的神明，善恶无所隐匿，如同照镜子一般，因此，神道不以内外明暗将心划分为二，而以正直为本，如此一来，心广体胖，没有担忧之事，没有羞愧之事。（二）爱敬之德乃天地同根万物一体，人欲清尽，天理流行，空空如也，其大无外，其小无内，天地万物皆在心中，无不在我，故无我，故无欲清净。富贵时教育人，贫贱时退而养德，生则行，死则休，君子无不自得。（三）勇尊崇堪忍，能堪忍则无事。凡心之人言行不足，若责备之，他人自不必说，即便对亲人他也会怨恨发怒，不足不会断绝，此乃不孝不悌之本。对其皆堪忍，置若罔闻，以其人看其人，凡心便是如此，如此一来想着他是凡夫，与喝醉之人不省人事一样，就能容忍凡心之迷惑。若其偶尔表现出不错的性情、举动，就会欣喜这才是

---

① 1936年版中在此句前增加如下内容："《神道大义》可能为蕃山所撰，虽对此存疑，但现在暂且依据《藤树全书》，将之视为藤树所作。"

此人之本心，不停留于先日之非，才是君子之心。总的来说，自古以来的大勇之人不责备他人，很少愤怒，温和豁达，此乃沉勇。无沉勇则无大勇，大勇必有威严，故不用恐吓人民就畏服，不用刑罚犯罪之人就少，不用征战敌国就归服，这并非勇，而是仁之勇。知仁勇三德同在，无勇之仁，非君子之仁，无勇之知，非真正之知，无仁无知之勇，非德之勇。

藤树又进一步将知仁勇三德与三种神器相对应，其论述的主旨如下：

> 天地开辟，出现人道，人道即天地之道。天地不言而教人，神圣辅助之，以言语教化人，只是神代还未出现文字，便通过物品象征人之德进行教化。盖此心中有三德，能照万事万物，晓谕明辨，溥博渊泉，而时出之，以铸镜来象征此德。神明不测而无私，宽裕温柔慈爱之德，磨玉象征之。堪忍之力强劲，不破坏事物，神武不杀之德，铸剑象征之。中国的圣人将之命名为知仁勇，天地之神道和汉相同，像我朝神皇之象征与中国圣人之言完全一致，不能言之奇特，因为心相同，道则相同，故神道的内在即便不借用儒道，也能心法明，政教完备，更何况异端呢？神道可谓简易明白，无微不至。

藤树以王学为立脚点解释神道，深中肯綮，盖以神明为我良知之本体，从内容上考察神明。

第六　批判

考察藤树学问的整体构成，与佛教相似之处非常多，然而，终不能与佛教混同。佛教厌世，其最终期待解脱涅槃，而藤树的学问具有现世性，即便论及世界之本体，其所期待的仍是人伦秩序，而不是破坏人伦秩序，另外建设一个理想界。因此，藤树极其激烈地排斥佛教。

然而，藤树的学问与耶稣教相似之处也不少。首先，其上帝应与天父比较，想来，通过《诗经》《书经》等便可证明中国的古代人民相信具有人格的上帝，到了宋儒，他们对之进行哲理性的解释，故其名虽然相同，但意思变化很大。藤树尊信人格性的上帝，将其作为自己的本体，以期与之合一。他发现上帝在自己的方寸之中，即认为一切行为的指导者良知便是上帝降临到我们身上的事物，所以遵从良知便是遵从上帝之命，一切祸福之别，实际上都存在于此。藤树在答复中西氏的书信中道"君子安乐之本体，在吾人方寸之内"，这与天国在胸中的意思完全一致。藤树认为上帝无限慈爱，他在《阴骘之解》中道："上帝以真实无妄之慈爱造化万物，确定人极。"便可知他认定上帝慈爱。然而，还有比这更为重要的，那是什么呢？藤树认为天地万物由孝而生，以孝为人伦之大本，依据此意进行考察，孝乃上帝之德，是其慈爱的表现，他在《孝经心法》中道："神理所包含的乃孝。"在《翁问答》卷一中道："其实在天上乃天之道，在地上乃地之道，原本并没有名称，但为教示众生，古昔圣人将其光景形象化，命名为孝。"又道："若能追根溯源，我身乃父母分身，父母之身乃天地之气分身，天地乃太虚之气分身。本来我身乃太虚神明之分身变化，故辨明太虚神明之本体，不失之，乃为立身。"由此观之，孝充满世界，乃天地万物之本源，而孝乃慈爱，因此可知上帝的慈爱无限且绝对。在此藤树的思想与耶稣教愈发接近。根据《原人说》与《大上天尊大乙神经序》可知藤树还坚信上帝的赏罚。他又论述天道，云："钦崇则与五福，不钦崇则降六极，惟影响，可畏可畏。"藤树关于上帝的观念与耶稣教如此类似，因此，耶稣教徒可能会说"他未听过基督的福音，就已经是基督教会的长老了"，然而，绝不能将藤树的学问与耶稣教混淆。藤树的学问深得洙泗精神，其重点在于维护人伦秩序，即便他主张人类平等，也并非蔑视君臣父子等关系，不，而是要使君臣父子等关系更加正确。总而言之，藤树的学问终究是世俗的、现实的，虽然有时具有超越性的观点，但只是为了确定实践伦理的根本，并非希求出世间的解脱。然而，耶稣在人伦关系以外建设天国，蔑视君臣父子等关系，只尊重人类对天父的关系，为此别说一家了，即便给一个国家带来不和也不以为意，即为了出世间的关系，牺牲了世间的关系，差之毫厘，谬以千里，不免给民族命运带来巨大的变动。藤树若在今日，就像他排斥佛教一样，也会排斥耶稣教吧！藤树排斥佛教，主要是因为佛教与自家的学问相似，耶稣教亦与藤树的学问类似，藤树若知此事，同样会排斥它，不让两者混同吧！耶稣教徒认为藤树的学问与耶稣的教化相合，可谓只知其一不知其二。

藤树辨别道与法，他认为道即普遍，而法因时处位不同而不同。他论述道法的不同之处，道：

> 道与法有别，许多人将法误解为道，即便是中国圣人所作，法也代代变换，更何况迁移到我国，很多都难以实行。

他又在《翁问答》卷五中辨别儒道与刊载在儒书上的礼仪礼法，道：

> 儒书所刊载的礼仪礼法，根据时间、场合、人物不同而有所变化，儒书所刊载的礼仪礼法大部分是周代制定的，此礼仪礼法毫未变动，如今在日本，无官位之人都难以实行，即便是有官位之人，也不会毫不变动地实行。

由此观之，藤树在认定道即普遍的同时，主张其应用必须根据时处位不同而进行调整。他建议不要将从中国输入的法律制度或礼仪礼法照搬过来直接应用于我国，而是应该斟酌我国的实际情况，务必调整其应用方式。他认为即便是孔子的言论，也未必都适应我国。《逸事》中道：

> 先生说《论语》记述了圣贤的言行，但如今有些内容不合时宜，他让诸子进行摘录，只讲说有必要的地方。

藤树如同先哲道破"和魂汉才"一样，以日本精神钻研汉学，不被汉学吞并，采取我国人应采取的立脚点，俨然有所树立。总而言之，他能辨明彼此的差异。就从这一点来考虑的话，藤树与耶稣教徒有很大不同，耶稣教徒动辄倡导笼统的世界主义，将西洋的耶稣教教义原封不动地传播到我国，应用于现实，不免左支右绌，这并非没有缘故。如此一来，将藤树视为基督教会的长老，不过是皮相之见。

藤树在各种德性中，最重视孝，这亦是吾人应顾虑之处。孝乃祖先教（Ahnenkultus）之纲常，最重视孝的地方必存在祖先教，若祖先教颓废，也就没有重视孝的理由了，因为孝联结祖先与子孙，所以家族的命运如何发展取决于孝的强弱程度。日本民族从同一个古老传说继承其系统，流传久远，建国以来未被其他民族扰乱，而具有同样的语言、风俗、习惯、历史等，故形成一大家族，国家形成孝之家族制①，如此一来，日本民族不像其他民族在过去的历史中呈现过混乱的景象，而具有古今一贯的血统，现在的国民继承祖先，子孙又继承现在的国民，越来越发达，因此，孝之教对日本民族的命运关系重大。由此观之，藤树重视孝并非毫无缘故，忠扩充了孝，尤其在日本，说到孝，忠自然在其中。日本国家形成了一大家族制，所以就要像在家对待父亲那样，在国家对待君主，国是家的扩充，家是国的缩小，因此，得以确立忠孝一本之教。藤树认为忠是孝的一部分，这正是他主要论述孝的原因。

藤树的良知说即所谓的动机论，以主观判定是非差别，因此，与如今的利用论②正相反，但难免疏忽了经验事实的比较

---

① 1936 年版作"国家形成一家族制"。
② 1936 年版作"功利论"。

考察，出现这种倾向可谓必然的结果。然而，藤树是动机论者，所以内心有所满足，具有确然不动之状态，换言之，不为外物所动摇，卓然有所树立。因此，藤树虽然费尽千言万语教导人，但始终贯彻一个主义。现在的伦理学家动辄满足于排列组合各种伦理说，丝毫没有固定的主义，这与藤树有天壤之别。由此足以推测，在实践上，藤树的功力①也十分深厚。

藤树所说的良知，往往与婆罗门教的梵天或佛家的如来类似，非常有趣。然而，个体的良知与世界的良知的关系，最终并不明了。任何人都有良知，各人的良知即世界的本体，作为世界本体的良知就一个，各人的良知有许多，一个良知如何变成许多呢？反过来，许多良知如何成为一个的呢？如何理解这种相互关系，藤树最终也没有加以说明。藤树十分迷信，几乎像个宗教家，当然，回顾当时的时势，也不应对此深加责备，但也是尺瑜寸瑕②，必须加以辨明。藤树深信因果报应说，自然界存在因果关系，这是事实，在道德上，也存在与之类似的因果关系，这也无法否认。然而，混淆两者却是很大的谬见，藤树往往将两者混淆，深陷迷信之中。例如，他在论述孝的时候，说"不孝之人变狗头"，便是如此。但是，其最为迷信之处体现于《春风》与《阴骘之解》。在《春风》中，他论述到，若修明德，则众人敬爱之，天道助之，神明加护之，所以任何的天灾地变都不能伤害他，并列举许多传说来证明。道德仅限于人类的相互关系，与自然界毫无关联。而藤树混淆这两

---

① 1936 年版作"效力"。
② 1936 年版作"微瑕"。

者，认为只要能修道德，自然界对待其人则不同于对其他人，这是根本上的谬误。他又在《阴骘之解》中论述以真实无妄之心暗地行善，则必得子孙，为了论证他的说法，列举了很多传说，这也是因为他认为道德和自然界之间存在某些必然联系。这在今天实在是难以接受，尤其是他忘记了尧舜之子都不肖，可谓奇怪。藤树还相信人格性的上帝，而他相信的根据不免薄弱。藤树不仅相信人格性的上帝，还创造灵像，举行礼拜仪式。

王学原本以明心法为主，故不需要博学多识，倒不如说博学多识对心法有害，陆象山早已道"我不注六经，六经皆我注脚"，他在记诵训诂学以外，开创了一种心学体系。王阳明祖述之，大力倡导心学，排斥其他学问，道："只存得此心常见在，便是学。过去未来事，思之何益，徒放心耳。"于是，藤树也痛斥记诵训诂学，仅以修身一事为学问。他在《翁问答》卷三中道：

> 在没有文字的古代，原本没有可读的书籍，仅以圣人的言行为榜样做学问。到了后世，人们担心丧失学问的本质，将其记录在书上，确定为学问的典范，自此以来，读书乃初门。因此，在洁其心、正其行上思考下工夫的人即便不读书，一文不通，也是学问之人，而不在明其心、修其身上思考下工夫的人即便昼夜手不离书，也并非学问之人，云云。

这一观点存在少许弊端，学问不单有伦理，还有其他各种类型。因此，若不读书也能做学问，世间子弟或许会荒废学问吧！书籍固然只是学问之舟筏，但如果不读书，便很难做学问，即便像期于实践的伦理，也并非完全不需要书籍的帮助，更何况其他学问呢？藤树在《订正翁问答》中道：

> 能勤勉于心学的低贱男女，虽不读书，却是读书。现今流行的学问虽在读书，但等同于不读。

此言论与子夏称赞有德行之人所言的"虽曰未学，吾必谓之学矣"相同，这是仅以伦理作为唯一的学问才会得出的结论。藤树在《订正翁问答》中又道：

> 不听讲则无法践行的书籍是十三经，名儒所著的七部书应成为接受十三经的基础。除了这七部书以外，读书乃是无益，勤勉于读书便成为费神劳心的无益之事。史书考究古今事变，是印证福善祸淫之书，有余力时可读来消遣。

倘若如此，学问的范围甚为狭隘，可能会导致孤陋寡闻，尤其将史书看作小说的见解实在有失偏颇。总而言之，藤树的学问以主观考察为主，因此，将其作为一种哲学，自然存在价值，但他摈弃了一切有关客观事实的探究精神，亦有不少弊端。

藤树过于排斥才智。大概才智往往会成为损伤德性的手段，有才智的人，交际巧妙，装饰外表，内心却未必与之相符，因此，藤树不谋取才智。在《或问八条》中道：

> 学乃自身明明德，才智多损害德，很少有助于德。

又道：

> 拙乃德，巧乃贼。故不才且拙接近于德，乃自然之幸，有才智精巧接近于伪，乃一大不祥。

这实际上是有德者的言论。然而，排斥才智稍微有些苛刻，才智不祥之人乃狡猾人才，谈到才智，就认为皆为狡猾人才，这样的论断过于草率。而藤树还进一步断言道：

> 才智隐、人民拙时无恶，不治而太平，恶之源由才智而生，至治之世，为何用才智呢？

至此，就非常明了藤树的见解中存在很大的错误。藤树认为，才智乃恶之渊源，故其痛斥才智，他倒希望国民愚拙，其理想的"乌托邦"酷似于老子的梦想。在优胜劣汰日益激烈的今天，使人民愚拙正是自取灭亡之路。才智是恶的渊源，同时也可以是善的渊源，只取决于如何应用才智。这样一概而论，憎恶才智，就像担心菜刀伤人，而废除了全部菜刀一样，谁不嗤笑其愚蠢呢？

藤树轻蔑诗文，也很过分。他在《订正翁问答》中道：

> 文艺乃求道之筌，若捕到鱼，则筌成为无用之物。

文艺在道德之外，作为文艺本身也能形成独特的领域，其精粹足以与道德争辉。藤树的重点过于偏向道德一方，所以，他无法考察到文艺的真正价值，这很是遗憾。藤树又论述程子与东坡，道：

> 程子与东坡乃君子与小人，人品黑白不同，然而那时，天下学术竟相分为程子派、东坡派两派，但到了后世，东坡成了一个诗人，程子被尊崇为万年道德之师。

藤树主要将精力用在道德上，所以在藤树眼中，程子比东坡更伟大吧！然而公平来讲，东坡不仅仅是当时杰出的一代文豪，其著作也具有永不磨灭的价值，绝不能轻蔑他为"一个诗人"，因为他作为"一个诗人"能够吟咏天地间的奥秘，讲述人生的美妙。藤树仅关注善的一面，却不知道还存在美。

最后，需要注意藤树解释经书一事。藤树的许多解释十分巧妙，有精神，有气象，真可谓眼光锐利。然而，这却是通过经书磨砺自家的哲学，并不是解释经书本身。例如，藤树认为《大学》的明德乃良知，而良知一词，孟子最初使用，孟子亦未详细说明良知为何物，良知之说，到了王阳明才得以精细的解释，《大学》成书时，岂有良知之说？《大学》中的明德到底是不是良知，最值得怀疑。然而，藤树通过解释经书形成自家哲学，由自家哲学来解释经书，因此，虽然不能否定其主观的价值，但客观的价值还不能轻易被接受。

第七　藤树门人

（1）熊泽伯继，字了介，小字次郎八，后改为助右卫门，号蕃山，又号息游轩，平安人，侍奉备前的芳烈公，颇有政绩①。

（2）中川谦叔，称权右卫门，侍奉备前的芳烈公，芳烈公在和气郡大田村赐给他二百石的领地。他是藤树门下第一高足②，乃明敏豪杰，世人皆称其德行，所著有《全人论》。

（3）泉仲爱，称八右卫门。

（4）山胁佐右卫门。

（5）中村叔贯，称又之丞，侍奉备前侯。另外还称中村兵，尚且不知是否为同一人。

（6）加世季弘，称八兵卫③，侍奉备前侯。

（7）谷川寅，称仪左卫门，侍奉备前侯。

（8）渊宗诚，称源右卫门④，在京都的葭屋町讲授王学⑤。

（9）中西常庆。

（10）吉田新。

（11）森村长。

（12）森村小。

（13）清水季格，后改姓西川，晚年著述《集义和书显非》二卷，驳斥蕃山之说。

（14）清水十。

---

① 1936年版此句后面增加了"后面再述"。
② 1936年版作"他是藤树门下一流的高足"。
③ 1936年版作"号默轩，通称八兵卫，豫州人，笃学修行，兼通音律"。
④ 1936年版作"通称源右卫门，号冈山，会津人"。
⑤ 1936年版中此句后面增加了"所著《书简》三卷，后面再述"。

（15）国领太①。

（16）佃叔一。

（17）赤羽子。

（18）小川仙。

（19）冈村子。

（20）田边子。

（21）早藤子。

（22）一尾子。

（23）山田权。

（24）浅野子。

（25）横山子。

（26）垂井子。

（27）户田子。

（28）土肥子。

（29）田凫子②。

（30）木下氏③。

（31）田中氏④。

（32）中山氏⑤。

（33）池田子。

（34）土桥子。

---

① 1936年版作"国领大"。
② 1936年版作"田凫子。或许是将田边子写错了吧！暂且存疑"。
③ 1936年版作"木下子"。
④ 1936年版作"田中子"。
⑤ 1936年版作"中山子"。

（35）冈田仲实，其子名敬，字季诚，跟从常省学习，到了贞享年间开始编辑《藤树先生全书》。

（36）冈山子①。

（37）小川茂助。涩井太室在《儒林传》中云其"醇乎纯矣"。

凡育人才，宜如农夫养菜，不要如爱菊者养菊。养菜美恶兼培，各有所用，养菊者，见不如己意者，必刈而弃之。

——纪平洲

第八　藤树有关文书

《心学文集》二卷

此书最初在元禄年间付梓，后来到了宽政年间再刻，主要集录了藤树的文章，但也编入了蕃山的文章。而未逐一记录姓名，大致如同二程全书，往往不易区分。《先哲像传》及《近代名家著述目录》等都将此书视为藤树的著书，严重有误。

《儒生杂记》五卷

无法得知此书到底由几人完成。出版于元禄二年（1689），有兵无射的序，主要收录了藤树、蕃山的文章或书信。

《藤树先生书翰杂著》一卷（写本）（三宅石庵辑录）

---

① 1936年版作"（36）林中助。涩井太室在《儒林传》中云'林中助参程朱之义，教人，兼学神道'"。

此书刊载的书简杂著大概有五十五篇。大阪的三宅石庵负责校订编辑，开篇有石庵作的汉文序，又有日文凡例。石河定源作后记，道："《藤树先生书简》一卷，浪华硕庵老人之所辑录而编次，不与吾党之所传之书同，间亦附己意，所论许多也。故与二三之同志相共缮写，而备校考云。元文四己未年秋七月望日。"

《藤树先生尘坑集》三卷

此书在帝国图书馆。世人都以为是藤树的书，然而绝非藤树所著。著者自道："说起我的身世，我出生为人，又为男子，已经六十九岁了，荣子三乐皆得。"藤树没于四十一岁，所以自不待言，著者并非藤树。

《中江藤树遗书》一卷

此书收录于《史籍集览》中《介寿笔丛》的卷末。①

《藤树先生学术定论》一卷（写本）（石川氏述②）

此书的封面题有"孤琴论"，中间记有"藤树先生学术定论"。石川氏③乃享保年间之人，尊信藤树之学，他大概受教于以休子，以休子跟从木村子学习，木村子跟从冈山先生学习，冈山先生以前在洛阳（即京都）葭屋町一条的附近修建藤树先生的祠堂，冈山先生乃是传承藤树之学的一大儒者④。

《藤树先生精言》一卷（橘明编集）

---

① 1936年版中此句后面增加了"是伪作"。
② 1936年版作"石河定源述"。
③ 1936年版作"石河定源"。
④ 1936年版作"冈山先生即渊冈山"。

此书摘录《翁问答》中有关学问的部分，编成一本书，文化十年（1813）出版。编者橘明乃赞岐人，号五老。

《藤树先生文武问答》一卷（岩井任重抄录）

此书抄录《翁问答》中有关文武的部分，编成单行本，嘉永四年（1851）出版。岩井任重乃上州安中人。

《藤树先生知止歌小解》一卷

此书乃藤树学派之人所著，卷末只记有"于时享保八癸卯岁冬月洛下诸生某敬书之"，撰述之人的姓氏未详，由"于时享保八"来看，此书成书于藤树死后七十余年。近来内藤耻叟将此书收录于"日本文库"第七编中。

《藤树先生行状》一卷（写本）（撰人名阙）①

《藤树先生年谱》一卷（撰人名阙〇南亩丛书所收）

收录了《藤树余稿》中的年谱。

《藤树先生年谱抄录》一卷（一技堂抄录）

此书抄录南亩丛书收录的藤树年谱而来。

《藤树年谱》一卷（二宫玄仲著）

此书乃藤树门人江州志贺郡膳所草医二宫玄仲在万治三年（1660）藤树的第十三次忌辰上所撰述。②

《藤树行状》一卷

此书乃庆安三年（1650）的著作，与前述的《藤树先生行

---

① 1936年版中此书后面增加了"《藤树先生行状》一卷 出自《家传史料》卷四"。
② 1936年版中后面增加了"《藤树先生年谱》一卷（中野义都撰）"。

状》有别。①

《中江藤树熊泽蕃山传》一卷（写本）（片山重范所藏）

此书主要叙述蕃山的事迹，但关于藤树的子孙及门人之事，亦有不少可供参考之处。

《藤树先生年谱》一卷（川田瓮江著）

此书乃瓮江受大沟分部侯的委托编集而成。

《藤树中江先生传》（板仓胜明撰）

此传收录于《甘雨亭丛书》第五集。

《藤树先生年谱》（收录于《藤树全书》）

《藤树先生行状》（大木鹿之助撰○收录于《藤树全书》）

《藤树先生逸事》（收录于《藤树全书》）②

《近江圣人》一卷（马场森之助编）

《近江圣人》（堀江乐浪撰○在《阳明学》第四十七号、第四十九号及第五十号）

《藤树先生闻见录》一卷（写本）

此书乃松下伯季摘录的有关藤树的叙事或评论。

《藤树书院记》一卷（写本）（安原贞平著）

《藤树先生年忌说》一卷（川田雄琴著）③

《先哲丛谈》卷一（原念斋著）

《日本儒林谈》卷上（同上）

---

① 1936年版中后面增加了"《藤树先生行状》一卷 系佐藤一斋所传，文中掺杂着假名，连载于后来的《阳明学》第九十五号以下"。

② 1936年版中后面增加了"《藤树先生行状闻传》（志村仲昌著）"。

③ 1936年版中后面增加了"《余姚学苑》卷上（伊东潜龙著）"。

《日本古今人物史》卷五（宇都宫遁庵著）

《本朝孝子传》卷下（藤井懒斋著）

《近世丛语》卷一（角田九华著）

《先哲像传》卷二（原德斋著）

《斯文源流》（河口静斋著）

《近世畸人传》卷一（伴蒿蹊著）①

《东游记》卷四（橘南溪著）

《翁草》卷三②（神泽其蜩著）

《近世名家书画谈》二编卷三（安西于菟编次）

《闲田次笔》卷四（伴蒿蹊著）

《喻草》卷上（儿岛颐斋著）

《世事百谈》卷三（山崎美成著）

《野史》卷二百五十六（饭田忠彦著）③

《日本教育史料》④卷五（文部省编纂）

《史料原稿》（中江藤树之部〇文科大学所藏）

《近世大儒列传》卷上（内藤灿聚著）

《中江藤树的教育说》（足立栗园稿〇在《教育时论》第四百四十五号）

《藤树与蕃山》（足立栗园稿〇在《教育时论》第五百七号）

《日本名家人名详传》卷之下

---

① 1936 年版中后面增加了"《事实文编》卷之十六"。
② 1936 年版作"卷三及卷九"。
③ 1936 年版中后面增加了"《柳庵随笔》第七（栗原信充手录）"。
④ 1936 年版作"《日本教育史资料》"。

《名家全书》卷一

《陆象山》（建部遁吾著）

《日本之阳明学》（高濑武次郎著）

《艺苑丛话》卷上（山县笃藏编著）

《尚友小史》第一辑（中村鼎五著）

《鉴定便览》卷一

《近世名家著述目录》卷之三

《古今诸家人物志》（释万庵著）

《日本诸家人物志》卷上（南山道人纂述）

《中江藤树的伦理思想》（井上哲次郎演说笔记○在《教育公论》第六号）

《中江藤树的宗教思想》（海老名弹正○在《六合杂志》第二百一十七号）

《中江藤树》一卷（塚越芳太郎著）

此书虽然预告了出版之事，但还未出版，甚为惋惜。

《中江藤树》一卷（得能机堂新海正行合著）

《熊泽蕃山》（塚越芳太郎著）[①]

《名儒传》（写本）（著者未详）

《阳明学》（吉本襄发行）

《中江藤树的精神教育》（金子马治○在《教育实验界》第四卷第三号）

《近江圣人扫墓日记》（高濑武次郎○在《阳明学》第六

[①] 1936年版中后面增加了"《藤树蕃山书目考》一卷（藤原粲著）"。

十五号乃至第六十七号）

《近世德育史传》（足立栗园著）

《大日本人名辞书》

其他还有村井弦斋的《近江圣人》、国府犀东的《中江藤树》等书，但皆是为了少年所著，不足以作为学者的参考，散见于小学修身书之类的藤树传亦是如此，故皆略之。

《日本哲学思想之发达》（德文）（井上哲次郎著）

《日本之哲学者》（英文）（George Wm. Knox 氏著）①

第九　藤树学派

藤树曾在京都的葭屋町一条为子弟讲学，退职后隐居小川村，对世界无所求。然而，世人常传闻其德，有不少来问道之人，又有通过赠答书信等接受其教诲的人，算下来大概有三十余人。其中最杰出的且为众人熟知的是熊泽蕃山。除了蕃山以外，中川谦叔②、泉八右卫门、中村又之丞、加世八兵卫、谷川仪左卫门等人稍微有些名声。中川谦叔称权右卫门（或误认为权左卫门），是加藤羽州侯的家臣中川善兵卫的次子，住在伊豫的大洲，曾接受藤树教诲，并尊信其学，后来等到藤树回江州，他便跟随而来，师事藤树，藤树将自己的侄女儿岛氏许配给谦叔。谦叔乃藤树门下第一高足，明敏豪杰，世人称赞其

---

①　1936 年版中后面增加了"《近江圣人中江藤树之传及教》（英文）（Galen Merriam Fisher 氏著）"。

②　1936 年版中川谦叔前面增加了"渊冈山"。

德行，著有《全人论》，又作《翁问答》的跋文。蕃山最初进入藤树门下时，也有赖于谦叔。后来，谦叔侍奉备前的芳烈公，在和气郡大田村有二百石的领地，任职一段时间后生病去世。他有一个儿子，名来助，后改名为权太夫，侍奉曹源公，蒙赐一百五十石。泉八右卫门，名仲爱，是熊泽蕃山的弟弟，资质静明，心术早熟，与蕃山共同侍奉芳烈公，被任命为国务总监，俸禄五百石，曾列席国政评定，由于议论不合其意，他大多时候不言是非，别人诽谤他说："君公为何让此人列席，他沉默不言，有什么用呢？"过了很久，元老某得知此事说："君公之智，过人远矣。仲爱列席，则人能谨言慎行，自有省察之意，此乃教人之大化，政刑之纪纲，无有过之，岂不善乎？"由此观之，可以察知仲爱原本在政治经济之术上并不出色，但他在治心之术上自有所得。另外，中村又之丞、加世八兵卫、谷川仪左卫门三人皆侍奉备前侯。藤树有三个儿子，皆侍奉备前侯，长男名宜伯（一作宣伯），幼名为虎之助，后来称太右卫门，九岁时就已受雇于备前侯，等到他长大，蒙赐六百石。宜伯受父亲德性的影响，温厚笃实，苟有余力，他就驰马试剑游艺，不虚度时光，宽文四年（1664）病殁，年仅二十有三，未婚无子嗣。二男名仲树，幼名为铠之助，后来称藤之丞，待到他侍奉备前侯，蒙赐一百五十石，未几患病致仕，住在京都，宽文五年（1665）去世，年仅二十。三男名为季重，称弥三郎，后来改姓江西氏，改名为文内，号常省，最初做官也是侍奉芳烈公，后来暂时侍奉曹源公，因病致仕，回到小川村，召集子弟讲学，对州侯闻其贤，聘请他到江户，蒙赐食禄二百石，未几他回京都讲学，后来又得病回到故乡，宽永六年（1629）去世，享年六十四岁（一作七十二岁，盖有误）。藤树的三个儿子当中常省最长寿，所以他在学问上多少有继承藤树之处，藤树书院有一卷《常省先生会约》，便是他所著，现将其全文抄录如下：

> 夫以交会友，以友辅仁者，先贤之明训也。今一二之同志，孝弟之余暇，交会于此，其志以为从古训，讲习讨论相俱切磋琢磨，而以除去气习之昏蔽，而复于本然之性，至于孝弟之极处焉。故笔会约数件，揭之于壁间，以为吾人之劝戒。
>
> 自反慎独，入圣通神之大窍，换骨颐神之灵方也。苟自反则良知之明镜洞然，妍媸不得遁影，是以凝冰忽泮矣，焦火倐灭矣，凡情之象魔，不得为祟①矣。慎独则外物不得役之，应事接物尽天理流行，而无事而不善，无入而不自得焉，当要拳拳服膺而无须臾离矣。
>
> 博学、审问、慎思、明辨、笃行者，道学之终始也。当要读诵圣经贤传，玩味其意味，浃洽涵泳，而以涤净琢磨凡习之污滞矣。审问于同志之中，而涣然释焉。倍慎思之，怡然理顺焉，以学问思之功，天理人欲，判然明辨之，笃行之其身焉。
>
> 口能兴戎出好，吉凶荣辱，惟其所召也。当禁躁妄言，内不静，专发躁妄也。且勿辨论诽议当世之政事矣，不

---

① 原文为崇，疑应为祟。

在其位，不谋其政矣。勿诽谤人之过矣，自求厚，则何有暇于求人哉。勿俳优戏言，戏言出于思，勿谈无用之俗话。

容貌要从容端正焉，表正则影正，是自然之应效也。譬心如帅，四肢百骸如卒徒，帅正则卒徒随命严肃也，若以不正之帅，驱回卒徒之不整，则遂致乖败之祸矣。忘正其心，徒求外貌之端正，是外本也，必失却其心理乎，且老者以筋骨不为礼，稍就易安。

或讨论心术，或论辩书义，过失相质，或读诵经传，或学习礼容，或试射，或挥才。

少者，习洒扫应对进退之节，是学业之一事也，当听从长者之命，而服其劳矣。

若交席移时，及铺时，啜吃白粥南都茶等之食，救其饥，不可求美味而事口腹矣。

常省的长子名为藤内，幼名为龟之助，恢复中江氏，后来称贞平，侍奉对州侯，食禄四百石，据说其子孙延续至今。藤树的子孙在发扬家学方面，未做出任何显著的贡献。然而，藤树死后其学问的影响连绵不绝，在小川村与邻村延续下来，时至今日，其影响仍然没有完全断绝。在其去世之后至少七八十年间，在京都仍有人尊信其学问，这是由于藤树曾在京都的一条葭屋町寄居过。到了享保年间，京都的人著述《知止歌小解》，倡导藤树的学问。石川某①也在享保年间著述《孤琴

---

① 1936 年版作"石川定源"，有误，应为石河定源。

论》，主张藤树的学问。根据他的言论，曾经有位冈山某①，在京都的葭屋町一条藤树的故址上修筑藤树的祠堂，并在此讲述藤树之学，其门下有木村某，木村某将其学传授给以休子，以休子又将其学传给石川某。根据三轮执斋的说法，冈山某②乃藤树的门人，《治教论》中道："藤树先生的门人冈山氏也建立学校，四十余年尚未废止。冈山死后已有三十年，其家相继讲学，信其道者不少。"在文政六年（1823）去世的太田南亩曾论述藤树在葭屋町寄居之事，道"其地尚存"。由此观之，可知在京都一直有尊信藤树之人。在大阪也有藤树的学生讲授其学，《治教论》中记载："大阪天满有一位名为素绩的盲人，他也是藤树的门人，在有马町建立校舍，讲述其道，其迹亦有五十余年，尚未断绝。近年来，摄州原野的乡人共同谋划建立校舍，邀请名儒前来讲学，命名为含翠堂，其乡人中有很多践行孝悌之徒，乐善好施，救助贫困，成为邻村的道德楷模，讲学效果实在显著。"由此可以证明藤树思想的影响逐渐扩大并蔓延开来。除了这种藤树门下的系统以外，也有人尊信藤树之学。③如大阪的三宅石庵④，他尊信藤树之学，在正德三年（1713）著述《藤树先生书简杂著》。石庵最初信奉朱子学，但最后归于王学。而佐藤一斋也间接地跟从石庵继承了其学问系统。如三轮执斋原本跟随佐藤直方学习，但他不取朱子学，

---

① 1936年版作"曾经有位渊冈山先生"。
② 1936年版作"渊冈山先生"。
③ 1936年版中此句被删掉。
④ 1936年版作"如三宅石庵，不也受到了素绩的影响！"

而归于阳明学，非常尊信藤树。尤其是大盐中斋最为尊信藤树，中斋好像是因为读了藤树的书才归于阳明学的，他在《题藤树先生致良知三大字真迹》一文中道："余狂愚，而亦窃从事阳明王子良知之学。而初开其学于东方者，乃先生也。微先生余安得与闻斯学，故受其赐亦厚矣。"可知他的学问源于藤树。又如中斋倡导的太虚之说，藤树早已道破，中斋只是详述其旨意，自成一家之言。由此观之，藤树之学的影响绝不浅薄。

藤树学派在藤树死后逐渐分为两派，一派在自反慎独上下工夫，以实行个人伦理为主，而另一派将其所学应用于国家，以实行公共伦理为主，即为省察派与事功派，这两派的区分固然不那么严密，但无疑应对两派多少加以区别。藤树本身有隐君子之风，并非政治家流，所以他引退后以自反慎独为主，开创了省察派的系统。藤树死后省察派继承其流派。而蕃山出自藤树之门，他才智杰出，与藤树有很大不同，他不是隐君子，而是政治家、经济学家、谋略家，在社会上积极有为，事功派实际上以蕃山为代表，由蕃山兴起，蕃山亦不失为一位伟大的人物。

补正①

明善学社发行的《王学杂志》第二卷第一号的杂录栏中刊

---

① 此处为1936年版中《补正》1对中江藤树家谱的补充。——译者注

第一章　中江藤树

载了《中江藤树家谱》，大概依据的是筱原元博编纂的《藤树全集》附录第二卷吧！现列举如下。

中江藤树家谱（姓藤原，其先出湖东云）①

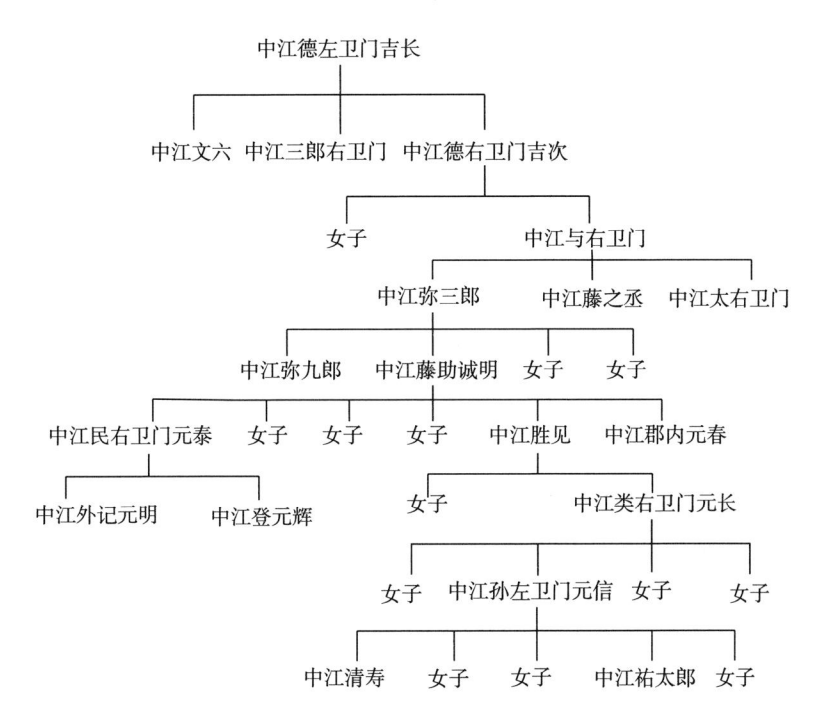

```
中江德左卫门吉长
├─ 中江文六
├─ 中江三郎右卫门
└─ 中江德右卫门吉次
   ├─ 女子
   └─ 中江与右卫门
      ├─ 中江弥三郎
      │  ├─ 中江弥九郎
      │  ├─ 中江藤助诚明
      │  │  ├─ 中江民右卫门元泰
      │  │  │  ├─ 中江外记元明
      │  │  │  └─ 中江登元辉
      │  │  ├─ 女子
      │  │  ├─ 女子
      │  │  ├─ 女子
      │  │  ├─ 中江胜见
      │  │  └─ 中江郡内元春
      │  │     ├─ 女子
      │  │     └─ 中江类右卫门元长
      │  │        ├─ 女子
      │  │        ├─ 中江孙左卫门元信
      │  │        │  ├─ 中江清寿
      │  │        │  ├─ 女子
      │  │        │  ├─ 女子
      │  │        │  ├─ 中江祐太郎
      │  │        │  └─ 女子
      │  │        ├─ 女子
      │  │        └─ 女子
      │  ├─ 女子
      │  └─ 女子
      ├─ 中江藤之丞
      └─ 中江太右卫门
```

中江德左卫门吉长：小字德松，天文十七戊申年（1548）出生于近江国高岛郡小川村，天正十七己丑年（1589）侍奉大沟城主加藤远江守贞安，食禄百五十石。随着其封地迁移，庆长十九甲寅年（1614）迁移到伯耆米子城，元和三丁巳年（1617）又迁移到伊豫大洲，元和八壬戌年（1622）九月二十

---

① 此家谱与原书格式有异，系译者据原书作图，但内容相同。——译者注

二日在大洲殁，享年七十五岁。

妻室为下小川村小岛左近吉赖之女，生三子，元和七辛酉年（1621）八月七日殁，享年六十三岁，谥号甫东。

中江德右卫门吉次：小字德之允，家居不仕，宽永二乙丑年（1625）正月四日殁，享年五十一岁。

妻室为小川村北川宗左卫门之女，名为市，生一男一女，宽文五乙巳年（1665）五月二十二日殁，享年八十八岁，谥号荣松。

中江与右卫门：讳原，字惟命，号藤树，或号顾轩，又号默轩。庆长十三戊申年（1608）三月七日出生于小川村，继承祖父吉长，侍奉大洲侯，承袭百五十石。宽永十一年甲戌年（1634）挂念母亲，辞禄回到小川村，庆安元戊子年（1648）八月二十五日殁，享年四十一岁，葬于玉琳寺。

妻室为龟山藩士高桥小平太之女，名久，生二子，正保三丙戌年（1646）四月三十日殁，享年二十六岁。

继室为大沟藩士别所弥二兵卫之女，生一子，称弥三郎。

女子名叶，后改称素麻，嫁给下小川村小岛七郎右卫门义武，去世后谥号清心。

中江三郎右卫门：子孙代代居住在小川村。

中江文六：改称元立，号崇保轩，以医为业，住在京师。

中江太右卫门：小字虎之助，字宜伯，宽永十九壬午年（1642）十一月二十三日生，九岁侍奉备前侯，宽文四甲辰年（1664）五月十二日殁，享年二十三岁，未娶，无嗣。

中江藤之丞：正保三丙戌年（1646）正月二十五日生，侍奉备前侯，食禄百五十石，宽文五乙巳年（1665）正月二十三日殁于京师，享年二十岁，葬于黑谷。

中江弥三郎：小字龟之助，字季重，号常省。庆安元戊子年（1648）七月四日生，万治元戊戌年（1658）十一岁继亡兄藤之丞之后，侍奉备前侯，承袭百五十石，后致仕，回到小川村讲学。延宝八庚申年（1680）应宗义真公之召，留在对州八年，后上京，改名称江西文内。贞享四丁卯年（1687）六月再次来到对州，宾事义真公，晚年回到小川村，宝永六己丑年（1709）六月二十三日于小川书院殁，享年六十二岁。门人相谋以文公家礼将之葬于玉琳寺的先茔中，建碑刻上"常省先生墓"。

妻室为备前士长谷川九郎大夫之女，名染，生二男二女。

女子名琉璃，于备前早逝。

女子名舍，为大沟藩士藏田久弥妻室。

中江藤助诚明：延宝二年甲寅（1674）五月二十日生，元禄十六癸未年（1703）臣事宗义方公，食禄二百石。初讳辅，享保十四己酉年（1729）义诚公赐一字，改名诚明，后成为学校奉行，享保十八癸丑年（1733）六月十日殁，享年六十岁，葬于严原成相寺。

妻室为严原藩士早田式左卫门之女，生三男三女。

中江弥九郎：与母亲寄居在备前国长谷川氏，早逝。

中江郡内元春：宝永五年（1708）九月五日生，享保十八年（1733）正月二十八日殁，享年二十五岁。

中江胜见：宝永七年（1710）三月九日成为严原藩士黑木平

库养子。

中江类右卫门元长：实为黑木胜见二男，成为元明养子，年少好柔术，壮年获得扬心流的资格证书，跟随义质公，到东武，后作为以酊庵迎使在京都当差，归来后成为郡奉行，后被任命为长崎闻役，三年任期满归去，嘉永四年（1851）十月十二日殁，享年六十四岁。妻室为养父元明之女，生一男二女，继室楠木氏生一女。

女子为养子元长妻室。

女子为严原藩士梅野右内妻室。

女子为严原藩士樋口类右卫门妻室。

女子为严原藩士志贺甚五左卫门妻室。

中江民右卫门元泰：后改为藤助，享保二年（1717）正月十日生，到壮年成为大目付。天明三年（1783）二月二十八日殁，享年六十七岁。

妻室为同藩秦定左卫门之女，生二子。

中江登元辉：宽保二年（1742）三月二十一日生，二十七岁跟随义畅公，至东武。元辉擅长枪马，在阳明学中有名，文化十一年（1814）三月十八日殁。

妻室为同藩饭岛留左卫门之女，无子。

中江外记元明：宝历元年（1751）十一月三日生，幼年好学，但身体多病，未能成其志，宽政四年（1792）十一月二日殁。

妻室为渡边佐兵卫之女，生一女。

女子为佐治数马妻室。

女子为森川长九郎妻室。

中江孙左卫门元信：文化十二年（1815）正月十八日生，二十岁探究拔刀斩（和田流）之奥义，弟子颇多，二十五岁获得射艺的资格证书。庆应元年（1865）肩负大目付使命，前往萨州，归来后被任命为大目付兼郡奉行，后又转为大目付兼勘定奉行。文久三年（1863）因故退隐，明治二年（1869）八月二十四日殁，享年五十四岁。

妻室为平山乡左卫门之女，生二男三女。

女子为早田圆右卫门妻室。

女子为陶山庄一郎妻室，后离异。

中江祐太郎：早逝。

女子为斋藤官妻室。

女子为鹤太郎妻室。

中江清寿：文久三年（1863）十一月六日生，明治十三年（1880）九月因藤树书院烧毁，同地的分家中江三郎右卫门到来，后又被藤树门人后裔小川胜次郎邀请，参拜江州小川村玉琳寺的先茔。

迎娶严原士族小川广胖之妹，生二男二女。

自古以来有不少论述藤树人物性行的人。然而不论古学派还是朱子学派，在称赞藤树德行上几乎都保持一致。《橘窗茶话》卷中评论藤树道：

贤人也，隐居近江，邻里乡党称为佛子，有所交争，必聚于其庭以质焉，呜呼无得而间然也。

《精里初集抄》卷二有一篇《题藤树遗墨》，其中道：

> 先儒藤树中江先生，讲学近江，享寿仅四十余，时人钦仰，以近江圣人称之，盖其天资，有大过人者，云云。

精里又作《读熊泽了介传》一篇，论道：

> 偃戈以来，儒先辈出，而惺窝藤树其选也，至其为学，则皆宗陆王。然天资粹美，践履纯笃，海内学者，未有能先之者。

尾藤二洲曾著《素餐录》《正学指掌》等，不遗余力地排斥古学及阳明学。然而，翻阅其著作《静寄轩文集》（卷五），其中有一篇《书藤树先生真迹后》，道：

> 藤树之德，近世无匹，今观其书，犹觉余韵有在。

《艮斋文略》卷中又有一篇《题藤树先生真迹后》，道：

> 藤树先生绝意仕途，退而讲道于荒村老屋之下，惟是一布衣耳。于是时，富贵功名，震耀于一世者何限，百余年后，皆既与秋草俱泯，而先生道德之懿，赫如日星。学者欲抠衣从之，且不可得，即获其零缣只字，不啻拱璧，观者肃然改容，是见士之所重，固在此而不在彼也。近世学术，靡靡几乎坏矣。景仰先哲，抚卷慨然。

芳洲、精里、二洲及艮斋皆为朱子学派之人。然而，却对藤树之德如此悦服，由此可知藤树之德出于群儒之上。

渊冈山①

渊冈山名宗诚，一名惟元，初称四郎左卫门，后称源右卫门，一说称源兵卫，冈山其号也，仙台人，据说其祖先来自日向。他侍奉幕臣一尾伊织，由于一尾氏的领地在近江，他偶尔被派遣到那里，因此听说了藤树的事情，最终于正保元年（1644）冬天，他到小川村拜谒藤树，成为其门人。川田瓮江著《藤树先生年谱》中写道：

> 冬，渊冈山始来谒，退而语人曰："先生非独德容可敬，聪明才智亦有不可企及者。"先生闻之，叹曰："吾常恐以聪明才智加人，务韬藏之，犹不免有时发露，彼之所以美吾者，即吾之所以自耻也。"

这时藤树三十七岁。由此观之，冈山比蕃山晚三年师事藤树。大木月峰所著《藤树先生行状》中写道：

> 尝有门人渊氏，从横江滨乘船到小川。以日晚天寒船郎甚劳，增其价与之。先生闻之曰："好仁不好学，其蔽愚。人人所务，有当为之职分。而其所得，亦有定分，是自然之天禄也。固以私不可减之，亦以私不可增之，汝何不致思于此乎？"

冈山于延宝二年（1674）在京都葭屋町藤树的故址上创设

---

① 1936 年版作"第二章　渊冈山"。

学堂，又建立先师祠堂，讲江西之学五十年，从诸国来学习的人很多，实际上波及二十四国。冈山贞享三年（1686）十二月二日去世，享年七十岁，葬于东山永观堂。所著《示教录》三卷，后追加一卷，盖系门人所编纂。冈山去世后，嗣子伯养继承其家业。伯养名惟直，字半平，伯养其号也。元文元年（1736）十一月十三日去世，享年未详。伯养有二男一女，长男早逝，次男有废疾，乃迎东条葭卿配其女，以继家学。葭卿名惟传，字贞藏，葭卿其号也，东奥会津高额村人。天明二年（1782）二月四日去世，享年六十八岁。长男章甫，继承家学。章甫名惟伦，字良藏，章甫其号也。宽政十一年（1799）九月二日病逝，享年四十九岁。冈山并非一家学说，但能祖述先师的教说，较为广泛地传播阳明学。其传播的地方除了京都以外，主要在江户及会津。大阪人木村难波通称总十郎，是冈山门下杰出的士人。美作人松本以休是冈山的门人，但亦向木村难波学习。以休子的门人有石何定源①，通称文助，伊势津人，成为藤堂侯的儒官，曾著《孤琴论》。江户的阳明学经由田中全立、二见直养二人而兴起。这些皆是冈山的门人，如三轮执斋受田中全立的影响转向了阳明学。尤其是藤树学流传到会津地方（小田付、小荒井、上高额、漆、盐川等），如宗教般地永久存续其命脉，这得益于冈山之力。

　　与其称会津系统的阳明学派，倒不如称藤树学派较为妥当，因为藤树的影响颇多。最初会津医生荒井真庵、大河原杏

---

① 名字有误，应为石河定源。　　译者注

庵二氏曾前往京师，一边学医，一边跟随冈山研修藤树学，非常尊信其学说，回来后在乡里提倡藤树之学。于是藤树之学在会津流传开来。小荒井人矢部宗四郎在荒井、大河原二氏的鼓动下，上京拜谒冈山，闻道归乡，将之讲与五十岚养庵、远藤谦庵、东条方秀三人。冈山评价矢部氏道："使四方不辱君命者，会津宗四郎也。"可惜的是他英年早逝。五十岚、远藤、东条三氏在矢部氏的鼓动下，上京谒见冈山，研修藤树学，回乡后将之传于子弟，是称北方三子。到三子门下游学的人有数百人，藤树学逐渐在会津兴盛起来。然而其后随着岁月流逝，藤树学逐渐衰弱，将要断绝之时，井上国直、中野义都、矢部直言共同研究藤树学，斯道得以复兴。井上、中野、矢部三氏被称为北方后三子。中野义都通称理八郎，号惜我，笃信藤学，曾作《藤门像赞》。又学吉川流神道，成为见祢山的社司，宽政十年（1798）五月六日去世，享年七十一岁，所著有九十余部，盖会津藤学派之杰出人物。

　　保科正之任藩主时，会津系统的藤学作为异学被禁止，这实际上是天和三年（1683）十二月的事。然至贞享二年（1685）十二月解禁，自此以后被藩学的朱子学压倒，藤学再次不振。嘉永安政以后藤学的传统断绝，但可以说时至今日其影响尚存。

会津藤学有关文书

《冈山先生示教录》（本末上中下六册 北川恕三编）
　　同追加一册（加藤雄三著）

《孝经藤树先生语闻书之写》一册

《藤树先生花简别录》一册

《藤树先生年谱》一册（中野义都著）

《藤树像赞》一册（同上）

《北川恕三觉书》二册

同别录一册

《（宽政）大里年中行事记》一册（中野奥义写）

《养庵先生语录》二册（矢部湖岸编）

《东条子十八条问记》一册

《二见直养芳简》一册（岛影文石编）

《植木松平两先生示教录》一册（编者不明）

《会津之藤树学》一册（柴田甚五郎编）

《中野理八郎义都略传》一册（同上写）

《会津藤树学道统谱》一册（三浦亲馨编）

《藤树学道统传》一册（同上）

第一章　中江藤树

渊冈山学系略图①

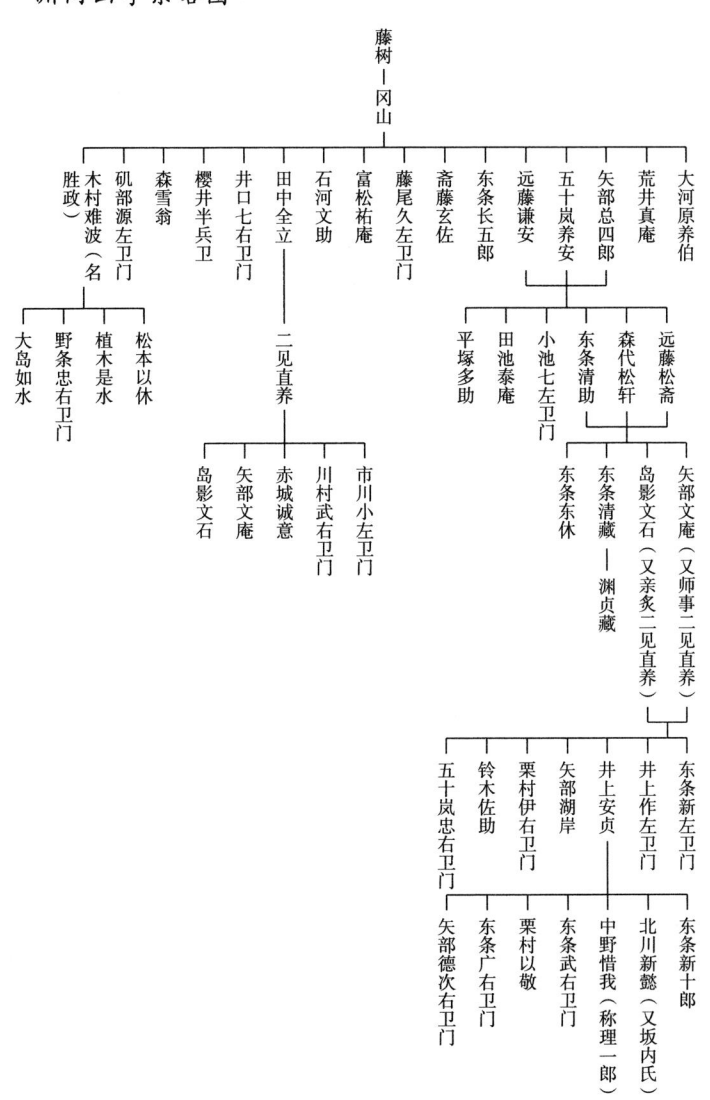

```
藤树—冈山
  ├─ 大河原养伯
  ├─ 荒井真庵
  ├─ 矢部总四郎
  ├─ 五十岚养安
  │    ├─ 远藤松斋
  │    ├─ 森代松轩
  │    │    ├─ 矢部文庵（又师事二见直养）
  │    │    ├─ 岛影文石（又亲炙二见直养）
  │    │    │    └─ 渊贞藏
  │    │    ├─ 东条清藏
  │    │    │    ├─ 东条新左卫门
  │    │    │    │    └─ 东条新十郎
  │    │    │    ├─ 井上作左卫门
  │    │    │    │    └─ 北川新懿（又坂内氏）
  │    │    │    ├─ 井上安贞
  │    │    │    │    └─ 中野惜我（称理一郎）
  │    │    │    ├─ 矢部湖岸
  │    │    │    │    └─ 东条武右卫门
  │    │    │    ├─ 栗村伊右卫门
  │    │    │    │    └─ 栗村以敬
  │    │    │    ├─ 铃木佐助
  │    │    │    │    └─ 东条广右卫门
  │    │    │    └─ 五十岚忠右卫门
  │    │    │         └─ 矢部德次右卫门
  │    │    └─ 东条东休
  │    ├─ 小池七左卫门
  │    ├─ 田池泰庵
  │    └─ 平塚多助
  ├─ 远藤谦安
  ├─ 东条长五郎
  ├─ 斎藤玄佐
  ├─ 藤尾久左卫门
  ├─ 富松祐庵
  ├─ 石河文助
  ├─ 田中全立
  │    └─ 二见直养
  │         ├─ 市川小左卫门
  │         ├─ 川村武右卫门
  │         ├─ 赤城诚意
  │         ├─ 矢部文庵
  │         └─ 岛影文石
  ├─ 井口七右卫门
  ├─ 樱井半兵卫
  ├─ 森雪翁
  ├─ 矶部源左卫门
  └─ 木村难波（名胜政）
       ├─ 松本以休
       ├─ 植木是水
       ├─ 野条忠右卫门
       └─ 大岛如水
```

---

① 此处为1936年版中《补正》1 的渊冈山学系略图。——译者注

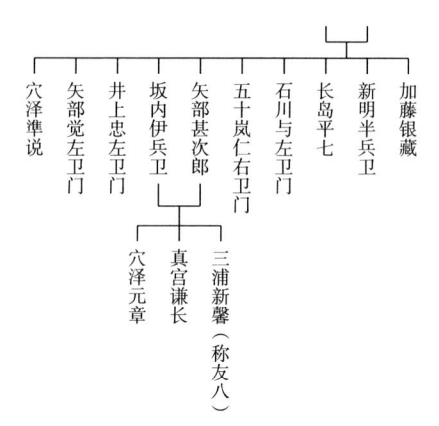

```
                    ┌────┬────┬────┬────┬────┬────┬────┬────┬────┐
                   加藤  新明  长岛  石川  五十  矢部  坂内  井上  矢部  穴泽
                   银藏  半兵  平七  与左  岚仁  甚次  伊兵  忠左  觉左  準说
                         卫          卫门  右卫  郎    卫    卫门  卫门
                                          门
                                    ┌─────┬─────┐
                                  三浦   真宫  穴泽
                                  新馨   谦长  元章
                                  （称
                                  友八）
```

| 第二章 |

熊泽蕃山

第一 事迹

藤树门下最卓越的乃熊泽蕃山，蕃山姓熊泽，名伯继，字了介（又作良介、了芥或了海），小字次郎八①，后来又称助右卫门。蕃山是他的号，又号息游轩。②本姓野尻氏，是加藤左马助高时的臣子野尻藤兵卫一利的儿子。一利本来是尾张人，后来寄居京都。蕃山在元和五年（1619）出生于京都的五条，比山崎暗斋小一岁，比木下顺庵大两岁，恰逢在藤原惺窝卒年出生。到外祖父熊泽半右卫门守久（一说助右卫门）将蕃

---

① 在《中江藤树熊泽蕃山传》中，蕃山的小字为左七郎，后来改为次郎八，这可能是混淆了蕃山及其二男左七郎。
② 1936年版此句作："蕃山本为其领地之名，曾将之作为姓氏，但并非其号，然而，后人误以为其号，如今无法改变，故从之，蕃山自号息游轩。"

山收为子嗣养育之时，蕃山便改为其姓。守久最初的名字为喜三郎（一说为嘉三郎，盖有误），喜三郎的父亲为平三郎，也是尾张人，平三郎侍奉德川家康，在箕形原之役中战死。平三郎战死后，喜三郎即后来的守久，漂泊到越前，侍奉柴田胜家，后来侍奉福岛正则，正则灭亡后，喜三郎成为浪士，居住在京都，最后侍奉水户的威公（即赖房公）。蕃山生父野尻一利后来在岛原之役中追随锅岛氏，进攻城池时身中枪弹，延宝八年（1680）在备前冈山去世。蕃山幼而岐嶷，智慧超群，年仅十六岁便侍奉备前的芳烈公。芳烈公是新太郎光政的谥号，烈公得知蕃山才智不凡，便想任用他，而蕃山自己认为要侍奉君主、治理百姓，首先要有学问，于是二十岁时，他致仕到近江国桐原去，磨炼武术，又研修文学。当时正值中江藤树盛德，有君子之称，四方之人皆来求学。蕃山暗自仰慕藤树，在二十三岁秋天的八月，来到小川村，请求会见藤树，遭到藤树谢绝，蕃山徒劳而归。冬天十一月他再次前往，频繁乞求，藤树才第一次会见蕃山，询问其志向。蕃山便将他有志于问学，而将在家乡的父母托付于弟弟之事告知藤树。藤树道："学问之渊源，无不以孝为先，孝以赡养为本，而非为己，你都不能赡养父母，现在将之托付于弟弟，这有违你的志向。你若寄居赡养，不论身处何处，不都能做学问？"蕃山便回家告诉父母，他不忍心离开父母左右。父母体察他的心意说："你若真为了我们不离开，我们就为了你离开家乡。"最终举家搬迁到江州。翌年七月蕃山再次前往小川村，见到藤树，告诉他详情，藤树喜好其志向，认为可共言道，乃有所教。九月蕃山又去小川村,滞留到翌年四月,学习《孝经》《大学》《中庸》,学问越发进步。此时父亲一利奔赴江户追求仕途,因此,蕃山与弟妹五人决定居住在江东,共同奉养母亲,家境甚为贫困。然而,蕃山毫不为其忧心,用心于良知之学,不知疲倦(参考《脱论》之三)。正保二年(1645)他再次来到备前供职,当时蕃山二十七岁,即从他离开到再次来备前,历经了七年,烈公①本来就知道蕃山具有王佐之才,非常信任他,向他询问国事。蕃山忠诚之心深厚,知无不言,所言无不符合烈公之意,于是得到三千石的领地。和气郡八塔寺村是备前、美作、播磨相互接壤之地,它成为蕃山的领地,八塔寺村盖为备前一国的要害之地,因此,烈公赏赐给了蕃山。于是,蕃山在和气郡内开垦田地,使数十武士居住在此地,边备大饬。这时蕃山将名字改为助右卫门,他跟从烈公前往江户,当时他三十一岁,名声籍甚,许多侯伯大夫士人前来问道。承应三年(1654)备前备中发生洪水,翌年即明历元年(1655)发生了饥馑之灾,快要饿死的人多达九万人,蕃山于是对烈公道:"如今事态紧急,若有拖延,会死很多人,应赶快打开米仓赈济百姓。"烈公于是打开米仓,大力救济贫民,其亲切之情无所不至,大概可以想象全国人民为烈公的仁政感激涕零的景象。若问其根本,乃源自蕃山机敏的政略。盖芳烈公乃无与伦比的贤明君主,而蕃山以英迈之才侍奉他,几乎如同威廉一世皇帝任用俾斯麦。太宰春台在回复

---

① 1936 年版作"芳烈公"。

汤浅常山的书信中道："夫烈公者，不世出之英主，得熊泽子，而任以国政，明良之遇，实千载之一时也。"确实如此。蕃山深得烈公信任，于是他将满腔的经纶应用于实际，在施行仁政上不遗余力。蕃山首先劝谏烈公设置劝谏箱，让臣民将私下想说的内容投进去，以开挽救时弊之端绪，严格监管佛教与耶稣教，相反努力大兴儒教，又修水利，严格军备等，确实震惊天下人之耳目。蕃山日夜巡视国境，尽心尽力，使人回想到"孔子无黔突，墨子无暖席"的情况。蕃山一家甚为节俭，夙兴夜寐，不置婢女，衣服酒食泊然无营，所属队伍的武士经常来蕃山家相会，蕃山性好客爱人。

明历二年（1656）蕃山三十七岁，他跟随烈公到和气郡木谷狩猎，从马上摔落，右边的手足负伤（参考《削简》二）。在此之前，蕃山际会风云，应用满腔经纶，大兴儒教，毁淫祠，灭佛寺，扬善斥恶，根据时处位施行仁政，推行大道，以至于国家大治。然至此，蕃山窃以为时运使然，必有小人怨恨，于是考虑去留之时，逐渐心生归卧之志，特别是右边的手足受伤，骑马拉弓拿枪都不自由，所以他认为武士的职责到此为止，便开始奉上辞呈，请求隐退，烈公不许。他日，蕃山再次恳切请求辞任，烈公最终深思熟虑，觉得不能夺其志，对蕃山说："你若真想请辞，我可以答应你的请求，你的子嗣继明还应该照常得到俸禄。"蕃山认为赐予他的子嗣三千石，与身份不符，请求赐予三百石，烈公便允诺了。蕃山的子嗣继明受赐三百石，并且使蕃山的季子池田丹波守辉禄继承蕃山之后，丹波守本来称主税殿，蕃山曾养育他数年。蕃山这时将他的领地和气郡寺口邑改名为蕃山，《新古今集》中有源重之的和歌，道："筑波山、端山、树木繁茂的山有许多，若想进入山中，这些也都无法阻碍，如此，众目虽多，但心中想要见你，这些也都成为不了障碍。"蕃山之名取自此歌之意，王学治心之意也在其中，遁世之志自然也在其中。蕃山后来致仕，寓居京都。当时他以蕃山为姓，蕃山本来并非他的号，人们以此为号称呼他，最终成了他的号。明历三年（1657）蕃山辞别备前来到京都，习国典，学雅乐，一日微服吹笛，一个名为安倍飞驮的人听后道："此非普通人，他心情之正，即发于音声。"京都的公卿、大夫都仰慕蕃山，不少人行束脩于门前。蕃山又与深草的元政结交。元政乃日莲宗僧侣，道心坚固，是世间佛者无法比拟的。元政常称赞蕃山之德，蕃山也认为元政乃真正的佛者，蕃山曾侍奉备前侯，每次往来江户，必去访问元政进行交谈，致仕之后，两人交情越发密切。蕃山原本并非佛教保护者，却与元政意气相投，或许在得道的观点上有一致之处。蕃山虽有如此亲近之友，但不知从何时起也出现许多敌人，这源于他势力强盛，以致波及公卿之间。有逸人诸司代向牡野佐渡守亲成报告说："了介的才干世间无人匹敌，天下列侯仰慕许久，如今他身为浪人出入堂上，天朝的公卿也仰慕他，迎送不绝，事情到此地步，恐怕会出事。"佐渡守便信之，事情逐渐传到蕃山那里，蕃山窃闻之，道："彼暂得势，造虚说，结仇恨，乃彼之恶。吾心中别无他事，是吾不德，入道未深，道理尚浅，故难合世间之人，应暂缓应接。然而吾所志不然，不求当世之名利，不期待百年之后的名声。但当世之名趋于利，百年之后的名声，无论毁誉都归于无，虚说造言的迹象也会消失，没有仁义忠信之诚，就不会保留下来，一旦遭逢遇难，蒙受恶名，就如同浮云，无论如何也留存不下来，当时的毁誉终归会明白的。"于是他离开京都，在大和国芳野山中隐居，此时宽文七年（1667），他四十九岁，当时他作了一首和歌：

纵然只有成为吉野山的看守人，才知花之心。

之后他移居到山城国鹿背山，断绝交际，越发努力修德。宽文九年（1669）移居到播州赤石城，居住在大山寺的旁边，赤石侯松平日向守信之特别尊信他。这一年芳烈公新设学校，开始祭祀圣师，蕃山因此到备前制定礼仪法度，后又回到赤石城，当时他五十一岁，门人皆称他息游先生，不敢言其名。起初蕃山居住在大山寺旁边，僧徒都很憎恶他，但后来终于信服其德，以致蕃山的儿子虽在寺边禁杀的区域内狩猎，僧徒也未阻止。或许蕃山排斥佛教只是出于公事上的不得已，未必具有猜妒角争之意，因此，即便是僧侣，许多真正具有明识的人都崇信蕃山。延宝七年（1679）日向守信之的封地迁徙到大和国郡山，蕃山跟从他居住在矢田山。贞享四年（1687）秋八月，松平日向守又将封地迁到下总国古河，蕃山奉常宪公（即五代将军）之命，跟从日向守前往古河，日向守非常崇敬蕃山。这年冬天，蕃山向幕府上奏封事，请求改革天下的政务，事情涉及机密，严重忤逆将军之旨。于是蕃山被监禁起来，幽囚大约长达四年，而蕃山面无忧色。若有人问起当世之事，他则沉默不语，拿出笙来吹。蕃山在获罪的翌年春天，看到归雁，道：

　　年老之身，难以看到等待春天到来归乡的大雁。

　　元禄四年（1691）秋八月十七日，蕃山病殁，享年七十三岁，日向守于是会聚亲戚、门人，用儒礼将他葬于古河的大堤村鲑延寺，之后池田丹波守政伦为蕃山设立庙宇，命神官进行管理，春秋祭祀，时至今日也未断绝。蕃山有二弟四妹，蕃山子女有四男八女。蕃山的弟弟名为泉八右卫门仲爱，是藤树的门人，后来侍奉备前的芳烈公（其事详见藤树学派）。他第二个弟弟名为野尻藤介一成，侍奉丰后国冈的中川山城守久清，秩禄五百石①。蕃山的妻子矢部氏先于蕃山于元禄元年（1688）在古河去世，长男右七郎继明，称为蕃山氏，侍奉曹源公，秩禄三百石，他没有儿子，家系断绝。二男左七郎恢复野尻氏，侍奉松平日向守信之。三男武三郎承袭熊泽氏，侍奉本多下野守忠泰。四男左内也侍奉日向守信之。

　　蕃山体态肥满，容貌如同妇人，从十六七岁开始到二十岁，已有肥胖的倾向。他见到别人肥胖进退不自由，便担心身体若如此笨重，就很难成为健壮的武士。于是他计划无论如何都要防止身体发胖，寐不解带，不食美味，不饮酒，断绝男女之道长达十年之久，也不厌恶夏日之炎暑，白天拿着猎枪到野外打云雀，在冱寒时节，踏着雪霜进入山中，他特意不带被子蒲团，就穿着日常的衣服，夜晚在民家住宿。在江户执勤中，

---

① 1936 年版中此句后面增加了"所著有《王学辨答》《良知实记》等"。

由于他无法去山野，便使枪弄棒，练习长刀，即便在宿直所，他也将木刀和草鞋放入衣箱中，在夜深人静后，来到毫无人影的广庭中，在黑夜中独自练习兵法。在发生火灾时，为了避免发生不体面之事，他在不熟识人家的房屋上到处跑，偶尔目睹他的人说自己可能受到天狗的引诱了吧！（参考《削简》二）蕃山在三十七八岁前，由于如此勤勉，身体得以稍微瘦削。关于蕃山的容貌，汤浅常山著述的《文会杂记》卷五道："老人说了介看起来如同妇人好女。"《近世丛语》（卷二，第十四页右）中道："容姿婀娜，如美妇人。"这大概是基于《文会杂记》。《熊泽先生言行录》中道："二十岁以后，蕃山致力于文学，当时如同儿童，他忘记人道，脸色很好，声音柔和，人们纷纷赞美。"又道："蕃山温裕宽柔，虽为其仆人奴婢，但最终也未见过其疾言厉色。"藤树蕃山二先生的略传中道："其人平生甚为温润，爱敬有余，乃谦逊之人。"由此观之，可以推测蕃山内刚外柔。《先哲像传》所刊载的蕃山肖像，虽然为蕃山亲笔所画，但说不准它是否真实，这幅画改画他武装的样子，所以无法认出其平生温柔的样子。

蕃山多才多艺，擅长音乐，曾跟从小仓大纳言实起卿学习琵琶，跟着薮大纳言纲孝卿学习古筝，如前所述，蕃山又巧于吹笛，擅长画画①、咏和歌。

蕃山家非常质朴，只挂了一幅义经的画像，未曾挂过其他书画。有人说蕃山同情弱者，蕃山回答道：

---

① 1936年版作"书法"。

君子有三恶，一憎恶炫耀功劳，领受很多奖赏的人；二憎恶富贵且傲慢的人；三憎恶地位居上而不体恤下层的人。判官义经其人格高尚，而不知道，虽因勇气有所失，但他立大功而不受赏，此乃人情怜悯之处。赖朝卿虽有福分取得天下，但他不仁、毫无宽宥之心，此乃人情憎恶之处。这并非限于赖朝判官，骄乃天道所亏，地道所亡，人道所恶；谦乃天道所益，地道所惠，人道所好。

这些言语见于《集义和书》卷三，由此观之，蕃山悬挂义经的画像，别有深意。

蕃山与由井正雪时代相同，不仅时代相同，他还曾偶遇由井正雪，《先哲丛谈》卷三记述如下：

尝至某侯，及入，见一士人威仪特秀，骨体非常，相与张目注视良久，遂不交一言。见侯曰："余今见一士，不知仕臣乎，将处士耶？"侯曰："渠为吾讲兵书，处士由井民部助者也。"蕃山正色曰："余熟视其貌，以察其意，君勿复近如彼士。"他日正雪亦来见侯，曰："前日比退朝，见某衣某形人，未知其为谁？"侯曰："渠说吾以经书，冈山臣熊泽次郎八者也。"正雪正色曰："余熟视其貌，以察其意，君勿复近如彼士。"

《日本儒林谭》认为某侯乃芳烈公，但是否为芳烈公还难以确定。蕃山、正雪都是当时的人杰。然而，正雪作乱伏诛，幕府为此忌惮有势力的人杰，像山鹿素行也被幕府暗中忌惮①，被贬谪到播州赤穗。蕃山也不免被幕府猜疑，被京都的诸司代驱逐。诚然如同他泄露这边的消息一样，《中江藤树熊泽蕃山传》中道：

> 熊泽翁侍奉松平日向守殿之事，一种说法是在宽文中期以前，了介在京畿传授学问，每日许多门人聚集于此，不论贵贱汇集不断。过去的庆安年中由井正雪、丸桥忠弥等人聚集恶党，在关东发生了非常严重的骚乱。由于事情发生不久，正是让幕府忌惮那些众多弟子跟随之人的时节，为了使熊泽的人品不为人知、被人疏远，将蕃山留在日州侯身边，迁移到播磨的明石，云云。

这像是蕃山事件的真相，蕃山被幕府忌讳，完全是因为担心他的杰出才能。

蕃山乃人杰这一事实是有识之士共同认定的。物徂徕睥睨天下，几乎目中无人，然而，提到熊泽氏这一人物，徂徕深深敬服，其言道："人才则熊泽，学问则仁斋，余子碌碌未足数也。"又道："伊藤仁斋道德，熊泽了介英才，与余之学术，合而为一，则可谓圣人矣。"可知在徂徕眼中，蕃山、仁斋与他自己自成三足鼎立之势。永富独啸庵亦道："偃武以来，豪杰之士四人：山鹿素行、熊泽了介、伊藤仁斋、物徂徕。"服部南郭亦道："予读熊泽了介经济说，足蹈其地，口论其政，事事确说，不似他人空言矣。"其他像太宰春台、汤浅常山、藤田幽

---

① 1936年版作"像山鹿素行也早就被幕府忌惮"。

谷，皆称赞蕃山乃人才①。通过当时硕儒的认定也足以想象得到蕃山乃稀世奇才。

第二　文藻

从蕃山的文学事业方面来看，他与其他儒学家的情况有很大不同，其他大多儒学家常用汉文著书，蕃山不然，蕃山的著书并不少，却都用国文记述。藤树已有许多国文著书，但像《孝经启蒙》《论语乡党翼传》皆是汉文，蕃山没有一部著书是用汉文记述的，因此，只要稍微识字之人，都能理解蕃山的著书，可以说这是蕃山在文学方面的长处。蕃山的文章畅达明瞭，却没有特殊趣味，与藤树相比，蕃山不及藤树，也许是因为学问不足的结果。藤树并未特意修饰文章，只不过是将他思考的内容直接记述下来，然而，他所思考的内容就很优美②并且透彻，所以，记述下来就成了精粹纯洁的字句，皆适合朗朗诵读。蕃山的许多思想都从藤树处得来，他的文字稍微平淡呆板、犹慢，有时也不是没有精彩之处，但组织的语言往往枯燥无味。要而言之，藤树简明叙述思想的精粹（Quintessenz），而蕃山接受他的教导，并混化之，变成稀薄之物，从这点来说，蕃山远不及藤树。然而，蕃山擅长和歌，藤树也创作和歌，但他并非以文学的趣味来创作和歌，只不过假借和歌来叙述其

---

①　1936年版中此句后面增加如下内容："尤其像佐久间象山、藤田幽谷、藤田东湖、山田方谷、桥本左内、永山二水、横井小楠等人皆受到了蕃山的影响。"

②　1936年版作"清简"。

志，换言之，比起辞藻，更以意思为主，所以值得欣赏的和歌比较少。蕃山的和歌虽然很多都未流传下来，但流传下来的为数不多的和歌大都不失为名作，在创作和歌的本领上，蕃山确实优于藤树。《甘雨亭丛书》中收载的蕃山的和歌共有十三首。另外在《息游先生初年文集》中还刊载了五首，前者为世人所知，而后者有可能会湮灭，故转载如下：

> 吟咏山家之心
> 山村隐匿不深处，人心与竹篱笆一样格外静谧。
>
> 不紧闭柴门，外出途中，内心平静，月光清澈。
> 我希望人们观赏京都西山的红叶，至少我满足于自己的拙歌。
>
> 一枝红叶的颜色可知山形中有心。
> 中秋受邀，在广泽赏月。
>
> 是向谁学的呢？今夜观赏广泽的满月。
>
> 试笔
> 祝贺事事顺心，在闲暇之际习字，以应春景。①

蕃山诗作不多，他的诗也有流传下来的，但不值得欣赏，

---

① 1936年版中从"另外在《息游先生初年文集》中还刊载了五首"到此均被删掉。

唯有一首收载在《名儒传》中的五言绝句，非常得体，道：

树密茅檐古，荒烟野水滨。遥看济川者，应是此中人。

这或许是首题画诗吧！想来，蕃山一生的事业在于政治经济，并将其所学应用于实际，这才是他的重点。简单来说，蕃山期待事功，因此，他在文藻上并不特别用心，像流传于世的诗歌，只不过是其余绪而已。

第三 著书

《集义和书》十六卷

《集义外书》十六卷

上述二书在蕃山著书中非常重要，尤其是《外书》于宽永七年（1630）由书肆小山知常出版，与《和书》相反，其中有许多奇特的言论。其序道："《外书》涉及经世治教之事，有许多严重触犯世上忌讳的内容，他的弟子秘藏起来不外传，故很少有人见到。"因此可知《外书》与《和书》不同的缘由。横井小楠在与越藩冈田的书信中，主张《外书》乃伪书，但我还未发现它为何是伪书。

《大学小解》一卷

《中庸小解》一卷①

---

① 1936年版中其后面增加了"此书或分为二卷"。

《论语小解》八卷①

以上三部书都刊载在《阳明学》中。

《二十四孝评》一卷

《三轮物语》八卷

别本《三轮物语》有十五卷，但内容与《三轮物语》八卷本没什么不同。

《夜会记》四卷

《三神托解》一卷

一说是以三社托宣为题。

《神道大义》一卷

一说是以《神道大意》为题，可能是藤树的著书，但冈田季诚并未将之收录在《藤树全书》中，而巨势直干、草加定环诸氏皆认为是蕃山的著书，果真是蕃山的著书吗？不过，考虑其论旨和文体，几乎都像藤树所作，姑且存疑。

《系辞解》三卷

（《五伦书》一卷）

自古以来都认为此书是蕃山的著书，其实不然，《削简》三中道："实际上《五伦书》等书确有作者，这些书在我们出生之前就已经出版了，有七十多岁的人在五十年前就见过，然而，近来出现了极力批判我们的书。另外，据说有很多不知名的书中都说是愚作，出现了类似的书，被称为愚作也没办法。"因此可知在蕃山在世时，伪书已有许多。

---

① 1936年版中其后面增加了"此书是从《学而第一》到《泰伯第八》的解释，乃未完本"。

《大学或问》二卷

《孝经解或问》十卷

《女子训》五卷

《易经小解》五卷

此书首卷为序论，第二卷解释乾卦，第三卷解释坤卦，第四卷解释屯蒙需卦，第五卷解释讼师卦，讼师卦以下还未完成，蕃山便去世了。

《蕃山实录》列举了上述十六种书目，在末尾道："以上先生所著也，其他假先生之名，欲逞己说，而镌梓之书多矣，勿用。"然而，这种说法丝毫不值得信任，因为其他地方无疑还有蕃山的著书，不仅如此，此处列举的蕃山著书中也混入了《五伦书》这样的著书。

《易系辞小解》二卷

这大概与上述列举的《系辞解》相同，将《集义和书》卷七刊载的《始物解》单独刊行。

《孝经小解》二卷

草加定环于天明八年（1788）出版此书。定环字循仲，号昆山，是熊泽氏的姻亲。

《孝经或问》八卷

这或许与《蕃山实录》刊载的《孝经解或问》相同，但卷数不同，故将之刊载出来。

《孟子小解》七卷

《宇佐问答》二卷

《紫女物语》

《葬祭辨论》一卷

《女子训或问》

《源氏外传》（五十四卷）二卷

《源氏物语》共有五十四卷，此书是在每卷末尾写下评论，所以流传有五十四卷，其实只有两卷。

《二十四孝或问小解》一卷

或许与上述的《二十四孝评》相同。

《息游先生初年文集》二卷

上卷收集了各种文章，下卷刊载了古歌的注，卷末附载了《六品解》与《气质理利之解》两篇。

《蕃山先生和歌》一卷

此书收录在《甘雨亭丛书》之中，收集了蕃山所作的十三首和歌，形成一卷，末尾附上了蕃山曾在三轮神社奉纳的保侣箙之图。

《熊泽翁游会实录》十卷

此书真假值得怀疑。

《心学文集》二卷

此书混入了藤树的文章与蕃山的文章，是否真由蕃山之手完成，尚未知晓。

《孝经外传或问》三卷

《别本孝经外传或问》四卷

此书与前本内容不同。

《经济辨》

此乃《大学或问》的别名①。

《饯草》一卷

《易系辞和解》

这或许与《易系辞小解》相同吧！

《大和西铭》②

《雅乐解》一卷

这是将《集义外书》第十五卷的《雅乐解》单独刊行出来。

《何物语》三卷

第四　学说

一　藤树与蕃山的关系

蕃山曾热心跟从藤树学习，信奉致良知之说，虽然蕃山未必拘泥于藤树之言，但他完全受藤树熏陶、熔铸，所以蕃山叙述的内容几乎很少不源于江西的。要而言之，蕃山可谓藤树精神上的儿子。

蕃山的口吻往往不慊于藤树，他甚至驳斥江西派的弊害，在《集义和书》卷十一中，有人论述江西之学对社会功劳很大，蕃山对此回答道：

---

① 1936 年版中其后面增加了"又见其称为《经济拾遗》，刊载于《番外杂书解题》，注曰'只是题号不同，与《大学或问》同'"。

② 1936 年版作"《大和西铭》一卷"。

虽然江西之学有少许益处，但害处也很多，他们实际上不辨经传，也不知道之大意，以浅见为是，立异议，云圣学，而不能教导愚人。江西以前无此弊端，虽唤醒天下耳目，但未见其好德之人，粗学自满之害并非一二。

他又在《削简》一中道：

过去未必都不好，现在也不见得都是有功之事，也有少许人意识到了这点。但相反，有很多人做点学问，立异议，不知儒佛，却如同儒佛的悟道者一般吹嘘，这也成为社会之害，所以善恶各半。

藤树派的学者学识浅薄，觉得只有他们继承了圣学的正统，非常自负，而对其他学派，壁垒分明，陷入偏狭固陋之见。在此之际，蕃山放奇矫之言，打破其弊端。但蕃山未必在批判藤树本身，他在《集义和书》卷十三又有如下记述，道：

心友问：有人说先生不采用先师中江氏之言，树立自以为是的学问，非常自大。

答：我受业于先师，不违背其学问，此乃实义。学术言行不成熟，则日积月累使其成熟。顺应时处位，应根据时间进行变通。在大道之实义上，我与先师毫无差异，在我之后的世人也同样，通其变，人们孜孜不倦追求的真知也是如此。见言行之迹不同，而争论异同的人，乃不知道。

问：何为大道之实义？

答：五典十义是也。不行一事之不义，不杀一个罪轻之人而得天下，此乃实义。憎恶不义，羞愧于恶，此乃固有之明德。养此明德，而日日明，不为人欲所害，此乃心法，又是心法之实义。先师与我不仅相同，中国、日本也无不同，若疏忽此实义，其所云虽皆与先师之言相同，但并非先师之门人。在我之后的人即便认为我的言论不正确而不用，但有此实义的人也是我的同志。先师固然不爱凡情，而尊君子之志，先师不会有凡心，不会喜欢门人用不成熟之言维护偏袒自己的。先师在世时不变的只有志，学术日新月异，不停滞于一处，若有人继承其以期至善之志，每日接受新的德业，这才是真正的门人。自古以来民有三生，父母生之、君养之、师教之，恩情相同，故均服三年之丧。我对于先师，其恩情如同君父，子振兴父之家，臣弘扬君之德，门人发展师之学，皆是报恩。

蕃山不拘泥于江西派之学是因为他善变通，藤树已阐明权之妙用，论述了要根据时处位进行变通，蕃山便由此觉悟，随着自己境遇不同，行为也有所不同。然而，他所摄取的根本主义，与藤树并无差异，由此观之，蕃山可谓具有远见卓识之人。蕃山又在《集义外书》卷二中道：

（来信略）人问：您在江西学习，但并非江西之学，有什么原因吗？

（返信略）要说原因的话，在于诸子学习有限的内容，我学习无限的内容，那时大小无异，但如今差异明显。有限的内容是那时的议论讲义，无限的内容是先生之志不止于此，而是不断提升德业。日新之学者说今日可知昨日之非。我见先生之志向与德业，不以其时之学为常，以其时之学为常者认可先生之非，以之为是，先生之志本非如此。先生说过，有人讲授朱子"俟后之君子"之言为谦逊之辞，这并非谦逊，而是事实。

蕃山绝没有违背藤树的想法，但他未必拘泥于言语之末，只是依据藤树具有的精神，谋求发展进步。因此，他往往难免被其他江西派的人批判，特别是西川季格著述《集义和书显非》抨击蕃山。然而蕃山在《集义和书》与《集义外书》中叙述的主旨完全出自藤树，他在《集义外书》卷六中追忆他曾在江东①时的事情，道：

> 那时中江氏见到王子之书，欣喜于良知之主旨，我亦被教导，由此颇得心法之力。

实际上，蕃山一生的学问皆源于此，他得益于藤树之处，岂少乎？然而，他并不认为藤树具有完全理想的人格，像他在和歌起句中道"来了一见富士山，也没有那样好"，或许他亲身受到藤树教化后，发现多少与他预想的不同。他又在古歌中道"入住后又是浮世，我心里想住山村"，他在完成他渴望的学问后，也不再认为藤树有何特别之处了。他在《集义外书》卷六中批评藤树及其学派，道：

---

① 原文疑有误，应为江西。——译者注

> 中江氏天生在气质上有君子之风，具备德业，学问未成熟，亦有异学之害，若能延长五年生命，其学问也能到达一定高度。中江氏在世时，以我为首的人皆是粗学之人，无一人获得公认。凭借中江氏之名声，江西学者名过其实数百倍，亦有很大的危害。

蕃山也没用任何修饰的言辞，直接反映出江西派的真相。《近世名家书画谈》二编卷三中道：先生的后代子孙中江久风谈到熊泽氏初次拜谒藤树先生，入门之时了芥便吟咏道：

> 人们参拜的神社没有神，神在心中。

他以无神来问，藤树先生以有神来回答他：

> 几千年的神社如同月亮，迁移到正在参拜之人的心中。

藤树与了芥虽为师徒，但两人学风不同从初见时就很明显了。此事是否真实尚不可知，但蕃山从开始就有所不服，这可谓事实。

他本来不认为藤树具有完全理想的人格，但他通过从藤树身上学到的根本主义形成了他自己的思想、实现了自己的理想，这点不容置疑。

二 阳明与蕃山的关系

既然蕃山的学问源于藤树，藤树的学问基于阳明，那么蕃山属于阳明学派不言自明。然而，蕃山本是具有远见卓识的人，不拘泥于俗套，不滞固于古风，常顺应时势进行变通，因此，他的一言一行都不效仿藤树，也不树立旗帜专为阳明主张。所以若从这点考虑的话，蕃山并不是阳明学派的人，或许有人认为将蕃山视为阳明学派的人并不妥当。既然情况变成这样，有必要讨论确定蕃山到底是否应该被视为阳明学派的人。

蕃山不像其他阳明学派的人只尊崇阳明而轻蔑朱子，他并非偏狭固陋之人。相反，他认为朱子阳明各有长处，宋朝理学与明朝心法都对自己有裨益。他在《集义和书》卷一中道：

> （再书略）听闻宋朝的理学、明朝的心术，程子朱子似乎不在道统内，您怎么看呢？
>
> （返书略）我看了周子的《通书》等书，有圣人之气象，明道具有颜子气象，并非后世贤者所能及，伊川之才干、朱子之志，皆具有圣人之体，同样都无凡心，不是圣门传授的心法，那是什么呢？我只言说其论述学术的多少，解惑多者为理学，治心多者为心术。秦朝大火烧毁了经书，故汉儒之功在于训诂；其后产生异论，世间诸多疑惑，故宋儒之学在于理学；解惑之后转向内心，故明朝之论在于心法。

蕃山认为汉儒、宋儒乃至明儒各有其功，他并非要劝说独取一门心法。可知其主张不偏袒一方，他又在《议论》一中道：

> 愚不取朱子，亦不取阳明，唯取用于古之圣人。朱王共同由道统之传而来，其言依时而发，在真实上两者完全

一致。就连朱王也未必完全迥异①，朱子为矫正时弊，着重于穷理辨惑，并非没有自反慎独之功，王子也由于时弊而着眼于自反慎独之功，并非没有穷理之学。愚面向内心，受用于自反慎独之功，得益于阳明良知之发起，辨惑之事得益于朱子穷理之学。朱王之世，学者之惑不同，如改变立场，则两者相同。

这些内容又见于《脱论》五，蕃山分明说不取朱子，亦不取阳明，舌尖未干之际，他又说自反慎独的受用得益于阳明，辨惑之事得益于朱子，前后自相矛盾。但他的真实意图在于不偏袒朱子，也不偏袒阳明，所有对自己有益的内容都吸取进来，以达到圣人之学。他又在《集义外书》卷六中批评朱王二氏，论述其功过道：

> 心友问：朱子乃贤人乎？
>
> 云：算得上大儒。他又贤明，在经传之注方面乃古今名人，虽有合乎古人心之处，也有不符合古人心之处，但他的注解使初学者更容易着手，他注解的义理浅显易懂，完全有恩于后生学者。
>
> 问：王子乃贤人乎？
>
> 云：算得上文武兼备之士，是一位有名的大将。他又贤明，拓宽孟子的良知良能之奥义并进行教化，在自反慎独之功上，使后生学者面向内心。吾人蒙受德行之事不

---

① 1936年版作"朱王又并非完全不同"。

浅，以内心看经传，语言与理论都是根本，但有所区别。

问：二子之弊有何？

云：朱子存在文章过于广泛之弊，学者近理学，远心理。书譬如雪中兔子的足迹，兔乃心，圣经贤传皆我心之注，得兔后足迹无用，得心后书无用。一贯大体取用，看大意便能得心之要旨，在日常工夫上也会详细观察，然而，这是为了我细致受用，并非只要详细看书。朱学过度区分章句，沉溺于文句之理，大多丢失了心之要旨，云云，故圣经被注解掩盖，心法被经义阻隔。王子在仁上有误，过于笼统，类似于异学悟道之流，云云。

蕃山认为朱王二氏不分轩轾的思想完全源于藤树。藤树已论述了朱王二氏的功过，蕃山得其要领（参考第四章学问第一节叙论①），在此批评朱王二氏的文章也只不过是直接引用了藤树的观点。蕃山又论述分别主张朱王二氏之学的人形成学派、互相竞争的弊端，他在《集义外书》卷八中道：

偏爱朱学之人尊崇晦庵，偏爱王学之人尊崇阳明。朱子王子并非好名中人，乃思德之君子，欲革除时弊，阐明圣人之道。然而，有人肯认朱学一流，有人肯认王学一流，但观察其学者，不喜好德行，不专研学业，只进行异同之争，不能振兴圣学。朱王的本心在于宣扬圣人之道，相反他们却阻碍了圣人之道，违背了朱王的本心，使朱王

---

① 原文有误，实指第一章中江藤树，第五学说一叙论。——译者注

悲伤的并非尊崇与否。云云。二人的学问有很多有助于圣学，但完全取用，又有害处，大贤以下的学问有不成熟之处，其处产生弊端。然而，学习二人本心的人只取其益处，不产生弊害。

他又在《集义外书》卷十中道：

朱学王学虽在世间竞争，但都距简易之善较远。

他又在《水土解》中道：

在当今儒者的形势中，无论朱学还是王学都无助于治国之道，国君世主采用得少，则危害少，采用得多，则危害多。王学之徒责难朱学为格法，但许多心学者却被格法迷惑。

通过这些言论来考察的话，蕃山不能被称为阳明学派的人，但实际上从他论述的内容来看，他所主张的都是致良知之学，并未超出姚江派的范围。他起初跟从藤树学习，藤树将其喜欢的致良知的主旨教授于他。于是，他用心于心法，在《集义和书》卷二中道：

稍有志于文武之德，留心于圣学之心法。云云。

又在《集义和书》卷九中道：

职责在于一念独知之地。

又道：

> 面向内心时，哪怕一言也能尽其精微，面向心外时，即便进行千言万语的热情讲习，也只是说话而已，不能尽其精微。云云。

又在《集义外书》卷七中道：

> 从凡夫到圣人的真才实学只在慎独工夫上。

与这些心法相关的言论，不胜枚举。由此观之，蕃山虽明言自己不取朱子，也不取阳明，但其实他完全尊信阳明学，对朱子学斟酌采用的痕迹却毫不明晰，而论旨自始至终归于自反慎独之心法。蕃山在处世时，是为了避免与幕府保护的朱子学对立呢？抑或是想表现他特别宽广的度量呢？虽然现在难以确定他的意思所在，但实际上他公开表明他尊崇阳明学，但未必归于阳明学，然而他确实不喜欢朱子学。他在《集义外书》卷十中道：

> 朱学虽然擅长说理，但很多与自然不符，而且，如今的朱子学家虽采用圣贤之法，但很多人的内心感情与小人相同。

无论他如何假装公平，但最终在此流露出了他对朱子学的感情。

他主要用心于事业上，并不广泛讲明学说，即他不像朱子学那样，深究其中奥义，他的学问素养皆在藤树门下习得。有人认为他大都是在详述藤树的学说。如果极端地说，他偶尔会剽窃藤树的文章，将之公然插入自己的文章中。①要而言之，有迹象表明蕃山属于阳明学派，这是绝对无法否认的。②

三　宗教论

蕃山看起来非常用心于宗教，《集义和书》《集义外书》两书中关于佛教、神道以及耶稣教的论说不少，《宇佐问答》《三轮物语》中偶尔也有神道相关的内容，尤其是《三社托宣》都是关于神道的内容。蕃山在宗教上的见解基本上与藤树没什么不同，但并非没有引起我们注意的内容，现将其要领叙述如下。

蕃山认为佛教乃迷妄而形成的结果，其迷妄无他，即错将造化自然视为轮回，在轮回的基础上确立教化，便是佛教，佛教的根本性谬误完全在此。他在《集义和书》卷十一中道：

> 佛氏剃发，弃人伦，是因为害怕轮回。天道无轮回，却言轮回，是迷惑。云云。从前释迦见过轮回是由于心眼病，后世的佛教徒流传此心病，认为有轮回。

想来，轮回有两种意义，一是六道之轮回，主张各个个体

---

① 1936年版中此句被删掉。
② 1936年版中此句后面增加了如下内容："古贺精里在《读熊泽了介传》的文中云：'问其学则非朱非陆，非王非禅，自成一家。'（《精里初集抄》卷二）这并未深入研究蕃山之学，蕃山并未成一家之学。蕃山除了曾经在江西书院学到的阳明学以外，只不过在事功上多少有些独特的见解而已。"

进行种种流转，居无定所；二是心理状态之轮回，主张刹那间变化，没有尽头。若是第二个意思，也不应否定轮回。然而，佛教的轮回本来只以第一个意思为主，这是轮回原本的意思，这种轮回完全出于空想，全是臆测，是震慑蒙昧无知之徒的方法，无法用事实证明。蕃山道破佛教意图，深中肯綮，即使在今天，这也是佛教的痛处。他在《集义外书》卷四中道：

> 释迦开始迷妄，不迷妄的话也不会出家，释迦不知造化之神理，将其看作轮回。云云。佛教徒认为的佛知、悟道出于迷根，他们看错根本的神理而立异，可能产生迷惑之心、卑鄙之心，一旦将造化曲解为轮回，圣人之言皆不正确。由于造化无轮回，所以佛氏之言皆不正确。

儒教乃世间的宗教，佛教乃出世间的宗教，蕃山以世间的宗教为自己的立脚点，他如此看待佛教，可谓必然的结果。蕃山还明确论述世间的宗教优越于出世间的宗教，他在《集义外书》卷五中道：

> 圣人之学如平地，异端之学如高山。山虽然高，但不及平地，走过高山险阻，使人震惊，走在平坦的大道上，无人惊奇。出家且有才干，而为之惋惜，若使他还俗，便是毫不出奇的常人，假山虽高，若将其夷为平地，也不够填满一个小村，因此可知君子之德广大。

蕃山对佛教有如此见解，因此他非常蔑视佛教。他在《集义外书》卷四中道：

不迷惑之人心中认为，所谓的最好的佛教非常恶劣、卑鄙、愚蠢。由于其是愚蠢之道，故愚蠢之人认为佛教好，佛教徒一定是心底愚蠢之人。

他将佛教视为如此愚蠢的宗教，所以他也蔑视佛教的首倡者释迦，认为释迦不如空海，其言道：

释迦反而没有空海一半的学问，文笔也拙劣。

释迦没有一部自己创作的著作，故"文笔也拙劣"自然成了妄断，并且他认为空海优于释迦，这也是特别奇特的言论。蕃山又对寂灭的教义进行如下的批评，他在《集义外书》卷九中道：

你说寂灭，但仅靠帷裳无法过冬，如果感到寒冷就添上棉袄，饿了就吃，虽然知道这种道理，但还硬要死亡，乃不知心为活物。

尽管蕃山论述得浅显易懂，但也道破了佛教与经验性事实的矛盾之处，是很得当的。蕃山认为佛教徒乃耶稣教的引导者，他在《集义外书》卷十中道：

如今的佛教徒又是基督教的指引者，真是可悲。

又在《集义外书》卷二中道：

佛法相信后世的谎言，以迷惑之心为根本，若基督教兴起，则基督教的指导者便是佛法。云云。

由此观之，蕃山认为佛教首先将许多出世间的迷信传播到我国，打开了其他迷信得以传播的关卡。他认为佛教若没传到我国，耶稣教也难以传入，而佛教已传入我国，那么耶稣教也很容易传播。然而，他认为佛教适应了我国水土，不会轻易灭亡，但我们要努力认清那些对我国有害的，并排斥之。而佛教诸派中的禅宗与其自家心学有共通之处，因此，蕃山相对称赞了一番，他在《集义外书》卷八中道：

> 达磨的佛心宗，虽憎恶其流传于世，深受毒害，但他死后，唯其道在后世盛行，虽为异学，但其有德。

他又在《集义和书》卷十一中道：

> 虽有许多佛学流派，但天台与禅宗比较出色，天台高妙，在精通佛学上优于禅宗，但心中有惑；禅宗学问零散但近似心法，得其要领，似乎无惑，但实际上有惑。

蕃山虽然认为禅宗最为卓越，但担心禅宗与儒教混同，所以提出禅宗有惑不可取。但他预言，在佛教诸派中，将来有盛行之可能的只有禅宗。他在《集义和书》卷十一中道：

> 在中国，佛教流派最初分开传播，其他的流派逐渐衰退，只剩下禅学，日本之后也会呈现如此状态吧！人容易依靠简易之事。云云。近年来随着文明的发展，人们淡漠了对地狱极乐等学说的信任，自此以后越发如此。禅宗教义简单，其悟道与后世的地狱并不那么相关，这符合文明

时代。现今的禅宗欲使愚夫愚妇依赖之，而言其妙，这是利己之心，违背了祖师流传的教义，若无此事，禅宗则越发兴盛，其他宗派皆无法与之竞争。

蕃山对耶稣教具有怎样的见解呢？接下来进行叙述，他认为耶稣教乃心之病，他在《议论》四中道：

> 北狄乃外邪，容易治疗。基督教乃内病，难以治疗，此内病产生的根本乃是源于人心之惑与庶民的困厄，若迷惑消除，困厄中止，则可除根。

这些内容又见于《脱论》五中。蕃山认为耶稣教出于迷妄是正确的。①然而，可以看出他通过一些方法多少学到了耶稣教的内容，并认为耶稣教比佛教优越，佛教没有力量遏止耶稣教。他在《集义外书》卷十中道：

> 在确立后世②与轮回学说时，基督教的后世③策略比佛教徒高明，说理也优于佛道，以佛道的力量很难遏止基督教。

他还论述儒教也会被耶稣教碾压，道：

> 如今儒法若不是天下国家的政治之道，最终会被成为一流的基督教灭亡。

---

① 1936 年版作"蕃山认为耶稣教出于人心之惑，这是一种说法"。
② 1936 年版作"后生"。
③ 1936 年版作"后生"。

蕃山认为儒教不适应我国水土，相反佛教适应我国水土，故儒教会灭亡，而佛教不会灭亡，他论述道：

> 佛法适应水土，儒法不适应水土，于是便知佛法不会灭绝，儒道不兴。儒道不兴，佛法不绝，最终可能被基督教掠夺。如此一来，神道与儒道都被破除，成为畜生国，禁中也会消失。

这本来是他一时胡乱描绘的妄想，毫无任何根据，尤其是佛教适应我国水土，儒教不适应我国水土，乃荒诞无稽之谈，不值一提。他想象着耶稣教会蔓延我国，但他并不信耶稣教，并不认为耶稣教好，所以他说在耶稣教蔓延的同时，我国会成为畜生国。那么，他相信的是哪种宗教呢？因为他尊奉余姚之学，所以自然不会反对儒教，但他认为儒教对我国也有危害，他在《水土解》中道：

> 不仅佛教对我国有危害，儒教也有危害。

蕃山选择的是神道，他认为儒教只不过对自己有利而已。他在《水土解》中道：

> 三种神器乃神代的经典，上古没有书，又没有文字，便制作器具用来象征。玉乃仁之象，镜乃知之象，剑乃勇之象，云云。神代的文字语言完全没有流传下来，只有三种象征保留了下来，极其简易，此乃道德学术的渊源，高明广大、深远神妙、幽玄悠久，全都具备，心法政教不求

于他，足矣。

蕃山称赞神道可谓无微不至，他还在《脱论》三中论述在我国各种教法中，唯独应取神道。其言道：

> 不执着于儒教，既见世俗学问粗鄙，又知朱学王学之弊，完全没有任何学问可取。天地之神道乃大道，我国存在日本水土孕育的神道，大道虽无名，但为我国之道，必须要选择的话，应取神道。

他又在《削简》二中批判崇信佛教的人，道：

> 佛教徒固然耻于四海先师之国的天理自然，便采用西戎的佛法，不礼拜我国的神灵。而参拜异国的佛，舍弃我国的主人，视别人的主人为君主，却不以之为耻，应知其误。

由此观之，蕃山是尊奉日本主义的人，认同和魂汉才，知道国土不同，宗教也应该不同。因此，他认为日本自有日本的宗教，他国自有他国的宗教，彼此不应混淆。他在《水土解》中道：

> 日本水土孕育的神道既不能拿到中国、印度，也不能将他们的宗教拿来使用。中国的水土孕育的圣教，既不能从日本拿来，也不能拿到日本使用。印度通过人心形成的佛教也是如此，云云。既要学习儒教，也要学习佛教，理论才会丰富，心胸才会宽广，便能确立我们独

立的神道。

蕃山又在《削简》二中论述释迦若来到日本，应遵从吾神道，道：

> 释迦若是聪明之人，假如他来到中国、日本，重新出生为人，后生轮回的观点都已忘却，若在中国，他以圣人为师，若在日本，他应遵从神道。

宗教都带有特殊性，即便像佛教或基督教这种带有普遍性的宗教，也不能避免其发展境遇的影响，更何况其他宗教呢？因此，在他国发展的宗教不适应我国，若需要宗教的话，最好采用在我国发展的宗教，蕃山或许是如此考虑的，所以他主张确立吾神道。

虽然蕃山认为神道乃自家的本领，但他原本通过儒教修得涵养，怎么也无法摆脱儒教，于是他在神儒合一上下工夫。像《削简》二中道"神道与圣人之道虽名称不同，但同为人道，少不了三纲五常"，"天之神道独一无二，云儒道，云佛道，云神道，将其带到非本国之国，乃不懂道之人的行为"，可知蕃山完全期望神儒合一。他深信天照大御神（请参考《议论》三），并不单从历史的角度观察，还在内容上进行考察。他认为天照大御神近在咫尺，就寄居在我们的精神中。他在《脱论》一中道："人们心中有天神一体的神明。"由此便知天人合一，如果我们培养天赋的明德即良知，那么良知即为神明、光明、天照大御神，因此，他认为明德乃心之太阳（请参考《议论》三）。的确他的这些思想原本都是从藤树学来的。①

第五　批判

　　蕃山与其说是学者，倒不如说是经济家、政治家，他的性格与行为稍微与野中兼山类似，他是在社会上进行活动的人，委身于学理研究并非他的性格，因此，他写的书虽然不少，但都是通俗的书，作为学说来看的话，几乎没有值得一读的。其中偶尔也有值得诵读的名言佳句，但都是他思想的片断，无法指望他有连续的哲理性思索。仔细来看，他的思想大都源于藤树，除了详述他曾在江西书院学到的内容以外，几乎找不到他

---

① 1936年版中此句后面增加如下内容：

读蕃山的《大学或问》，他认为天命常与仁善，看似无常实际有常，广开言路，求得天下之善言，也取诽谤之言，不以明智为先，应好问。他断言曰：

言路通时治，塞时乱。

而且先王之法中有时处位之至善，知之者可为王者之师。他进而论述神道，认为世间所谓神道乃一事之神道，非全能神道。道为天地之神道，中国圣人之道、本邦神人之道皆为天地之神道，而且兼备神与人者乃为圣人，从广义上解释神道。他论述学校之政（教育行政）如下所示，云：

学校之师以有德、通晓理之人为司。博学多才之人在其下讲明经传，带领大君老臣诸侯上士中士议论讲习。大君之道德加之亲切之一言胜于其他千言万语，感动诸侯诸士之心志，流传到诸国，感发众人固有之善心。德之流行，速于置邮而传命。虽为圣贤，居下时此益少，诸侯难及，云云。

其言论非常好，蕃山又论述如年龄不同，教育应有所差异，如在诸学科中应加入音乐等，值得侧耳倾听的言论不少。

独创的内容，他甚至直接剽窃藤树的言论，恬不知耻。例如，《集义和书》首卷可见的万物一体之论全部是藤树的文章（请参看与户田氏之书信），类似的情况在其他地方也有许多，他得益于藤树之处不也不少吗？藤树对蕃山来说是位良师，的确如此，实际上是位难得的良师。然而，蕃山称呼藤树，有时称呼中江氏，不一定称呼藤树先生，他以藤树这样的君子人为师，但私下轻视之，不仅不称呼先生，还常常冷言冷语，言其短处，毫不忌惮，如他将藤树的学问比作三尺之泉，认为还不成熟，又有弊端，都是对藤树不满之情的流露。如此一来，我们对蕃山这个人物不可能没有少许怀疑，西川季格在他的著作《集义和书显非》中批判蕃山①，说他为狼疾人，又道：

> 他高傲至极，因为他太高傲了，所以不知自身的分量，可耻之至。

他被同门之人这般严厉指责，本是他自己招致的。蕃山是才子，的确如此，非常有才华，虽然以王学修身，但其才子的天性难以改变，所以往往见其破绽。重野安绎氏在《冈山谈》中论述津田左源太在闲谷创设学校，蕃山并没有参与。重野氏说："蕃山到底是个功名心很重的人呀！"痛斥蕃山。他反对蕃山的言论稍微有点走向极端，但蕃山这样的人在传说中被夸大了许多，不能不承认这也是事实。

然而，无法否定的是蕃山乃不世出的人杰，当时的达官贵

---

① 1936年版作"西川季格曾在他的著作《集义和书显非》中批判蕃山"。

人非常尊信他，学者又非同寻常地推荐他，尤其是其门人崇敬蕃山如鬼神。蕃山从事政治经济，所以门人本来不多，他在《集义和书　书简之二》中道：

> 鄙人无一个弟子，因为没有一点为人师的才能。

但也有少许门人，大江俊光、中江次常等人①都亲炙于蕃山，尤其是俊光写有日记，即《俊光日记》。在验证蕃山的事迹时，这是必不可少的书目，其中记载道：

> 入德学术之示，生前之大幸，多益多恩不浅义也，可谓日本之大贤君子也。

由此可知他非常尊信蕃山，又论述蕃山呈给幕府的封事，道：

> 感信多益不少，乃当时治世之要政也，目录有四十余条，凡知之所不及也，虽为天下之大宝，但人不知其事，遗憾也。

虽然我还不知道其封事的内容为何，但蕃山的卓识原本无可置疑，令人不得不相信他在时代潮流中亦是出类拔萃之人。但是，单有远见卓识，也无法像蕃山那样受到时人的尊信，要想受到时人的尊信，不可能没有内容上的德。蕃山本是才子，虽不像藤树自有有道之气象，但他通过从藤树身上学到的治心

---

① 1936 年版作"巨势直干、大江俊光、中江次常、伊东重孝、味木立轩等人"。

之法，也能够达到贤人君子的境界。《俊光日记》中道：

> 二十二日清晨去隐山，云云。《息游轩心传》中与昨天的记事条没什么变化，我在记事条中添入了一句话"成圣人气象也"。无论何事，此气象不变，若我萌生了杂念，则原样打消，再返回到圣人之气象。此气象一生不变也，若此自然可至入德君子也。

蕃山入德之工夫如此，所以他不可能没有内容上的德，他受到时人的尊信，不可能不是因为他内容上的德，既然如此，蕃山岂止只是政治家、经济家呢？

第六　蕃山有关文书

关于蕃山的事迹与学问，可供参考的重要文书如下：

《熊泽先生行状记》一卷（汤浅常山著）

《蕃山先生行状》一卷（草加定环撰）

此行状刊载在《先哲像传》卷二中。

《熊泽先生言行录》（草加定环辑）

此书对蕃山的事迹叙述得非常详密，有不少可供参考的内容。

《蕃山实录》一卷（巨势直干著）

此书末尾记有巨势卓干[①]，而其他付梓的文书皆为巨势直

[①] 原文如此，疑应为直干。　译者注

干所作，故暂且从之。直干乃蕃山的门人，草加定环所编撰的行状末尾列举了会丧门人五人，其中有巨势直干，而其将杉浦正臣的儒学源流视为藤树的门人是错误的。

《中江藤树熊泽蕃山传》（写本）一卷（片山重范所藏）

这本书中有藤树、蕃山二先生的略传，但主要叙述蕃山的事迹，著者像是伊豫宇和岛的人，姓名不详。

《熊泽了介先生事迹考》（写本）①一卷（清水信著）②

《慕贤录》（写本）一卷（秋山弘道著）

此书乃备前人秋山弘道子皓于文政十四年（1831）参考了十七部传记，对蕃山的事迹进行编集而成。

《汤子祥书牍》一卷（菅政友笔记）

《熊泽了介传》一卷（菱川大观著）

此书乃冈山的菱川大观所著，收录在《敬斋丛书》中。③

《熊泽伯继传》（藤田一正著）

此书收录在备后的五弓久文编辑的《事实文编》卷十八中。

《蕃山先生行状》（逸名）

这篇也收录在《事实文编》卷十八中，现在读其文章，完全与草加定环编撰的行状一样。

《熊泽了介事迹》（写本）一卷（熊泽继明著）

---

① 1936年版中"写本"被删掉。

② 1936年版中后面增加了"此书于文化十一年（1814）开始刊行。后来内藤耻叟将之收录于《日本文库》第一编"。

③ 1936年版中后面增加了"《熊泽先生传》见于《兰室文集》卷六"。

此继明乃蕃山的苗裔，不是其长男继明，上述蕃山的事迹乃明治十年（1877）二月根据修史局的需要所作的报道。

《熊泽氏事依寻答》（写本）一卷（松平日向守用人之答）

《大江俊光记》（写本）①

《蕃山先生年谱》一卷（片山重范著）

《蕃山先生行状》（斋藤一兴著）

《文会杂记》卷五（汤浅常山著）

《集义和书显非》二卷（西川季格著）

此书乃西川氏于元禄四年（1691）撰述，到了元禄十年（1697）才开始刊行，是专门批判《集义和书》的著书。西川氏受藤树教导，原本称清水氏。②

《东游记》卷四（橘南谿著）

《先哲丛谈》卷三（原念斋著）

《近世丛语》卷二（角田九华著）

《日本儒林谭》卷上（原念斋著）

《近世畸人传》卷一（伴蒿蹊著）

《近世名家书画谈》二编卷三（安西於菟编次）

《野史》卷二百五十六（饭田忠彦著）

《事实文编》卷十八（五弓久文编辑）

《艺苑丛话》卷下（山县笃藏编著）

---

① 1936年版作"《大江俊光日记》（写本）"。

② 1936年版中后面增加了"《蕃山遗闻》（写本，出自《国书解题》）、《常山纪谈》（卷廿四）、《雨夜灯》、《息游钞》一卷（藤原成粲著）、《蕃山拾叶》一卷（永岛忠重编）。"

第二章　熊泽蕃山

《熊泽蕃山》一卷（塚越芳太郎著）

《日本之阳明学》（高濑武次郎著）

《陆象山》（建部遁吾著）

《先哲像传》卷二（原德斋著）

《近代名家著述目录》①（卷之四）

《日本诸家人物志》（南山道人纂述）

《古今诸家人物志》（释万庵著）

《鉴定便览》卷一

《日本名家人名详传》卷之下

《名家全书》卷一

《近世大儒列传》卷上（内藤灿聚著）

《日本教育史资料》卷五（文部省编纂）

《名儒传》（写本）（撰人名阙）②

《文学伟人传》（服部喜太郎编述）

《阳明学》（吉本襄发行）

《熊泽蕃山的教育说》（足立栗园稿〇在《教育时论》第四百五十一号）③

《藤树与蕃山》（同上〇在《教育时论》第五百七号）④

《近世德育史传》（足立栗园著）

---

① 1936年版作"《近世名家著述目录》"。

② 1936年版中后面增加了"《明良洪范》卷之七（真田增誉述）、《江户文学史略》（内藤耻叟著）"。

③ 1936年版中被删掉。

④ 1936年版中被删掉。

《实事谭》第四编（松村操编辑）①

补正②

《弘道》第百五十一号记载冈藩主山城守中川久清（入山侯）学习阳明学，以熊泽蕃山为师，姑且作为一说存之。

关于蕃山的生卒年有不同的说法，一说"元和元年（1615）生，元禄四年（1691）七月廿七日卒，享寿七十三"（请参看《大日本人名辞书》），不足为信。若蕃山于元和元年生，则享寿一定是七十七岁，由此推断其说为杜撰。

---

① 1936 年版中后面增加了如下内容："《蕃山考》一卷（井上通泰著）、《蕃山先生逸事》（同上○在《万年草》第四号以下）、《熊泽蕃山》一卷（幸田成友斋）、《熊泽坟墓记》、《闲窗琐言》第七十节（西川节斋著）、《熊贝遗笔》（写本）二卷 此书记述了熊泽蕃山与贝原益轩的事情。《北小路俊光日记抄》（井上通泰勘）"。

② 此处为 1936 年版附录 1《补正》对熊泽蕃山的相关补充。　　译者注

我的方法在于通过节俭省掉冗费，以生有余，救济其他艰难困苦之人；各自勤勉于自己的职业，一生践行善事，不做恶事，通过辛勤劳动保全一家。

——二宫尊德

第二篇

藤树蕃山以后的阳明学派

藤树、蕃山以后单独崇奉阳明学,感化自己子弟的人辈出。其中也并非没有间接受到江西学派影响的人,但自身通过阳明的遗书,感奋而起的人也不少,尤其是像北岛雪山、三重松庵、三宅石庵、三轮执斋、川田雄琴①、中根东里、佐藤一斋、大盐中斋诸氏,盖为铁中铮铮者也。

---

① 1936 年版中"三宅石庵、三轮执斋、川田雄琴"被删掉。

第一章

北岛雪山

附细井广泽

　　也有人与江西学派毫无关系，完全在其他地方独自热衷于阳明学，这便是北岛雪山。雪山名三立，肥后熊本人，出生于宽永十四年（1637），元禄十年（1697）去世，享年六十一岁。雪山壮而游江都，与林罗山的儿子春斋、春德，木下顺庵等人交往，才学俱富，藏书甚多，时人称曰书厨，仕熊本侯，食禄四百石。然而，到了宽文九年（1669）十月，熊本侯令国中治阳明学者改之，雪山难以忍受其迫害之甚，与同志之徒俱谓："为爵禄变我操非夫也"，乃上书言："臣少治阳明之学，事君父必由于斯，今而弃之，更无事君父之道也，请致为臣而行。"侯甚奇焉而许之，特命赐三年之禄，使得随意去国。于是，雪山乃修理屋宇，洒扫庭内，而致之有司，野服萧然而行。《肥后先哲遗迹》中引用欣古杂话云："宽文九年十月朝山次郎右卫门、西川与助、小笠原勘助、浅野七左卫门、北岛三立等多人一同告假，此事流传于世是由于王阳明学派被禁止，总共将近二十人。云云。"由此观之，阳明学派在当时具有相当大的势力，可知熊本侯并不只因为雪山一人才禁止阳明学的。

自此以后，雪山狂吟放浪，不拘绳墨，与士大夫接席，衣衫褴褛，曾无愧色。他甚至游青楼，解亵衣，使妓拾虱，或道逢冻馁之人，则解衣与之，裸体而归，其奇行之多，不亚于第欧根尼。雪山最终去了长崎，在六十二岁时去世。据说当时家无担石之贮，唯有藤纸数本，酒器一个而已，因此能够想象其生活之简陋。雪山研修阳明学并没有师父传授，完全是他自身归于阳明学的。雪山起初也有志同道合之人，在教育上多少带来一些影响，但他蹶然离开故乡后，专门寄心于他擅长的书道上，不再讲授阳明学。

雪山的著述只有《国郡一统志》一书，而没有创作任何与阳明学有关的著作。他离开熊本以后，一心一意专研书法，技艺越发进步，在书法方面，他自己公开说其乃"宇宙独步"，以至于不屑加盖印章。永富独啸庵道："南郭之诗，雪山之书，芭蕉之俳谐歌，皆一世之逸品①，研精刻意之久，遂诣此域也。岂容易乎哉！"由此可知，雪山擅长书法，名倾一时，然而，他的学问最终被他的书法名声掩盖，只留下了书法家之名。②

---

① 1936 年版作"一世之逸品"。
② 1936 年版中后面增加了"雪山之事详见于《肥后先哲事迹》及《二老略传》等"。

雪山的门人中有一位有名的书法家细井广泽，他不仅继承了其书法，同时也继承了王学。《近世丛语》中也有"广泽治程朱学，又悦阳明王氏之说"一说，盖有所依据吧！

第二章

三重松庵

三重松庵名贞亮，称为新七郎，京都人，与三轮执斋同时倡导阳明学，元禄十五年（1702）为门人创作了《王学名义》二卷。松庵自己读《传习录》而归于阳明学，并无师父传授，故他在跋文中道："一日尝读《传习录》，初未晓文义，读之已久，而恍然似有所省者，然后知阳明子之学真切简易，而粹然大中至正之归矣。"当时他便自立门户，教授其学，有丰满教元、村上明亮等门人。①

其著作《王学名义》上卷阐述致良知、五伦与孝，下卷论述《大学》说、五常、孝悌忠信、心性情、理气、知行合一、

---

① 1936年版中后面增加了如下内容："在《史传》中大多见不到松庵之事，但在《绍述先生文集》卷之十四中列举了松庵的墓志，云：'延宝二年（1674）三月五日生，享保十九年（1734）六月十二日殁，生卒皆在甲寅岁。翁夙好学，初信新建王氏之旨，后兼从朱子学，枕籍经传，志存古道，旁及百氏，探其根奥，不贪荣利泊如也，求之于今世，亦不多见之人也。'由此可知其为人，松庵尊奉王学难道不是由于渊冈山间接的影响吗？姑且存疑。"

四句教七条，最为通俗地叙述了王学的要领。关于良知，松庵首先认为良知乃心之神明，良知万古不易，然后认为万人同性，将不失良知的人称为圣人贤人。他论述道：

> 四书五经所说的皆为吾心致良知的注释之文，因此，若以致良知三字为目标来读四书五经的话，皆能成为我身之行，今日之用，若不然，四书五经与我身有别，无其益。所以，此三字乃学问之关键，乃圣人教人之第一义，尤其是阳明学之宗旨。

这是陆王的遗旨，其学问的活力，实际上都在此表现出来。松庵在说明父子关系时，往往有值得倾听之处，其言道：

> 父母慈爱有道，孝顺父母比较容易，但难以称为孝顺，父母残酷无道，而行孝道，才称得上真正的孝顺。

这可谓是身处逆境，仍散发节义之光。他又论述教育子女的必要性，道：

> 吾身受之于父母，即为父母之身，从吾身分离，成为子之身，子之身原本就是父母之身。那么，没有培育好子女就等于使父母之身变得不好，故不教子乃不孝之第一。

松庵与藤树一样也主张万人同等①（equality），虽为君

---

① 1936 年版作"万人平等"。

臣，但本来没有差别，其言道：

> 因为出身有贵贱，而有君臣之别，但原本皆为天地之子，我与他人皆为兄弟。

另外，他还论述学问以明良知为本，至德要道概括来说的话，便是爱敬二字。他又对万物一体、理气合一等进行说明，得其要领。学者若是一读，也并非完全没有益处。

| 第三章 |

三宅石庵

　　三宅石庵名正名，字实父，石庵是他的号，又号万年，京师人，生于宽文五年（1665）正月十九日，年少好学，与群童有别。年龄稍长便失去父母，他一心沉溺于学习，不顾家道如何，因而最终耗尽家产。于是，他变卖家具，全部用来还债，所剩仅有数十金而已。石庵虽有兄弟六人，但只有弟弟观澜与石庵一样好学，因此，他对弟弟观澜说："虽然现在极其贫困，但以褐衣蔬食生活，能支持数年。"研究之志越发浓厚，环堵之室，兄弟并排坐于几案前讲习，日夜矻矻，以致废寝忘食，不久穷困至极。于是，兄弟相携来到江户，教授子弟，得以糊口。在江户数年，石庵不屑于仕途，望望然去之，独自回到京师，当时他三十三岁，碰巧赞岐的木村某以礼迎接他，他便去那里待了四年，承担村落中的教化，使村民向学。后来他又到大阪倡导程朱学，当时他名震海内，前来求学的弟子逐渐增多，中井竹山的父亲甃庵也是他的弟子。弟子们计划在大阪创设学校,并将此举诉之关东,统治者原本就对石庵的名声有所耳闻,便指名赐予石庵办学的土地。于是,弟子们创立学校,将之命名为怀德书院或怀德堂,推举石庵管理学校,石庵坚决推辞道:"君子不重则不威,我乃布衣之贱夫,如何为栋梁乎?"然而,弟子们请求不已,石庵最终担任祭酒之职。之后,中井氏继承石庵,使怀德堂持续下去,最终成为关西学界的重镇。石庵担任祭酒之职仅三年,便于享保十五年(1730)七月十六日在浪华去世,享年六十六岁,葬于河内的神光寺。石庵的妻子冈田氏生有二男二女,长男文太郎和两个女儿都先于父亲去世,只有次子才二郎,名正谊,得以继承父亲之志。石庵的弟弟观澜名缉明,字用晦,侍奉水户义公,成为国史编修总裁,又侍奉幕府,四十五岁时去世。石庵为人谦和质朴,雅量能容人,除了谈论人道以外,毫不言及他事,据说一生只穿棉衣,不曾穿过绢帛。石庵起初倡导程朱学,但晚年完全归于阳明学,故香川太冲评价他道:"世呼石庵为鹅学问,此谓其首朱子,尾阳明,而声似仁斋也。"石庵追慕颜真卿,在书法上自成一家,笔力遒劲,非常绝妙,因此,哪怕一个字,人们也争相求之,然而,他不按印章,是由于他生性朴实,不像北岛雪山那样洒脱。他又兼通和歌与俳谐,想来他既为学者,又非常多才多艺。《续近世畸人传》中有关于石庵擅长诗文的记载,但其很多诗文都未流传于世。梁田蜕岩极力称赞观澜的诗文,但未提及一句石庵,或许石庵在文才上不及观澜吧!石庵的门人中最有名的是前面提到的氅庵,还有富永仲基。富永仲基曾经也跟从石庵学习,但他对儒学完全不满意,于是创作

《说蔽》批判儒教，并因此与石庵绝交。可惜的是，其书并未流传下来。仲基还著有《出定后语》，在批判佛教上是非常值得关注的著书，此书俨存于今日。

石庵的著述特别少，流传下来的著书更是罕见，仅有《藤树先生书翰杂著》一卷。在这部书中，石庵收集藤树的书翰，进行比较对照，纠正其中的错误，并在开头附载序论，其中有如下一节，道：

> 先生谈论的致知知至与诚意，恐怕尚未精详，我另有一种说法，现在叙述一下其中的概略。世间学者都将"致知"读作"知をいたす"，"知至"读作"知いたる"，当然这是正确的。但先生将"致知知至"都读作"知にいたる"是怎么回事呢？盖拘泥于王说使然。王子言"致者，至也"，乃大体言之，这是说文解字的形式，实际上致与至自有区别。若认真分析的话，字典中应训读此字为"使之至也"，这才明白，不会混淆，先生有所拘泥，云云。《大学》中所谓的意与《论语》中的意自然有所不同，盖意只是意，然而，意必固我的意应使之断绝，诚意则培养病根，身心意知的意应诚意、终使之存，绝之乃息生机也。因此，王子以实行温清之意来说明诚意，先生在答清水的书信中云："《大学》中的意与《论语》中的意并无不同，诚乃良知之本体，格除意必固我，归于良知之诚，这便是诚意。"以意必之意来解释诚意，病根、生机共同失去，无疑是所谓的因噎废食。只是先生以回归到良知之诚结束言论，前面的错误自然被弥补，此意再次得以活跃，

与王子、《大学》之归途相同，云云。

由此观之，可知石庵无论如何尊信藤树，都并非盲从于藤树。

石庵固然归于阳明学，但他又不排斥朱子，崇敬朱陆王，对三人同等尸祝，关于此事有一节道：

> 朱陆王子皆为吾道之宗子，斯文之大家，世人学习朱子学，指责陆王心学，学习王学，又责难朱子学，各自想要压倒对方，这是不知三位先生之心。当时，朱子谓象山乃天下第一之人，陆子也认为紫阳为天下第一之人，相交如兄弟，议论之间虽有不合之处，但并行而不相害，此乃君子之心。其学乃天下之公，那么，基于朱子学的学问与基于王学的学问，虽然依据不同，但其私一致，三位先生所谓的道是什么呢？乃超越其私而使天下大同。

石庵的这种见解倒不如说是公平的，但他的学问杂乱无章，并不纯粹，世人称之为鹕学问，也并非毫无缘故。

| 第四章 |

三轮执斋

附 繁 伯

第一　事迹

　　三轮执斋出生于宽文九年（1669），晚于三宅石庵五年，执斋名希贤，字善藏，执斋乃其号，又号躬耕芦①，京师人。蕃山、松庵、石庵皆为京师人，执斋亦出身京师，想来，藤树曾在京师短暂教学，又有在江西书院学习的藤树门人在京师提倡王学，也许是这些因素导致的结果，使得倡导王学的人相继在京师兴起，执斋亦是如此。②执斋的先祖乃大和国三轮神社的司祝，父亲是泽村自三，以行医为业，住在京师，母亲乃箸尾氏，执斋六岁时失去母亲，十四岁时失去父亲，由商人大村

---

① 1936 年版作"躬耕庐"。
② 1936 年版中此句被删掉。

氏养育，之后离开而继承了真野氏，后来又恢复本姓三轮氏，并祭祀祖先。执斋十八岁开始奔赴江户，他的事情甚为奇异，故列举《献征先贤录》中的文章如下：

> 执斋是京师人，十八岁的春天，他与母系的族人大村彦太郎针对如何才能获得相应的功绩，为世人所知，进行了种种思考。两人便到北野的菅公庙守夜，分别算卦来决定每人终生的事业，据说结果是执斋应成为一名医生或儒者，彦太郎应成为商人，使产业富饶。既然如此，他们决定去江户，两人最终来到品川站，认为从此以后快则十年，晚则二十年，彼此应等到时来运转后再会面，然而，自此以后不论寄居何处，即使前途未卜，也都要委托各自的朋友，等待对方，只要活着，经历五年风霜之后，在今天这个日期的晚上到日本桥上碰面，他们商量后便分开了，当时是贞享三年丙寅年的三月三日。执斋东下去江户的那年，称为真野善藏，跟从各处的藩医学医，但他没有遇到名师，虚度了一年光阴。翌年十九岁的春天，他才进入佐藤直方的门下，因想着应成为儒者，便成了直方的私塾学生，寄居在他家。直方作为厩桥的酒井侯的宾师，获得酒井侯的食粮，其优礼甚为深厚，住在大手前的邸舍中。执斋非常尊敬老师，勤勉学业，学术进步很大，直方也非常赞赏他，有时来自诸家邀请的讲座，他会让执斋代替他去。二十二岁的春天，通过直方的推举，作为学业之资，执斋从酒井侯那里获得了十口俸米，另外，在邸舍中获得寓所。其时到了三月三日，早在五年前执斋与大村彦

太郎约好到晚上在日本桥上见面，到了黄昏，执斋带一个佣人去了桥上，彦太郎也带来一个佣人，互相叙旧，时间很快将近四日，互相说明住处便回去了。因为时机还不成熟，还不能够互相拜访，所以他们约定三年后还在此处碰面，便分开了。果然三年以后，执斋带领两个年轻人，两个仆人，点上折叠式灯笼去到桥上，彦太郎也带来两个青年，两个学徒，彼此都说时机将近成熟，执斋告诉彦太郎，他如今从厩桥获赠三十口的俸禄，在邸舍中受到宾礼的待遇，还被其他数家诸侯邀请，衣食没有什么不足的，与往昔不同。彦太郎也讲述他以前去日本桥通一丁目开了一家小店，但现在不小了，生意逐渐兴盛起来，他做吴服生意，倡导建立白木屋，开始雇用接近五十人的雇员，做成了上千金的产业。他们认为从此以后应相互往来，进行兄弟间的交往，彦太郎比执斋年长两岁，是为兄长，二人如此度过了一生。

大村彦太郎乃吴服店白木屋的创立者，代代称为彦太郎，以至今日。执斋十九岁才开始跟从佐藤直方学习，崎门之学认为继承他姓是不对的，执斋为此恢复本姓，深以直方为德。直方为崎门翘楚，固然主张程朱之学，痛斥王学，通过《王学论谈》一卷可窥探其学说。执斋进入其门后，常听闻朱子学说，但私下反而归于王学，王学中有许多对其有益之处，他很喜欢便研究其道。于是，直方与他绝交，并谩骂他，他自己想去申诉，又遇到其门人恶言相向，他因此困惑了数年之久。然后，直方逐渐了解执斋改变学问的意图不是为了名利，最终相见如故。直方在病入膏肓的日子里，命令子弟首先将这一消息告诉执斋，执斋便前来拜访，而直方已绝命，未来得及相见，因此，执斋终夜守候在柩前，并赋了八首和歌，为直方痛哭，其中三首刊载在《先哲像传》中，皆可供参考。故又转载如下：

> 今年八月十五，我听闻佐藤先生突然大病，立即前来探望，但先生走得急，没来得及与他永别，悲伤啊！终夜在他空洞的躯体旁守灵，不断想起往昔之事，今宵是十五的夜晚，但雨下得非常大，也看不到明月。
>
> 闻名的满月都隐藏起来了，世间无与伦比，可恨啊！
>
> 希贤从十九岁拜谒先生，到今年已有三十三年，
>
> 到今天为止，拜先生为师，侍奉先生，也经历了三十三年秋天的夕露。
>
> 近来先生读到"若无陪伴之人，也请探索踪迹，到达千代之古道"，并给希贤看，有四五日左右。
>
> 先生是去探索千代古道了吧！您改变踪迹，独自去苔藓下面了吗？

执斋曾通过直方的推荐侍奉酒井侯，后来辞官离去，回到京师。不久他去了大阪，又来到江户，数年间居无定所，有时住在日本桥，有时住在饭田町，最终他在下谷泉桥的北边设立讲舍，将之命名为明伦堂，教授世间子弟，并自命为东都的木铎，门人多到数不过来。那时物徂徕已经去世，虽有服南郭、平金华等人，但他们终究都是文人，执斋在此期间讲道干劲十

足,其功不可没,梁田蜕岩在回复中井甃庵的书信中道:

> 示及告宽量小滨公文一首,读玩再三,足以观德业之实矣。大抵纨绔子弟,饱膏粱,耽丝肉,未曾学问,及其驭吏临民,瞢不知务,甚者毒人蠹国。如公可不谓火中莲乎?虽然微轮氏不得闻道,姚江之学,其所陶铸,果不诬矣。方今江左儒人,以词藻名,如南郭金华诸才子,故置是,振铎四方,大倡圣学,舍斯人其谁也!昔文中子讲道河汾,王魏房杜之曹,达材成德,安知他日东都贤士大夫,明体适用,与宽量公相弟昆者,不出轮门乎?吾侪当拭目而俟。(《蜕岩集后编》卷七)

执斋过了耳顺之年,患上了痰咳,病势日益加重,因此,回到京师养病。元文四年(1739)七十一岁时他在建仁寺两足院设立寿藏,在其背面刻上了他亲笔书写的两首和歌:

> 在先茔之后,我建造了自己最终的住所,幸好有两根杉木,我觉得它们非同寻常。
> 吾之身回归双亲,在此两棵杉树生长之地,作为我的坟墓。
> 不论形骸成为哪里的一抔土,这里终将是吾之灵魂所在之处。

之后过了五年,执斋于宽保四年(即延享元年,1744)正月二十五日在京都去世。按照西历来算,他生于一六六九年,死于一七四四年。执斋的咳痰逐渐严重,宽保三年(1743)的冬天十二月中旬左右以致卧床，自此到翌年正月，越发病危，到正月二十三日，剃胡须，拜祠堂，告知永别。二十三日、二十四日两天，从亲属、旧识到仆人都来永别，二十四日白天未刻（即现在的二时）他要来笔纸，亲自书写"宽保四年子正月廿五日三轮希贤死"。第二天二十五日早上寅刻（即现在的四时）逝世，享年七十六岁，埋葬于寿藏之地建仁寺中两足院。执斋有六个儿子，但无一人足以承袭箕裘，门人中有川田雄琴（后面论述），传授王学，并主张王学。

执斋擅长和歌，或者说没有哪个儒学家像执斋那样擅长和歌。他又擅长诗文，尤其在国文表达上非常巧妙，像其著作《日用心法》，行文甚为明晰，自有韵味，可谓文笔不凡。现将他的两三首诗列举如下。

慢兴

黄鸟声声檐外暮，杏花阴里独倚栏。光风霁月满天地，洒落自知茂叔看。

怀乡

故园万里东，茫茫望无穷。红添树花雨，白知柳絮风。阳炎盈草野，落日入山中。瘦马追春色，黄昏归路空。

三畴吟

辞禄偶成诗一章，偷闲取适阅风光。渊明径里孤松老，茂叔窗前万草长。

非市非山人寂寞，欲晴欲雨客彷徨。移家自爱三畴内，踯躅含红向夕阳。

题水仙

夜寂蕊珠宫殿内，黄冠绿袖独萧然。金盘高捧承朝露，自是地形花里仙。

首尾吟

休为他人论是非，是非向外我先非。我非焉能使人是，休为他人论是非。

像这首诗对修德的工夫大有裨益，可以说比藤树的《首尾吟》还要出色。在《杂著》第三卷中刊载的诗共有二十六首，其中上述列举的四首我认为是最好的。执斋许多文章也都披沥肝胆，毫无浮薄之弊，因此，读起来津津有味，意犹未尽，现列举一篇如下：

送中村恒亨归

先民有言，道之在人心，如白日，如大路。夫万变无非一心之用，而好恶之情，善恶之实，十手指焉，十目视焉，宜哉近且易也。自孟子没而后，诸儒泛然，不复务本，窥道于陈编之间，讲学于事物之末，不及求诸身心，则生资之偏，人欲之蔽，终不能以除之。而其博也适足以长傲也，其详也适足以饰非也，纷纷之论，于是乎兴，各立门户以相攫挐①，躬言学圣人而不老佛若矣，不亦伤乎？当此时，虽有豪杰卓越之士，明智高才之徒，其何心辨是与非，而决其所适从？以是观之，向所谓如白日而大路者，是耶非耶，余亦甚惑焉。虽然道无今古，心无彼我，则何远且难之有矣，而十手指十目视者，又严严乎遂无别于今古，则其近且易者，岂待求之佗乎？如夫揣白日于尺寸，要大路于东西者，焉能有所取诸予言哉？予忧于斯尚矣，今于恒亨归省，亦称此言，以勉其专力于根本。闻子乡有谷先生者，博古君子也，若过之，幸以余言正之。

另外，还有不少值得一看的文章。有人认为执斋不擅长诗文，我对此非常怀疑，他只是不专注于雕虫小技罢了。

执斋对我国学术界最大的贡献是翻刻《传习录》。在执斋所处的时代，藤树已经去世，不久蕃山也辞世而去，发源于江西的王学突然遭受挫折，虽然东有中根东里，西有三宅石庵，但他们都无法大力发扬王学。那时，虽然执斋也非常勤勉，但无法与堀川或蘐园的势力相匹敌。然而，他翻刻《传习录》在振兴王学方面功劳颇大，实际上这是正德二年（1712）壬辰九月三十日的事，而阳明也出生于成化八年（1472）壬辰九月三十日，故与阳明的诞辰、干支月日相同，加之阳明生于成化年间，而他生前最活跃的却是正德年间，因此，年号也偶然相同。执斋在《新刻传习录成告王先生文》中道：

---

① 1936年版作"攫拏"。

> 维日本正德二年，岁次壬辰，九月尽日，希贤敢昭告于大明新建侯文成王公，曰：道无古今，心无彼我，恭惟先生得心传于同然，指圣功于良知，德业辉于当世，余训流于万邦，呜呼盛哉！我京尹筱山源君景仰其德，笃信其学，政务余暇，使希贤讲《传习录》，且考定刻行之，希贤固辞不得，叨奉严命，发轫于去岁八月，毕功于今月今日，谨考，支干月日，悉皆正当先生诞辰，而历号亦与先生存日同，实和汉万世未曾有之一遇矣。其偶然与，将有数存焉与，则斯道之兴似有所俟也。谨以清酌茶果，奠《传习录》新刻本，虔告功毕于我文成公，伏冀先生之道，大明乎天下，至治之泽，遍蒙乎生民。

由于《传习录》的翻刻与阳明的事迹有暗合之处，所以世人皆以之为奇，于是成为王学振兴之征兆。那波鲁堂在《学问源流》中道："阳明乃明朝正德年中之人，如今又有人在正德年中提倡其学，随着机缘渐熟，学习之人不少。"由此可推知当时的状况。《传习录》可称得上王学派的福音书，是一部经典，此书的传播不可能对王学的振兴没有帮助，执斋对之加以注释，功劳很大。有注解的《传习录》便始于此书，其后唯有佐藤一斋的《栏外书》①。

执斋非常尊信中江藤树，根据《献征先贤录》，他称赞我国的先哲中江藤树乃姚江之后第一人，指出伊藤仁斋、物徂徕等人不知实践躬行之说，只苦思于创作藻绘精美的文章、诗

---

① 1936 年版作"在德川时代，其后唯有佐藤一斋的《栏外书》"。

文,过着浮薄虚骄的生活,他与这些人并不来往。又在《拔本塞源论私抄序》中论述中江藤树虽恢复了王阳明万世圣学,但其门人再传后最终失去其学统,道:

> 吾国江西的中江先师通过遗经继承其学,在本国百年之后兴起致良知之学,他改变了训诂词章的固陋,从学之徒的孝悌忠义之德无不发源于良知,忠信爱敬之实无不出于感通。然而,由于先师不得其时,在当世未见治平之效,而他去世已有八十年,其乡的民众怀念如父母,继承其思想的人无不将忠孝之德、敬信之实试于一念感通之良知上,可知皆是先师的政绩。先师之学并未陷入老佛霸功之偏蔽,并不涉及内外支离之行为,诚然是本邦的王文成公,若不是此人,还能是谁呢?

他又在《藤树先生全书序》中道:

> 盖先生厚德崇学,实乃本邦道学之渊源,是以教于当世,靡然成风。其学兴起后,无人不景仰其学风,崇尚其德行,云云。

由此便知,执斋尊信藤树非比寻常。他曾经亲自到小川村的江西书院,召集士民讲学,众人皆为之感泣,谓之为藤树先生再生。

与之相反,未曾见过执斋对暗斋流露过追慕之情,只不过因为直方是其老师,他努力不去破坏这份情谊,但其学问早已改变。因此他专心倾注于江西学派,是故暗斋派的人痛斥执斋，尤其是三宅尚斋在其著作《默识录》中列举出执斋的缺点，对其品性进行攻击，其言道：

> 兹岁春希贤自武藏来京师，其近权要交右族，自世俗见之，可谓得时伸志者矣，然全是仪秦之术也耳，渠宗王氏守仁之学，果然与。在京日所为可议者不一，而就中举其大者，招请僧徒于市人宅（一来院门主，市人白木屋者），见于所司（牧氏某，因坊令小滨氏所言），见坊令（小滨氏则其交有素，因小滨氏所言始见本多氏）。所司及坊令皆非有志人（本多氏好佛学恶儒）。往本多氏讲说庄子书，以僧徒之请求，令嫡男为伏见宫女媵臣，是等不待学者，知其可耻，盖乘势自不觉其流荡至于此乎！

又道：

> 三轮希贤，往年自悔亲死时幼弱不知，不服丧，三十余年后，先忌日百日计为服丧。余当时为说其不可，渠终不用。仪礼丧服传，嫁女小祥后被出归于家，服既除，故不与兄弟更着三年服。盖可以见，事之既过者，不复必追矣。

又道：

> 三轮希贤悼直方之死，有和歌曰：无法忘怀呀！三轮怀念过去难忘的时光，不正是您教导的日子吗？自谢复于本姓之恩，而却以其子为市民白木屋（姓大村氏）者养子（大村氏京师豪家）。初仕于酒井家，其主受僧祐天之念佛名（俗

谓之授十念），希贤甚愤之，遂退去（此时从直方未为王氏之徒）。后受纪伊太守常馈，甚称扬纪守之好王学之功，而纪守以其子为僧，人问之，希贤谓纪守不知之，且纪守许以其子为酒井家之继嗣（后公家不许人令之求于同姓中），希贤与此策。余谓如是而说道理，我未知何义理，以是等举动，察其真情，无所遁学术奸诈，不俟论辩。

执斋的行为中多少有些自相矛盾之处，这是无法掩盖的事实。但尚斋以之为非的论点，在今天看来，的确是些本无须大加责备的琐碎之事。

执斋擅长经济，家道富裕，当时的逢掖之士，无人与之比肩。《隐秘录》卷三道：

> 饭田町边有位名为三轮执斋的儒学家，他的门人特别多，旗本中许多负责家庭生计的人来到此处。执斋是有钱人，也能贷款给达官显贵，钱的威势甚大。

基本上可以想象其富有的情况。

执斋与三宅石庵、三宅观澜、三宅尚斋、玉木苇斋等人交往。又有一位同窗好友名为鱼住静安，起初他尊崇朱学，但在执斋的劝说下，最终改旧学，转向王学，后来在西播倡导王学。执斋门人众多，但川田雄琴（后面详述）最优秀，其他像小野直方、中村恒亨（通称总次郎，土佐人）、石井信行（伊势人）、田井实容（通称文之进）等人都亲炙于执斋，亦有不少权贵绅士像宽量小滨公、松平源君、厩桥的酒井侯等，成为执斋弟子的商人也非常多。《隐秘录》卷三道：

田所町的家主田所半藏①为做学问，成为三轮的弟子。某时，町奉行大冈忠相召唤平藏宣告：据说你成了三轮执斋的弟子后，努力做学问，在管理支配町内之事上非常出色，又能坚持做学问，老中传令说此事将军也有所耳闻，要求传唤赞赏，很是可贵。平藏非常高兴，并获得了极大的荣誉，便退下了。此事在江户议论纷纷，诸所名主或者富有的町人无不开始做学问，许多人都成了三轮执斋的门下。

小野直方在祭文中道：

宽保五年甲子，正月廿五日甲辰我执斋先生逝矣，呜呼哀哉！不肖始见于先生，十九年于此，尝视犹子也，其教爱谕育之厚，何以报之乎？在得于道而已矣。然不肖顽蔽怠懦，道未有所得于心，终孤负教爱之报，何不震溧乎？往岁先生去东武，归于京师，绝不闻声咳者数年，慕念犹遑遑焉。而今溘而永逝矣，闻讣不胜哀伤，最憾索居相望千里，靡由奔走执绋也，遥望岭云泪滂沱矣。静言长怀，其言在吾耳，其貌在吾目，呜呼哀哉！将何如哉！嗟乎先生，淑质贞谅，易直雄志，狷介纯笃，归于善如流，任道忘寝食，善诱善导，助贫周穷，取予惟义之从矣。始为穷理之学，颇寄心于词章，中志致良知之学②，终觉圣学在此，脱然弃旧业如敝屣也，乃涉猎不事乎文，务在于躬行而已。世方没溺于辞章，刃锥于利禄，徇俗钓声，不

---

① 结合下文，此名字有误，应为田所平藏。——译者注
② 1936年版作"中致志良知之学"。

复知有身心之学也，而独卓然定见，惟是之从，举世非之，而不顾，一眷眷于斯道矣，既而辞官，从其所好矣。古称豪杰无文犹兴也，如先生方绝学颓靡之际，既已识其大者，真可谓豪杰也。宜哉当时缨緌之徒，绅佩之士，望形表而影附，聆嘉声而响和，善类是与焉。德行振于当时，声光被远迩，然后功成身退，长解世纷矣。居数年，癸亥之冬，寝疾床蓐，及疾病亦念常在道，以存亡不系于心，死期近而告终，拜家庙，告辞世，招集亲戚永诀，从容怀和即冥矣。春秋七十有六，亲戚悲悼，近识远士，伤情举落，哀慕从灵輀者数百人矣。尝自造丧具，遗命丧纪惟约焉。存不好丽，殁不逾分，呜呼礼哉！乃叹曰：呜呼哀哉！天不慭遗，奈丧斯文，夺我吉士，梁木折摧，规极斯毁，徽音永断，微言绝耳。来者曷闻，而曷从事，归焉忘栖，游鱼失水。有生必死，振古自尔，身殁名垂，先哲所美。向幽不疑，委命安天，视死如归，令终归全，令闻不朽，广誉世延，存荣没哀，后何憾焉！

通过其言论、文章便可知执斋为人谦虚平和，然而，亦有稍微严厉之处。小野直方形容他"淑质贞谅，易直雄志，狷介纯笃"，狷介两字，盖不能删除。执斋曾为一位称鞭禅师的僧侣讲《中庸》，他努力批判佛氏违背性命之理，放弃日用之常，希望僧侣能领悟旧习之非，归于儒教之正。讲习结束后，僧侣送给执斋一些笔墨与一首诗，而执斋却拒绝收下，曰："大凡吾做学问，固然不是为了给佛教徒讲说，但若佛教徒能了解其过错，归于儒教，不也是一件美事吗？这便是我答应你请求的原因，而禅师最终陷入泥潭无法自拔，你给予的笔墨，我没有合理的理由收下。"由此能够想象其所存之气象。

第二　著书

《日用心法》一卷

《四言教讲义》一卷

《大学俗解》二卷

《孝经小解》四卷

《周易进讲手记》六卷

《祭荐卷》一卷

《训蒙大意和解》一卷

《尧典和释》二卷

《神道臆说》一卷

《标注传习录》四卷①

《阳明学名义》二卷

《近代名家著述目录》《庆长以来诸家著述目录》等都将此书视为执斋的著书，或许它们错将三重松庵的《王学名义》当成执斋的著书了吧！执斋的门人小野直方在《执斋三轮先生著述目录》中没有刊载这本书，由此便知。

《社仓大意》一卷

---

① 1936 年版中此书后面增加了如下内容："《传习录笔记》　此书系执斋讲述，门人川田雄琴做笔记，解说极其平易简单。长久以来以写本流传于世，但到明治末，被收录于《汉籍国字解全书》中。"

《古本大学校正本》一卷

《古本大学和解》

刊载在《阳明学》第一号以下，不知与前述列举的《大学俗解》有何不同。

《正亨问答》①

《拔本塞源论抄》一卷

《杂著》四卷②

第一卷　十二孝子〇顾諟篇〇祠堂考〇猪兵卫翁之碑〇答河崎氏书二〇原野学问所之事〇藤树先生全书序〇淡斋记〇舍翠堂记〇加茂步射并竞马说〇养子辨辨〇春秋传序讲义〇道之以政章说

第二卷　脐噬〇答酒井弹正公书〇北野献策记〇士志论〇治教论〇四言教事书并歌〇孝子于以麻碑〇会泽孝子传序〇居丧论〇渡部子命名说〇蔺相如赞〇讳说〇答古稀贺歌并序

第三卷　邪正说〇知上〇呈佐藤先生〇策答〇诗〇讲小学〇答山田住信〇赠犬饲平七郎〇却鞭禅师之贶辞〇道儒学〇送玉田新平归播州〇静坐说〇茄子发鸡冠花解〇诗〇赠松崎助作惟章〇谏争说〇三畴吟〇弄月窗记〇君子小人辨〇祭山口先生文〇乐山楼记〇送鱼住氏序〇与三宅观澜书〇峨嵋石记〇日用心法序〇西江一水居士碑〇送中村恒亨归〇实斋记〇责善文〇答门人〇存庵记〇劳谦记〇道之以政章记〇拙庵今井君碑〇答原田平八疑问〇藤树先生全书序〇答铃木贞斋

---

① 1936年版作"《正亨问答》"。
② 1936年版作"《执斋杂著》四卷"。

书○古本大学讲义序○祈水文○大久保忠乔君碑○书篆字论语后○醉露菅雄碑

第四卷　拔本塞源论私抄序○答原田平八疑问○拔本塞源论外传○学拔说○生财有大道之说

《杂著》的细目与小野直方的记述以及《先哲像传》的刊载有所不同，故不厌其烦地列举出来。①

第三　学说

执斋起初在佐藤直方门下研修朱子学，对此非常尊信。他以为孔孟之学尽在朱子书中，敬之如神明，信之如蓍龟，若有人稍微涉及其他学说，他常常加以匡正，使其归于朱子才罢休。然而，三十岁左右时他读了阳明的书，便成为阳明学派中人。他信任阳明与曾经信任朱子无异，在答铃木贞斋书中道：

> 仆三十年前，始读新建书，觉有少所益，而后只管信之如神明。今仆年六十而万无一得，虽然，于求德于己，而不责道于人之志，则三十年来如一日。每求助于君子相共成之外，无他心矣。

然而，他并非一味尊崇王阳明而诽谤朱子的偏狭之人，与藤树、蕃山相同，他同时也尊崇朱子，在其答铃木贞斋书的末

---

① 1936 年版中后面增加了"《执斋遗稿》（写本）一卷、《家乘》（写本）一卷、《执斋歌集》一卷"。

尾有："在昔朱文公不信陆之学，而与之交厚，其知有道，而不知有我也。"他称赞朱子不以学派异同而相互排挤。又在答门人书中道：

> 禄虽未必贪，而念虑之间，未能无意，则莫显于幽者，不得自蔽。如人之毁己，虽不甚愠，其闻誉或喜之，则汲汲于名者，我未能自遏。至若立异好奇，排朱张王则不然矣，信王固深，尊朱亦不浅。何者？文公古昔之贤，而文成公亦古昔之贤，而不尊信，则其谁尊信之？虽然，其所以为说四子六经之训，古今人物之评，政事巨细之态，心术本末之切①，则或取之朱子，或取之王子，不以王而苟同，不以朱而必排。故伯夷伊尹，不同道而同为圣，晦庵阳明，不同学而同为贤，司马温公尝作《非孟》而讥孟子，当时虽伊川之谨严，与之友善，未闻其绝交也。故圣人之道，人伦而已，朱子于人伦厚矣，王子亦于人伦厚矣，我岂以为贤而不尊信也。

由此可知执斋的宽宏度量，然而，一到朱子学出现谬误，他便激烈辩论，赞同王阳明的学说，以之为真。

执斋学说的要领在于《日用心法》，此书分为十章，虽有种种品目，但都构成了他进入圣学的过程，现在叙述一下其大意。

---

① 1936 年版作"心术本末之功"。

（一）以立志为始

心乃天理之凝聚，志乃心之所向，心固无不善，故心之所向亦无不善，志于圣人乃志之本体，志于异学乃志之惑。大凡圣书中专门言志，皆谓志于圣道，故志之一字，乃由初学到圣人的学问之全体。立志乃本心存天理之工夫，内外一体，本末相合，故立志乃确定本体道心，以善为善，以恶为恶，决不会因为他事而有所转移，如东倒西歪，难言确立，其归向确定，如同猫捉老鼠，念念不离之。人并非没有本心之光，一旦有想做的事，人欲由心之迹而出，就如同浮云般覆盖，本心之月暗淡，必容易懈怠，故当其懈怠时，应以之为耻责备之。虽责备之，但不能常保持之，志不健全，无受责之地，故若想保持志，则培育之，不使其挨饿受冻。而培育志的方法在于谨言慎行，不违背义与道，一行不可妄为，不矜细行，终累大德，一念不可妄思，差之毫厘，谬以千里。言行乃志之衣，一旦失之，则会受冻，义与道乃志之食，一旦懈怠则会挨饿，若使之挨饿受冻，即便日日鞭策责备，也毫无用处。

（二）以知辱为助

此心无不为父母之遗体，故此身此心皆为父母。今此心为人欲所害，这与斩杀父亲、失去国家有何不同呢？杀父掠国之仇，即便在外不得报，仍寐于苫席、枕于剑，终不得报仇，则至死不止。人欲能即刻现于我身，若等闲视之，则是多么怯懦可怜之事呀！因此，不知耻辱，连鸟兽都不如。

（三）以孝悌为本

孝悌乃天地生生之德，人受之而成仁义①，其发用乃孝悌。诸人虽皆有孝悌之心，但志不足，无法保全此天真，体会生生之德，故以立志为始，以孝悌为本。志乃孝悌之工夫，孝悌乃志之主意，二者为一体，若无本，则何生？若无始，则从何处开始呢？

（四）养气

气乃形体之生意，感受疾痛寒热之物，虽与心无二，但有道与器之辨，能养者用工于心，故从志者，气为之助，理气一也。流于气者，道心微，心身二也。圣贤只确定志，不任凭形气，故和而不淫，安而不危。心囿于气，气为心所治，不能为之工夫，故养气之功不可缺。此意始于尧舜相传的惟危惟微，孔圣之书皆为此旨趣。然而，立此题目，为之下工夫者始于孟子，其论浩然之气，便是如此，以一身言之，从头上到脚下，周流充盈，元来无缺，推广满天地，弥纶宇宙，贯通人我，毫无蔽塞，这难道不是浩然吗？谁人不具备之呢？只因人欲之私覆盖之，天地暂且不论，即便是父子兄弟骨肉之亲，也不相通，虽在闺中闲居之时，但心志愧怍，自身之气难以充满自己身体，如何周流天地呢？然其昏塞于胸中，诚难识取此气之浩大。五常百行，若有一事不快，则心耻气馁，故事事试之，在

---

① 1936年版作"人受之而成仁"。

事物发生时，本心复求于天理，若能应对处理，悠然自得者义得也。如斯在所有事上下工夫，应事接物，没有一件不快之事，若有此气象者乃真正的快心，这即是良知自知之处。仰不愧于天，俯不怍于人，此乃充满天地之间的浩然之本体。初学者只担心失败，若徘徊不前，则本体之工夫很快消失，应一味地勇往直前。佛教徒有句谚语"置之死地而后生"，直面战争之人，应不避死地，追随将军所行，志于圣人之道者应不怕流弊，按照师父指引的轨迹实行。

（五）度量宽广

人之性乃天之命，与人之心并为三才，气亦浩然，天本无量，人的度量有限，为何要划分界线呢？唯受有我之私牵连，使得天受之量狭隘，故有志于圣学者，若打通不了此关，就更无法辅佑了。凡度量狭隘者，虽行善事，却有迫切之病，无从容之气象，易为毁誉所动，难以忍受忧苦。故若其人得志，必报忤恨睚眦之恨，若其丧失地位，不会悲痛伤感。故若度量不宽广，则难以讲说圣学。欲建筑百尺之台必须扩大根基，欲成为圣人必须度量宽广。

（六）气象考

人非圣人，必因气象昏明清浊而有所不同，气象清明时，本心自易发，昏浊时，虽用力勉励内心，而必有许多损失。因此，若不知思考气象，则难以辨别真伪之界，区分进退之位，若经常思考气象，则可知自得诚意之人的不同韵味。自得诚意之人优游恬适，从容不迫，不以事怒，不以物扰，志气清明①，事终而快乐舒畅，具有凤飞千仞的气象，即使濒临死地，也能求仁得仁，又有何怨恨呢？若不然，则虽行善事，而内心痛苦，终而不安，恰逢利害到来时，却为之后悔，此皆出于一时意气，而非产生于本心自得之处。故思考气象，不为一时意气而使役，只责心内省，即刻有所依仗、气从、将士各得其所，事事必有诚意之气象吧！勉励我心乃心之本态，如同睡觉之人听闻君父之大事而觉醒。

（七）内省

言乃心之声，行乃心之迹，只是被私欲隔断，心迹为二。言行虽好，但有所为，则非本心之发现，其心迹为二。人自知是，人不知处己独知，于此处用力，乃诚意之慎独。此自反内省，乃内自讼也。不因天下之人赞誉而欢喜，不因天下之人诋毁而悲伤，应该知道唯有自反内省、心情愉快，才合乎天心。本心即天理，为何烦求于他呢？若回顾之即存于此，自反内省乃存亡之机。

（八）致良知

致知之工夫始于《大学》，将知理解为良知，源于孟子，良乃自然之善，非人为驱使，为圣人愚人所共有，乃人之所以为人之缘由。良能、良心皆同。学亦指学习此天真，欲事事到

---

① 1936年版作"天气清明"。

达此良知之本体。然人拘于气、为物掩盖，天真之光明无法直接发出，但人之所以为人之处尚未灭绝，此光明偶尔会显现出来，见孺子将入于井，必发出怵惕恻隐之心，这岂是安排思虑所为？由此学习，则事事皆事实，致之为学，知善为善，知恶为恶，谁会不明白呢？此乃良知，即明德，谁不具备之呢？良知至，以善为善，以恶为恶，不自欺，自己愉悦，此乃诚意。提到意，则诚，提到知，则致，提到物，则格，实际上皆相同。当今学者不精通心学，不思考，认为良知直接产生于外物，非常愚蠢。其实学而知之亦良知也，至其知亦如此，我所谓良知乃见善好之，见恶憎之，忠君孝亲，不论有学无学，皆知之，此乃人之所以为人之良知，天下之同情，我心同然，与之相背乃违背人之性，祸必及其身，这不是愚夫愚妇也同样具有良知的证据吗？

（九）言行念虑不可妄

言乃心之声，行乃心之迹，思虑乃心之动，人必有此三者，其事分为真与妄，在此处慎重，则是立志养气、内省致知的条目。无妄乃天理之实然、心之本真，若人欲气质蒙蔽而失去其本体，则妄为，此时复求于本心、责志，以耻勉励，养气，致良知，从其处下工夫，则邪妄退去。不可妄发一言，不可妄为一行，不可妄思一念，必问之于良知，本之于孝悌，责之于志，考之于气象，则无所障、无所耻、无所迫、无所畏、无所疑，而后发出之，此乃内外一体，表里合一，以众人至圣人，以一身施于天下之要道。

（十）执中

《尚书·大禹谟》中云"人心惟危，道心惟微，惟精惟一，允执厥中"，此乃先圣相传之旨意。人有此身，必有所自私，难与道合一，是以无志于道之人常自躯壳起念，难以显现其道心，故微。见善必好之，见恶必恶之，此乃道心之发现，而非源于躯壳。至我身，疏善近恶，乃从躯壳自私者也。故人虽至愚，但责人必明，是以天下之眼公见也，人虽至明，但计己必暗，是以一人之身自私也。故人心道心，互为消长，道心专一，则人心消退，人心盛，则道心微。道心微却不知复归道心，其最终离禽兽不远矣，人心危，乃失去道心本体，道心微，乃用人心之事。圣人去人心谓之惟精，复归其道谓之惟一，并非二事，圣学无他，唯一而已。一务谓之精，精之极谓之一，将之合一谓之精，精成谓之一，精乃一之始，一乃精之终，精与一，亦一物也。若非惟精，不能至惟一，若非惟一，则惟精之功止，惟精惟一，允执厥中，去其人欲，复归道心，皆一道也。圣贤本无二语，去人欲，惟精也，复归道心，惟一也，而执中，其至善也，中即心，执中，取心也。求中于事物之末，工夫无安堵之处，若以心为中，则执之有实，工夫有道也，如何取心？常自省慎独，求心戒谨恐惧之，若无少许间断，执中渐以见其功，执中之工夫，若无间断，良心常存不放也。

执斋论述的内容，并没有大加创新之处，也未必有大放异彩的观点，然而，他从王学的立脚点出发，浅显易懂地叙述其信奉之处，足以使得初学者归于正道。若仔细玩味其蕴含的意味，能感受到一种超越尘俗的高尚气象，如"气象考"条目中道"有凤飞千仞之气象"，若无贤人君子的心胸，则无法道破。由此观之，执斋无疑是藤树以后的一位名师，只是他不追求名声，专心用功于修德，故其名声自不用说不及徂徕，也不及南郭等人。然而，从世道人心这点来说，徂徕桀骜怒张的文字远不如执斋平易有益的文字。

执斋的《四言教讲义》亦是金玉之作，但已脱佚，非常遗憾。四言教是王阳明所倡导的，出自《传习录》卷下（五十八页左），其言道："无善无恶是心之体，有善有恶是意之动，知善知恶是良知，为善去恶是格物。"又称为王门的四句诀，实际上是王学派的主义纲领。执斋创作了讲义，为了方便，将顺序反过来，对其主旨进行发挥，现列举其要领如下。

一，为善去恶是格物　　学问难道不是为了避免成为恶人，要成为善人吗？善人的极致应向尧舜看齐，恶人的极致会沦为桀纣的境地，其界限在于一念之间。若期望成为善人，应为善，若想避免成为恶人，应去恶，此乃格物，这是圣门最初着手之实功，在成为圣人之前，无须等待。人在此处，若不坚定立志，万事皆不成，如同造房屋没有地基一样。所谓格物，不是世间他人进行的格物，而是格我心之物，身上显现的善恶皆由心而发，应先体察一念所起如何，为此要确立自反慎独之功。若一言一行都由其本体之善心出发，应尊信之，当下为之；若违背本体，由恶心出发的言行，应羞愧后悔，当下去之。一时如此，则一时朝着圣人的境地前进，一刻如此，则一刻到达圣人的境地，这便是人皆可成为尧舜之道，是皇天之御心，圣人道统之学术，有什么值得怀疑的呢？为其善、去其恶时，生命也无法顾及，谓之杀身成仁，谓之舍生取义，谓之知止，谓之朝闻道夕死可矣，如此坚定立志，对自己的本心发誓，乃入门之始。

二，知善知恶是良知　　学习之人在格物上要有心理准备，哪怕生命变换也要为善，即便粉身碎骨也要去恶，在充分思考的基础上，可以前进十之七八。然而，其所知未必由良知而发，故其认为的善事，可能是恶事，其认为的恶事，也有可能不是恶事。良知乃心之光，照耀善恶，如同太阳区分黑夜白昼，良知乃本体，与人为无关，如同见孺子将入于井，皆有怵惕恻隐之心一样，并非人为，而是由天命之性直接发出的，此乃良知。此外有识知，有俗知世知，有奸知邪知，皆妨碍天然自然之良知，不可与良知混同，由此心体自然的良知出发的善为至善，所谓的真知亦是如此。

三，有善有恶意之动　　在外部探究天下一切事物之理，若我心不诚，即便探究明白反而有害。人心原本至善，若血气生生不止，则必动，其动为意，意虽千绪万端，但简单来说，不出善恶二途。只是自反之功若有间断，则念虑之间不能区分善恶，深化后，在事业上显现出来，至有其害，照良知，则羞愧不已，无论再如何弥补也都无济于事，俄而吃惊而掩盖其不善，欲不现出其害，这是常人的状态，然终不能掩盖，又有什么益处呢？故戒惧之功，不可懈怠，慎独，此乃先圣之学脉。假使失去一念之场，在事业上显现出来，也能返回此一念之场，回归初念，悔悟改正，乃诚意之工夫，一念之界必须慎重。

四，无善无恶心之体　　人心虽有善恶二途，但此乃动而产生之事，动乃气之故，其不动时，只是一光明，此心之本体即寄居人心之天神，此光明与人之意念无关，自然照耀是非，此乃良知。耳朵无五音乃耳朵之本体，没有五音，故听闻五音而无异，若常有一音，则五音皆不同，故无五音乃耳之至善。口无味亦是口之本体，无五味，故区分五味而无异，若有一味，则五味皆不同，故无五味乃口之至善。心无善恶乃心之本体，无善恶故辨别善恶不会出现错误，若有善恶时，善恶皆不同，故无善恶乃心之至善，故至善也为心之本体。

此外，《古本大学和解》与之相同，文字颇有趣味，还有编入《杂著》第二卷的《答酒井弹正公书》一篇，亦不失为有益的文字，其中道：

> 有如此德行[①]，而失之是什么缘故呢？人有此身体，虽为父子兄弟，但也会产生各自的爱己之情。若爱自己，则与人疏远；爱自己，与人疏远，必定产生隔阂，此隔阂命名为人欲之私。若有此人欲之私，就会破坏本心具有的道理，凿性，掩盖本心之光，隐藏明德，本心失所而非中，自欺而非实，人我相隔而非仁，违背应行之道理而非道。损害本心之处，其品虽多，但皆由人欲之私引起，人欲动而伤害本心，其品亦多，其中亦有巨魁三大敌，乃色

[①] 1936年版作"有如此德"。

欲、利欲、名声。

又道：

此人欲之私兴起，伤害本心，这是什么缘故呢？此身有主人，名为心，常居方寸之内，主宰万事。然而一旦此心放飞，不居其位，则三欲大敌产生，伤害此心之德。故学习者，求其放心，若将心纳入原本的方寸之内，则由三欲大敌引发的各种私心便会失去势头，其光明如天性，好比太阳一出来，雪霜立即消失，孟子的学问之道无他，便是求其放心。然而，一旦求其放心，但经常取之的工夫有所间断，本心就会亡失，方寸复又空虚，大敌再次兴盛，这是本心人欲互为敌我双方，胜负相反，云云。

又道：

如今不学圣贤之心术，只见其形成的事业，认为圣贤探究一切事物，尽其知，想着模仿其所知，实行之，自然就是圣学，这即是霸者的行为。虽效仿知行，但并非天道，只是义袭而取之而已，这样已无心法。探究知识，探寻一切事物的道理，就如同在无灯的暗夜里寻找东西，所知虽然相似，但最终并非自得之学，反而在人我之间产生隔阂，人欲之私得势，安排措置，形成意必固我。故学习的诸生大都不如常人，教学的老师比偏执的诸生还多。这是为什么呢？因为未去三欲之大敌，若其所知越多，其所知就会助长一己之欲，自然就会高傲，轻蔑别人。若其所行胜于别人，其所行也会助长一己之欲，自然就会高傲，轻蔑别人。譬如食物救人性命，若一日无食，就会死，但人因进食而受伤，若不去除食毒，弥补损伤处，持续进食的话，则会加重病情，人的性命将尽矣。

执斋内心深处有自得之学，不为外界事物所动，关于这一点，绝不可轻视。《存庵记》中道：

> 君子可以存心于己，而不可用意于物也。心存于己，则神肥于内，德全于我矣，虽处天下万机之变，常有余裕也。故其于死生祸福之间，一如烟云度大空。

最后两句是通过王学培养的绝大之气象，的确具有天马行空之趣。他又在《四言教讲义》的末尾道：

> 我将此四言的这一句理解为初入门的誓约，斋戒沐浴接受之，为其善，去其恶，在成为尧舜之徒之时，我体会到舍弃生命乃本望，自己应对本心发誓。在此，坚定决心立志时，世上一切的利害、名声、得失之类，一如烟云度大空，以至心不动。

他得到如此寂然不动之地位，完全是因为在一念隐微之处下工夫。他不主张博学多识，认为仅当下达到开悟的境地正合适，所以他认为学问只要了解《大学》一部就足够了。他在题为《道儒学》的文章中道：

> 古之设学校也，教人以洒扫应对进退之节，礼乐射御

书数之文，与穷理正心修己治人之道，而其治在《书》，其节在《礼》，其律在《春秋》，决疑事是《易》，正性情是《诗》，和神人是《乐》，求其道于《大学》，讲其理于《论语》，察其变于《孟子》，归其极于《中庸》，而其阶梯则濂洛关闽之书也。

又列举其要点，道：

初学入德之门，无如《大学》，未有能通《大学》，而不通《论》《孟》者，《论》《孟》已治则六经可不治而明矣，而濂洛关闽之书，亦在其中也。

《大学》之书，尤其是《古本大学》，是王学依据的书，致良知之说、内外一致之说、知行合一之说，无不在其范围内，执斋将《大学》视为初学入德之门的书，并非没有缘故。

在执斋那时，常陆①有一位名为繁伯的人，他深信阳明学，为其门人讲解《古本大学》，著述《古本大学讲义》，执斋为之作序。②繁伯的事迹尚不详，故暂且附记于此以供参考。

第四　三轮执斋有关文书

《先哲丛谈》③卷六（原念斋著）

---

① 1936年版中"常陆"被删掉。
② 1936年版中此句后面增加了"繁伯姓千叶氏，号松堂，常陆人"。
③ 1936年版作"《先哲丛议》"。

《先哲像传》卷三（原德斋著）

《续近世畸人传》卷二

《献征先贤录》

《执斋先生闻见录》（松下伯季著）

《隐秘录》卷三

《大冈诚忠录》

《默识录》卷二（三宅尚斋著）

《学问源流》（那波鲁堂著）

《日本诸家人物志》（南山道人著）

《鉴定便览》卷一

《日本名家人名详传》卷之下

《名家全书》卷一

《史料原稿》一卷

《日本之阳明学》（高濑武次郎著）

《近世德育史传》（足立栗园著）①

补正②

浏览侩邓岭所撰的《大村氏元祖如翁道慈居士碑铭》，白木屋的元祖大村彦太郎于宽永十三年（1636）生，元禄二年（1689）殁，享年五十四岁。而他最初在日本桥通开设商店实

---

① 1936 年版中后面增加了"《日本伦理汇编》卷之二"。

② 此处为 1936 年版附录 1《补正》对三轮执斋这一章中出现的大村彦太郎、繁伯的补充。——译者注

为宽文二年（1662），故与《献征先贤录》的记事和时日有很大差异，姑且存疑。

我叙述了繁伯著述《古本大学讲义》之事，后得其《古本大学讲义》检查之，版本大概有七卷，最后记有"享保十八癸丑岁孟春吉日版行"。书中没有繁伯的名字，这点有些奇怪。然而，其书不仅屡次言说执斋之事，又与执斋所言一致，以此观之，其无疑为繁伯著书。他论述《古本大学序》道：

> 不过，应称为《大学》，却冠以古本二字是由于朱子曾修正过一次，到明代四百年来，古本废弛，只有朱子的新本备受称赞，就是当今的《大学章句》。但是，明代的阳明先生又恢复古本，想着其可能与朱子的新本混淆，便列出古本二字。此序本在阳明文录中，三轮执斋氏在梓行《古本大学》时，将其抽出来列在篇首，而且文录中是《大学古本序》，其将之前后颠倒改为《古本大学序》，序的末尾又没有名字，想着读者会疑问这是何人的序，便加上阳明先生撰五字，云云。

由此以其言可验证之。

第五章

川田雄琴

附氏家伯寿

  三轮执斋有位叫川田雄琴的门人，其名资深①，字琴卿，又字君润②，号雄琴，又号北窗翁，江户人。生卒年月不详，但明确的是他在元文、延享年间较为知名。③起初他侍奉莳田侯，因故致仕离开。到了享保十八年（1733），通过三轮执斋的推荐，大洲侯（加藤远江守泰温）厚礼聘他，雄琴便作为臣子，将住所迁移到大洲。大洲曾经是藤树作为臣子侍奉的地方，此时已历经一百年，雄琴继承藤树之遗绪，讲述躬行实践之学，大兴国内之风教。雄琴有一年出于需要到郡中巡行，教导人民，每次讲席都有一二百男女僧俗轮流来听，场地边缘都崩塌了，巡行一周期间，听讲者达二三万人。雄琴最初跟随梁田蜕岩学习，蜕岩谓之曰：

---

① 1936年版作"川田雄琴，名资深"。
② 1936年版作"又字君渊，通称半太夫"。
③ 1936年版作"宝历十年（1760）十一月二十九日殁于大洲，享年七十七岁"。

第五章 川田雄琴 附氏家伯寿

余以一日之长，文艺则为尔师，至明道义穷心术，尔当就三轮执斋而学。

于是，雄琴通过蜕岩的介绍，执贽执斋，开始讲道义之学，自此他崇尚余姚之学，推崇精思力行、知行合一之宗旨，最终继执斋之后倡导此学。执斋在京师养病时，雄琴偶尔去京师询问其病情，执斋曰："为何担忧我的病呢？值得担忧的，不是我的病。"因此，他又嘱托雄琴曰："你好好从事斯道，使之在豫州兴起，豫州即中江子出身之地，一定要建立祠堂进行祭祀，使其德永远流传。"于是亲手将王阳明的肖像与藤树的真迹传给雄琴。执斋曾在江户下谷创办明伦堂，教授诸生，晚年他前往京师时，让雄琴代替他主事。然而，不久执斋在京师去世，雄琴亦奔赴大洲，为此大洲侯将明伦堂迁移到大洲，延享四年（1747）秋，堂宇始建成，即称其堂为明伦堂，其书院为止善书院，雄琴作《止善书院记》，道：

深恒慨东西都文华之盛，世不乏其人也，而我豫州西海边夷，地僻人顽，与闻斯文者希焉。惟藤树先生长于此，旁无师友，而自寻濂溪明道之宗旨，开考亭姚江之蕴奥，探洙泗之渊源，推邹鲁之本根，遂悟无声无臭之本然，无方无体之妙要，不知不识之帝则于自己固有之良知矣。不独善其身，虽东西都人士，窃取法于此者，亦不鲜焉，何必彼夏而此夷哉！然先生去兹土既百有余岁，物换星移，流风渐衰，俗习日滋，文献拂地而空，礼乐典章废而不讲，其间谭性命，论经济者，非缁徒之说法，则兵家者流之赏罚，诬民诳人焉耳。先生之德泽于是乎几绝矣。

先是本邑始有黄鸟，来止于大洲世臣滕大夫之室，睍睆好音，闻者悦焉。深尝谓是斯道之再兴于兹土之先兆哉！辛酉秋，故滕大夫高忠张黄鸟之□于席上而召深曰："请为吾作止于至善之说而赞之。"深固辞弗获，遂书以赠之，且曰："大夫之室，乃藤树先生旧宅之东邻也，而既有黄鸟之感，今亦讲止于至善之学，深窃悦乎斯道之将兴也。"大夫曰："诺，顾侯之德一日新于一日，臣见其进，而未见其退也，然则道之大行也，可立而俟耳。"

甲子之冬，阳复之月，深辱承严命，营文成公与藤树先生之祠堂，不幸侯罹疾，事未成而卒，今年夏五月桥大夫与有司议而经营之，今既落成矣。兹者同志松本久丰以藤树先生书缗蛮章于黄鸟之画而自为之释者，与深曰："是我先大人之家藏也，今也先生之堂及讲学之书院成矣，因以属之子。"深曰："时哉时哉！"祠堂及书院成矣，而未得其名，深谓夫名者，实之宾也，觚不觚而谓之觚，夫子既叹之，然则虽一物之微，岂可容易名之乎哉？矧于讲学书院名教之所系者乎？向深赞黄鸟之画，以应大夫之需，今子亦以先生所书黄鸟赞赠深，先兆后征，如合符节也。语曰：国家将兴，必有祯祥。斯道果可以兴与？因名曰止丘书院也。已顷之顾丘先圣之讳也，不可不避，盖绵蛮诗止于至善之传文也，从经而可谓止善书院矣。先生尝以母疾乞骸骨，其书曰："母卒，再来仕于兹也。"不幸先其母者,命也。然则此地固先生当止之处也,而今日祭其神于兹,岂非先生之素志也哉?于是书向所著止于至善之说,并以为之记云,其说曰:

或问:如之何可以止于至善?曰:纯一无杂而已矣。敢问。曰:至善无定体焉,而止亦无定处焉。盖至善者,天命之本性也,而其发见灵昭不昧者,是乃明德之本体,即所谓良知者也。纯一无杂于其本体良知,则无往而非止于至善矣,盖文王之止于仁敬孝慈信,是也,所谓安身立命之灵枢也。人惟不知至善之无定体止之无定处焉,又不知至善之在吾心,用其私知,求之于外,以为事事物物,各有定理也,求至善于事事物物之中,而欲知所当止之处,是以揣摸天下千万之理,而搜索天下千万之止,支离决裂,错杂纷纭,遂昧天然自有之中,丧民彝物则之极噫!亦过矣哉!诸同志须先知止于至善之说,此说一明,则庶几学必有所本矣。王子曰:止于至善,以亲民而明其明德,是之谓大人之学。若欲明明德,而不知止于至善,则骛乎过高,失之空寂,而无有乎家国天下之施。若欲亲民,而不知止于至善,则溺乎卑琐,失之权谋,而无有乎仁爱恻怛之诚。故止至善之于明德亲民也,犹之规矩之于方圆也,方圆而不止于规矩,爽其度矣,明德亲民而不止于至善,亡其则矣,大人之学,何以成之?且曰:《大学》之要,诚意而已矣,诚意之极,止于至善而已矣,能止于至善,则意诚心正身修家齐国治天下平矣,是故曰:止至善之说一明，则庶几学必有所本矣。此说也虽本于先贤之意，深不娴文字，必有买柜而还珠者，览者幸正诸。

执斋曾经属于长崎的镇台（即御番），他从中国那里得到了两幅庆山所画的王文成公的画像，一幅放在江户下谷的明伦堂，另一幅交付于江州的藤树书院。交给藤树书院的画像由雄琴带着送到小川村，放在明伦堂的画像又移置到在大洲再兴的明伦堂中。关于藤树的祠堂，在大洲先侯时就已经计划建祠堂了，嗣侯继承之，堂宇终于建成，于是让雄琴进行祭祀。雄琴有一篇祭祀藤树先生的文章，其中道：

> 恭惟先生长于兹土，深希圣贤，遂悟良知之外更无知，致知之外更无学之本旨。木铎大振于海内，诸生日益众多矣，尝告门人以天下第一等人间第一义，无别路之可走，无别事之可做，呜呼盛哉！德业辉当世，余训逮今日，虽驽劣如深者，良知之明，较知所向，况景慕笃信之士耶？可谓大赐后世。

雄琴追慕藤树的深切之情，决非寻常，无须怀疑，苟有至诚之心足以感动后人。雄琴同时也祭祀王阳明，《告文成王公藤树江先生文》乃祠堂落成时的作品，其末尾道：

> 深前日所获三生氏藤树先生家藏之圣像，安诸正位，置王江二先生像于左右。

由此观之，他将孔子与王江二氏合祭在同一祠堂中。

第五章　川田雄琴　附氏家伯寿

雄琴的著书，我仅见过《藤树先生年忌说》一卷及收入藤树书院的《明伦堂记》一卷①。《续近世丛语》卷一开头刊载了雄琴的小传，末尾有句"著书十余种藏于家"，由此观之，像是一本也未经付梓②。雄琴著述的《大洲好人录》有五卷，③此书④起稿于元文二年（1737），完成于延享二年（1745），其间历经九年，立传的有四十余人，其中加上列举的人物，达到八十人，皆为大洲孝悌忠信之人。⑤

有人说雄琴将执斋的讲义记录下来，整理成《传习录讲义》⑥，颇为后人珍视。很遗憾我还未见过此书。⑦

雄琴在《祭执斋先生文》中道："中江子既没，仅百年矣，吾党各以己见立说，或以无为良知，或以有为良知，或以有无之间为良知。"可以推断出当时姚江学派之徒形成各种分派的情况。

与雄琴基本同时代，有一位名为氏家伯寿的人，亦属于阳明学派，氏家氏，名九龄，伯寿为其字，号盖山人，通称庄五郎，近江人，生卒年月不详，想来他应该擅长书法吧！《和汉书画集览》与《鉴定便览》等都有其姓名。⑧

---

① 1936年版作"雄琴的著书，我仅见过《大洲好人录》五卷、《藤树先生年忌说》一卷及收入藤树书院的《明伦堂记》一卷"。
② 1936年版作"像是大多都未经付梓"。
③ 1936年版中此句被删掉。
④ 1936年版作"其著《大洲好人录》"。
⑤ 1936年版中此后增加了如下内容："雄琴的曾孙履道，通称宽平，学于佐藤一斋，崇尚阳明学。安政三年（1856）正月殁于江户，享年四十六岁，其事后见于《阳明学》第五十号。"
⑥ 1936年版作"雄琴曾将三轮执斋的讲义记录下来，题为《传习录笔记》"。
⑦ 1936年版此句改为："明治末，被收录于《汉籍国字解全书》中。"
⑧ 1936年版中后面增加了"事迹详见于《续近世畸人传》卷之二"。

| 第六章 |

中根东里

第一　事迹

东里姓中根氏，名若思，字敬父，号东里，通称贞右卫门，伊豆下田人，生于元禄七年（1694）。东里之父，名重胜，字子义，号武滨，三河人，延宝年间游于伊豆，于是移居于此，娶浅野氏为妻，育有五男一女，然而唯有东里及其弟孔昭（字叔德，号鸭居）二人存活，其余诸子皆夭折。重胜在下田置办家产，以农桑为业，又善医术，因此求医之人日渐增多，他的名声逐渐在乡间响亮起来。东里十三岁时，父亲去世，侍奉母亲孝顺恭谨。他的母亲为了祝祷亡父冥福，命令东里出家为僧。起初东里进入本地的一座禅寺，削发为僧，法号证圆。后登宇治黄檗山，师从悦山禅师。日夜精心研习，以求得佛祖之真面目。然而禅宗课业，不许博览群书，东里渐渐厌其检束，暗中离寺前往东都，居住在下谷莲光寺，研究净土宗的学问，遍读经典。其寺主雄誉上人与徂徕相交，屡屡称赞东里将成大器，为人明敏，与众不同。徂徕听闻后对他大加赞赏。他曾经试着让东里句读一本李攀龙的《白雪楼集》，东里在这本书上附加了汉文旁注和音读后还给徂徕，当时年仅十九岁。东里又曾作文，将文章展示给徂徕。徂徕看到一半就弃之不阅，心中认为这并不是一篇佳作，并且如是说："如果想要学作文章，最好读《左氏》及《史》《汉》。"东里于是取来《左氏》，伏案阅读，作一序展示给徂徕，徂徕阅之以为善，在其文后题曰"非复昔日阿蒙也"。之后东里又作一传交给徂徕，徂徕大为赞叹，看向座上宾客说道："如是之后，方可称学过《左氏》。"由此，东里在都下渐渐有些名声。一日，东里患病，俯卧于佛殿后房，想要将养生息。偶然取得桌几上的书籍，信手翻阅。翻到讲孟子浩然之气的章节，于是反复阅读，慨然叹息道："道之广大简易，如是矣。然而追寻浮屠的虚诞，是多么茫然，这岂不是耽误了一生吗？"从此有了还俗的想法，于是返回故乡，向母亲请示还俗的事情，但母亲不同意。幸而其伯父颇有学识，向其母请求道："舍子为僧，是弃之也。彼今欲还俗，是再得一子，宜速听之。"母亲认为说得有理，于是允许东里还俗。东里大喜，又至东都与寺主雄誉上人谋划。上人颇具鉴识，任其在寺中别社蓄发。东里益发刻苦读书，不舍昼夜。此时却与徂徕之间产生了嫌隙，以至于彼此不能相容。东里颇受徂徕眷顾提携之恩，按照人情义理，还俗之事应与徂徕商量之后再做定论，然而东里做此决定且蓄发百日有余之时，徂徕才听说此事，因而不悦。东里又怀疑其论说，著书驳斥，陈述己见，山县周南、大宰春台等看到他的文稿，大为光火，抵触排斥，阻拦妨碍，东里不能再入其门学习。东里也对徂徕之学抱有疑惑，厌弃所谓的修辞之业，取其所作文章，将之悉数投于灶中焚毁，从此还俗自称中根贞右卫门。

室鸠巢引荐东里，想要将他招至家中。东里素来仰慕其学识，于是委质①求学，以室鸠巢为师，时年二十三岁，正值享保元年（1716）正月。东里跟随鸠巢在加贺求学两年。享保三年（1718），从加贺返回，又在东都八丁堀居住了一年，之后离开前往镰仓，在鹤岗庙前住了两年，其间与弟弟叔德一同以贩卖木屐为生。适逢同居之人患病，家贫无力购买药物，东里典卖全部经籍、衣服帮扶他。不久东里又游于东都，侨居在辨庆桥畔，教授诸生，常甘于没落，不欲与当时的名家相颉颃。若缺乏资用，就在市集上贩卖针线，并编织竹鞋出售，仅赚取数日费用，就闭户读书，沉默自重，除了从游之士，不接见外客，时人称其为"皮履先生"。一日，有人进献一套《王阳明全集》，东里原本不以为意，俯卧在床榻上翻阅，读到其致知格物、知行合一之说，肃然变色道："所谓孔门传授之心法，尽在此书中，何以如此之晚才读到此书！"从此皈依王学，学问完全改变。享保年间，游于下毛植野，在金信甫家中讲授《传习录》。延享年间，又游于上毛下仁田，在高克明（字子九，

---

① 委质：放下礼物。古代卑幼拜见尊长，不敢行宾主授受之礼，把礼物放在地上，然后退出。也写作"委挚"或"委贽"。——译者注

号启峰）家中做客。东里过去就喜爱旷野之清闲，如今益发厌恶都会之烦扰，于是移居下毛安苏郡的天明乡，建了一座茅屋，将之命名为知松庵，在此居住，专门倡导王学，劝导子弟，阖境因此感化。众人追慕东里，即使是妇人小儿之辈，也知晓东里的大名。东里晚年多病，欲靠亲戚养老。至宝历十二年（1762），住在浦贺，作《大人歌》，又作《人说》，以此明示天地万物一体之义，都是他晚年开悟创作的文章。东里自知死期将近，宝历十二年冬，择东岸之地，修建墓石，等待天命。翌年正月，在给门人须藤温的书信中写道：

> 老生今年七十，实乃意外之寿数，乍然自省，考度精神气血，生命决以今年为限。

然而东里在这一年并未去世，而是在明和二年（1765）二月七日于浦贺病逝，享年七十二岁，葬于海关显正寺内。东里无妻室后嗣，临终以门人藤梓为嗣。著作集仅有《新瓦》一篇，除此之外并无其他。门人须藤温（字子直，下毛人）编辑其诗文，收录为《东里遗稿》一卷，后又有下毛的服部政世（号甫庵）编纂其书牍及杂文集成《东里外集》一卷。

东里资性狷介，高洁自持，不求苟存于世，毫不为利所动，唯义而立，因此交往者无不忌惮。如室鸠巢，特爱其不向强权低头、缄默无争。

东里的父亲善饮，每次外出回家都很晚，东里常常点着蜡烛等待他回家。他曾经到途中迎接父亲，但父亲大醉，分不清来者是东里还是他人，于是大声叱骂，而后醉倒在树下，即便被东里扶起也未能清醒。东里于是返回家中取来床帐,又因为害怕母亲不安,谎称父亲留宿在别人家,今夜喝醉的客人很多,那人家中又无多余的帷幔,于是来取家中的床帐,父亲和自己一起留宿一夜后再回来。于是回到父亲醉倒的地方,在树上张开床帐,终夜守护,等到父亲睡醒才扶着父亲回家,于是乡人皆称赞其孝顺。东里原本对文学十分感兴趣,精于诗歌文章,然而他在晚年专心研究道学,绝无旁念,曾对门人须藤温说道:"贱躯老疾交集,凡百好事皆以废,唯好学之志,日益壮矣,死而后已。夫往时所作之文章皆浮华之言,恐误己误人,今悉弃之,机上独余《大人歌》耳。"由此观之,其所作文章化为乌有的不在少数,实为可惜。如今品读《新瓦》这一篇文章,实在是千载难得的名文。柴野栗山、古贺精里、太田锦城等人交口称赞,极尽赞赏之词。东里在下毛天明乡时,弟弟叔德曾带着幼女芳子从相模前来,将女儿托付给东里后返回。当时芳子年仅四岁,尚未开蒙,东里创作了一篇关于教训的书,题名为《新瓦》,在其一端画上鸟兽,用朱色、绿色装饰,将这本书赠予芳子赏读,大概有几分芳子可以因此阅读这本书的期待吧。其教诲幼女的切切情意,实在是出人意料。《新瓦》之外如《菅神庙碑》,亦是不可错失的绝妙好辞。田沼谦曾注释这篇文章,命名为《菅神庙碑解》,作为单行本公之于世,《先哲丛谈后编》卷五中写道:

> 东里诗才隽逸,文尤跌宕,机轴可观矣。若下毛天明乡《菅神庙碑》、《相州鹤冈祀堂记》,近世柴栗山、井四

明、太田锦城等诸家皆称曰：庆元以来肴有①绝无之文。

然而其中提到的《相州鹤冈祀堂记》在《遗稿》《外集》中都未被收录，可谓十分遗憾。东里诗篇也被当时之人传颂，现在列举二首如下：

谒菅相公祠诗

衡茅露为霜，蟋蟀鸣荆扉。幽栖莫与欢，田野谁相知。开帙恋前修，曳杖望广畦。

广畦坦且静，中有菅公祠，郁郁松垂荫，森森梅交枝。就阶修礼容，凭轩想昔时。

昔时何罔极，纷纭乱是非。路险豺狼嗥，林昏鸱鸮飞。休勋沦西海，遗爱泣群黎。

况复流离子，感物心伤悲。仰叹桂华落，俯惜蕙草萎。风厉诵《甘棠》，天寒怀缊衣。

恨恨不能去，含情涕涟洏。聊知巴人曲，以比祝史辞。辞殚情未已，徘徊恨晚晖。

送芳子归相模诗并序

芳子与余寓于下毛，语在《新瓦》，宽延庚午秋，其伯母自乡里召之，将厚养之，明年春芳子年八岁，亦欲往焉，遂与其父俱行。余喜芳子之得其所也，欲其克有终

---

① 1936年版作"希有"。

也，故作斯诗以祝之。

　　莫春春服成，游子方翱翔。况乃与乃父，携手归故乡。芳草萋以绿，鹧鸪鸣路傍。伯氏既仁厚，故旧亦温良。尔将承其德，永系于苞桑。此行尤可乐，别离曷足伤。但母之不存，岂不断中肠。庶几遂爱日，令老亲复阳。纵见上林华，勿忘旷野霜。

这样的诗篇，如果没有深厚道义的底蕴，是无法创作出来的。虽然徂徕集中也有格调高古之作，但这种真挚恳恻的文章，吾人还未发现。

第二　学说

东里屡屡变更其所信，就这一点来说，可谓比石庵更甚。他最初为僧修习禅学，修成之后又学净土教义，不久喜爱儒教，归于蘐园之学，然而忽又厌弃此学，师从室鸠巢信奉朱子学，后又一变皈依阳明学，确实变化无定。如果将石庵称为鹝学问，现在又该如何描述东里呢？我确实不知道该用什么样的名称来形容他。然而他在享保年间一度归于阳明学，信念日坚，再无动摇，特别是在晚年，益发贯彻其所持信念，在其中施展其自得之处。

东里阐释万物一体之理，认为人道之本源就存于此处。也就是说，他从一元世界观出发，演绎仁之本体。在《大人歌》中写道：

> 天地与万物，浑然惟一人①，阴阳为呼吸，四时是屈伸，分野唯虚名，全体靡不均。

这是将世界作为人之大者。又在《人说》中写道：

> 人者，天地之心也。故天地者，人之身也。云云。宇宙即是人，人即是宇宙。人之大全也。

东里就是如此将宇宙作为人的身体，将人作为宇宙的心意，人与宇宙合一，意味着超越常识的伟大人格，并将其作为人的全部，也就是说，人类的理想就在于成就如此伟大的人格（Personlichkeit）。而伟大人格的本体，唯仁而已。关于它的意义，东里在《一体之训》中叙述道：

> 《泰誓》有言："惟天地万物父母，惟人万物之灵。"若天地果真为万物之父母，万物乃是天地之子，未有子与父母非为一体者。《礼》曰："人者，其天地之德。"又曰："人为天地之心。"若人果真为天地之心，天地乃是人之身，岂有身心非为一体之物？岂有心德非为一体之物？万物之区别，如同一身之中耳目口鼻手足肩背，各有其分，或者贵上，或者贱下，或远或近，或大或小，其差等节目，不得混同。然而周流精神，贯通脉络，疾痛欢乐感触，无不应神。因此为上者，爱其下属，为下者，敬其上司，不遗忘远处，不忽视近地，大事字小，相助相安，天

---

① 1936 年版作"浑然唯一人"。

下同乐，天下共忧，此为尧舜之治，圣学之大本大源也。吾辈未曾于此专心致志、讲究体察，逐末随流、追逐时势而不知返，荒废时日，遂至虚度此生。以其为然者，何如？于一体之中以己为异，故各自高筑藩篱，若如此，人只是一团血肉而已，岂可堪为天地之心，云云。明道曰："仁者以天地万物为一体。"并不局限于一己之身，天地亦为自我，万物亦为自我，我与天同高，与地同厚，与日月同明。学者诚存此心，定其气，去人我之见，战胜意必①之私。若真诚体察之，天地万物，于我无毫末之间隔，应信圣贤诚不欺我。况阴阳五行之人，与天地四时，往来变化，曾无内外彼此之别，喜怒哀乐、视听言动，于天地万物之间，若有一毫之间隔，如斩如刺，疾痛恻怛，难以忍受，若非一体，岂可如此？是以古之圣贤，如人饥溺，若一人不得其所，则推己及人，如纳沟中。先天下之忧而忧，汲汲遑遑，无暖席之暇，故求其纷扰，不以为自身之劳苦，只是万物原与吾一体，生民之困苦荼毒，无一不是吾切身之疾痛。不知吾身之疾痛者，必是无心之人。程子学而有言，《礼》与《泰誓》，皆言圣愚一同，夫天地万物本为一体，天地万物本为一物，所谓格物，仅格此一物。所谓格此一物，回复其本然而已，圣人之学，广大简易，如此而已。宋倡导明道，阳明于明将此融和，以宇宙之大全示于天下万世，其盛德大惠，百姓得而无称，云云。

---

① 出自《论语·子罕》："子绝四：毋意，毋必，毋固，毋我。"意指凭空猜测主观臆断，必指对事情持绝对态度。——译者注

人，若知万物一体之理，自他之别，彼我之分，忽然消灭，亦不存在任何樊篱，融合相即，继而开悟我即宇宙，宇宙即我，才能实现对仁的最初体察。体察仁，实行仁，即学问之本领。《人说》中有言："学问之道无他，撤其藩篱而已。"即是说首先应打破执着于个体（Individualitat）的我见。打破我见，实为到达仁之关键，如打破我见，兹以得仁，因此说"学问之道无他，撤其藩篱而已"。学问之本领，唯实行仁之事而已。这个观点在《学则》中有详细的叙述，因此现在将其摘录如下：

学则

圣人之学为仁而已矣。仁者，天地万物一体之心也。而义礼智信皆在其中矣。盖天下之物，其差等虽无穷，然莫弗得天地之性，以为其性，得天地之气，以为其气，此之谓一体。是故自我父子兄弟，以至于天下后世之人，皆吾骨肉也，日月雨露，山川草木，鸟兽鱼鳖，无一物而非我也，则吾不忍之心，自不能已矣。是故己欲立而立人，己欲达而达人，己所不欲，勿施诸人，人之善恶若己之有之，先天下之忧而忧，后天下之乐而乐，是之谓仁，是之谓天地万物一体之心。其自然有厚薄者，义也，譬影之参差，非日月之所私焉。礼其节文也，智其明觉也，信其真实也，是心之德，其盛若此，但为人欲所蔽，而不知其所谓一体者安在也。营营汲汲，唯一己之名利是图，甚者视其一家骨肉之亲，无异于仇雠，况他人乎？鸟兽草木乎？

然而心之本体，则自若也。其感于物也，辄戚戚焉。如痛孺子之入井，闵觳觫之牛之类是已①，况于吾父子兄弟，其能恝然乎，譬如虽云雾四塞，然日月之明，则无以异，才有罅隙，辄能照焉。圣人之学，岂有他哉，胜夫人欲，以尽是心而已矣，盖合内外，以平物我而已矣，此之谓为仁，此之谓好学。于戏！其广大而简易若是矣！彼以文辞为学者，陋矣，求义于外，惑矣②。吾惧学之日远于仁也，于是乎言。

仁乃良知之异名，所谓致良知者，实行仁而已。学问的目的只在于成仁，一以贯之，毫无歧路，因此直截易简，不会有超越此物者。他在给须藤子的书信中写道：

无需那么苦心孤诣，十分易简直截。万物之多，万物之繁，万方之远，万世之久，一以贯之，道理有之。

他又在给桃野子的书信中写道：

天地万物，唯一物也，格物乃格此一物而已。譬如大树，其枝叶花实，即便百千万亿，只是一木而已，故唯养其一根，其百千万亿之枝叶花实，无不繁盛生长。此乃至简至易之妙法，格物之大全也。

学问的目的已经阐释得如白日普照般明了了，即便不应再

---

① 1936年版作"闵觳觫之牛之类是已"。
② 1936年版作"求美于外惑矣"。

迷于邪路，但踌躇顾盼，难以决断，也不能实现志向。于是他在给柳圃子的书信中，叙述了迅速决断的重要性，写道：

> 既做此，又做彼。勿要徘徊顾望，荒废时日，乃至遗恨无穷。岁月流逝，大福不再。此生几何，岂能忍以万物之灵，屈冲天之翼，与鸡鹜为伍？

又在给须藤子的书信中写道：

> 老拙若有一日之命，勤于学问一日，死而后已。只此一愚见，欲传达同志，此若以婚宴为喻，老拙即为媒妁。

东里并非仅仅说教众人，而且亲身实践自己的言辞，以示模范。他又担心学者骋于身外之物，流于迂阔。在给桃野子的书信中他又论述学问方法，写道：

> 若说俗人之学，以读书为第一义，字字句句，解释分明，以为成功。圣学之成功，与之相较，更为博大。经传之中，指示斯学之大头脑之处，读解皆易，明明白白，如青天白日，不用注释，不劳思虑，即可通晓，只是择而反复玩味，全无不足。勿要于无益之文字上，读其难读之处，解其难解之处，以至于空费精神、虚耗光阴。若见不得大头脑，即便是五经四书，如同指月之指，见月者，可忘其指。牵制于文义，迷其根本，即是以指为月。象山先生曰："学苟立本，六经皆我注脚也。"致良知乃斯学之大头脑。良知之本体乃天地万物唯一身也。若提撕此本体，

格物之功在其中，是则一以贯之。譬如舂米，唯用力于一杵，亿万之粒米，尽可精白。故王子晚年之教，唯致良知，若不及格物，不知提撕此本体，更以格物为事者则如无根之木、无源之水，如同舂米失其铁杵，只得一粒粒磨刮一般。此乃世儒之学，支离决裂，牵滞纷扰，终不成功之故。

又在给柳圉子的书信中写道：

圣人之学，五经四书及阳明《传习录》文录中已然全备，勿求于其他。若于上述之中求其概要，其概要中求其至要，还有何不足呢？吾辈向来被歧路迷惑，于此无所定见之故。

至此，东里虽然将学问的范围愈加缩减，但是其自得的道义观念却愈加精妙，大概与古之圣贤的领域相接近了。又在给雷泽子的书信中写道：

勤于圣人之学者，胜私改过，涵养品德，及至信仰天地万物一体之道理，如同长夜天明，如同卸下重荷，如同盲人复明，想必内心十分愉悦吧，旧恶、前非、后悔、遗憾，皆为昨夜之梦、昨日之风雨，还有何种忧愁悲伤之事呢？若年轻人知此意味，不厌可期之学问，精心竭力，传教之人与求学之人，拘泥文字之表意，却不闻心之安堵。空度光阴，如同迷梦般渡过此生，确实可悲！老拙近年之前，不知此学问，徒耗日月，余命之年，只愿将此悲尽数释怀。

又写道：

> 好名之心乃学问之大魔，应尽早弃名勤实。老拙自小好名之病深矣，近年以来觉察外界之纷扰，疗治之力弱哉，如今难以言尽。若说爱惜名声，即便传闻为益事，而圣人之学讲求珍惜道义，不贪图虚名。若存沽名之心，全部事宜，皆为粉饰外间传闻，全无真实之心，则不免恐惧世上传闻而多生顾虑，终至为名而舍能。比如，假若存高大之名声，却丧失道义，羞耻悔恨日夜萦绕心间，并非值得羡慕之事。若于道义上无所缺，心宽气顺，无丝毫不足，即便世人如何讽刺嘲笑，也毫不挂心，思虑各自乐趣。义与名，即玉与石，勿要取舍错误。

由此观之，东里将自己的心作为世界的中心，已然达到寂然不动的境界。如此，平生毫不为外物左右，外物反而以自我为枢纽，于周围呈变迁流转之状。东里视声名毁誉如过眼云烟，一看即过，漠视名利如尘芥一般，也就不奇怪了。并且他又破除迷妄，日夜不停，向往心之光明，宛如孤鹤之声直冲空明之际，其高尚崇大，迥然超绝尘俗之外。然而，人之为人，皆有情欲。情欲，引诱人堕落，其作用甚为猛烈。因此，如果没有进行降伏情欲的修行，那么无论学问的目的如何高尚，也不得不承认实现目标的希望十分渺茫。为此，东里就必须时时刻刻、毫无间断地与情欲的侵害进行斗争的观点展开论述。他在给柳圃子的书信中阐释了屈服的弊端：

> 若要降伏此大魔（即退却），小善也是杯水车薪，劳而无功。若探寻其由来，是从吾志并非诚一真挚处诞生。是故学者之务，只在于每时每刻体味省察吾志是否诚一真挚。免遭此患之道，仅在此一方。无需智谋，无需才略，只是一心一意，攻击裁断此屈服之念，回归吾良心之本然而已。譬如于四方无援之地而被强敌包围，若不用智谋才智则难顾前后左右。只一心击破大敌保全自身之外，别无方便之法。今日如此修行，明日亦如此修行，不闻声色，不视名利，贫贱不屈，患难不退，疾痛死亡亦不退缩，无时无处，不以降伏此大魔为己务，用力日久，直至彼衰我盛，吾本心周流和畅，人欲私意、客气俗习皆无隐遁之处，间或微微萌动，岂非红炉之上一点残雪，云云。

正如东里所论，人面对情欲，必须无间断地与之斗争，才能将其降伏。然而欲成此事，必须树立百折不挠的志向，无论遭遇何种患难，也不能沮丧，不能丧失勇气，因此他又谈到志向的诚一真切。在给柳圃子的书信中写道：

> 忧深情切，志气奋发，为人兴起。天将降大任于斯人也，必先苦其心志，劳其筋骨，饿其体肤，动心忍性，增益其所不能，玉汝其成。若伏望之，则于此处明目张胆，振奋精神，奉承天意，不可虚纵。若可见吾志诚一真切不成之处，良知也。致此良知，吾志必诚一，必真切。譬如羁客归乡，见父母，逢妻子，心怀欢喜，诚一真切之故，不远千里，不畏寒暑，不厌风雨，不贪图路边景色，一日

也罢,尽早归乡之心大盛,无丝毫动摇,云云。今以上述之事与斯学相较,天地万物一身之境乃吾真故乡。无位而贵,无禄而富,仰而无愧,俯而无怍,心广体胖。富贵不能淫,贫贱不能移,威武不能屈,并无夷狄患难不可自得之时,实为天下之至乐也。归此乡里,得其真乐之心,若诚一真挚,途中艰难辛苦,不足以动其心志,有何退却动摇之事呢?大凡他乡之声色纷华,有何羡慕之处?只是吾辈未能分明识别此境界,半信半疑,或勤或怠,一日曝之十日寒之,未有能生者也,未播种而待秋收,此乃众人醉生梦死,成他乡异域之愚鬼之故,云云。若欲免此患,应为何事?不倦于斯学而已。不倦于斯学,即诚一真切。若诚一真切,愈无倦怠之意,愈无倦怠,则愈诚一真切。修行至此,则如独木成桥,左右逢渊,只进不退,是以古人战战兢兢,不敢存一丝杂念之故。

另外,东里以心之本体为光明正大,解说无我从而泯除彼我之分,解说谦仁密不可分的关系,这些观点都值得一顾。东里又进行静坐、静立。静坐乃是宋儒修行之法,本改编自坐禅。然而并无静立的习惯,静立应该是东里的发明。他在给桃野子的书信中叙述其功效,写道:

> 老拙近来勤于静坐,亦行静立。古来未闻静立之名目,以愚意作之。虽静坐需要待其时择其处,静立则无差别,居于室内,出于室外,往来于道路,皆可委于心,云云。

东里与执斋的学问修养实为伯仲之间,然而其文书多不传于世，难保没有少许遗漏，这是吾人颇为遗憾之处。

最后列举一下东里的壁书吧！

一、爱父母，睦兄弟，修身为本，本若正，末自盛。
二、尊老爱幼，贵有德，哀无能。
三、所谓忠臣，知国不知家，所谓孝子，知亲不知己。
四、慎于先祖之祭祀，勿要忽视子孙之教导。
五、辞缓而诚，行敏而厚。
六、见善而法之，见不善而戒之。
七、怒中思其难，不至后悔，欲中思道义，不至羞耻。
八、由俭入奢易，由奢入俭难。
九、樵夫攀山，渔夫浮水，人各乐其业。
十、不言人过，不夸己功。
十一、病从口入，祸从口出。
十二、施恩勿念，受恩勿忘。
十三、他山之石可以攻玉，应长存忧患之意。
十四、饮水为乐，衣锦为忧。
十五、可待月出，勿追花落。
十六、忠言逆耳，良药苦口。

上述十六条虽然并无惊奇之处，但是列举了贴切日常生活的治心之法。学者若能践行此法，那么成为君子无疑绰绰有余。

广大现实的完全缩写，即小世界，即小宇宙。

——赫尔曼·洛采

| 第七章 |

林子平

　　林子平，名友直，子平是他的字。仙台人，曾著《海国兵谈》《三国通览》。政府以传播怪谈为由，下令销毁书籍镂版，并幽禁了子平。子平于是作《六无歌》自嘲，歌中唱道：

　　　无亲，无妻，无子，无版木，身无分文，却仍无意求死。

　　于是自号六无斋，端坐于室中，足不出户。宽政五年（1793）六月廿一日殁，时年五十六岁。

　　子平创立了八条学则。第一八德（即孝悌忠信勇义廉耻），第二读书，第三武艺，第四良知，第五克己，第六复礼，第七茶道，第八猿乐，如上八条。这八条以八德为基础。对于良知，子平讲究"潜心认记良知，需磨砺心学"，又进一步叙述其旨意道：

> 鉴别人之善恶邪正，善即善，恶即恶，存明辨之心，此乃良知。此良知无须学习而天然自然存在于人之胸中，即所谓的神明。万事取舍皆应问询此良知。贯彻此良知，需勤于克己之修行，克己即为勇，云云。

又在八条的结尾附记道：

> 圣人之心法，佛氏、神家、武艺者之气位，非勇不能遂行。所有心法皆应以勇为本，专修前进之事。文武二艺，皆以此心法为宗。此乃学者之大主意。

又在《父兄训》中强调"教导子弟之事，即便其幼少，也应深刻领会心法"，缕缕阐释其旨意。虽然无法得知子平是怎样接触到王学系统的，但是他磨砺良知、以心法为本的看法，完全出自姚江流派。子平的资料是由大槻修二氏编辑，题名《六无斋全书》，校订后公之于世。共五卷。

| 第八章 |

佐藤一斋

第一　事迹

在中根东里殁后七年，佐藤一斋出生了。一斋名坦，字大道，称舍藏，一斋是他的号，又号爱日楼、老吾轩。江户人，其家系出自大职官镰足公。曾祖名广义，号周轩。起初以儒生身份侍奉岩村侯，之后成为家老。祖父名信全，袭父职。父名信由，号文永，通称勘平。袭父职，执国政约三十余年。娶莳田氏为妻，育有二男二女。长男鹰之助，次男即一斋。一斋于安永元年（1772）十月在江户的滨町藩邸中出生。当时父亲信由四十五岁，在此之前，信由收养小菅氏之子治助，将其作为嗣子，并将长女许配给治助。等到一斋出生，治助又以一斋为义子。一斋幼时好读书，又善临池之技、射骑刀枪之术，无所不学。亦兼修北条氏之兵、小笠原氏之礼。十二三岁时，行为处事几乎如同成人一般。等到成童之际，愈发崭露头角，欲成天下第一之名。于是从事圣贤之学，才坚定地确立其志向。

宽政二年（1790）一斋十九岁，第一次登录在岩村藩仕籍之中，进入近侍的行列。此时，一斋与林述斋一同学习。述斋原为松平氏，是岩村城主能登守乘蕴的第三子。当时还未出嗣林氏，居住在滨町的藩邸之中。述斋比一斋仅大四岁。一斋作为岩村藩的子弟，幼时即是述斋的友伴，等到年岁稍长二人亲密宛如兄弟一般，往来讲学，无有虚日。并且出入井上四明、鹰见星皋门下，听其讲课。当时世上学者无不染有蘐园余臭，一斋因此著《辨道》《蒹芄》二卷以批驳此风气，又作《孝经解意补义》一卷。此时有一名官医名为杉本樗园，与一斋同岁，志操略同，因此结交亲善，豪放自任，三年八月因故免职，因而请求脱离仕籍。十月获得准许，一斋于是赋诗道：

濯足溪流仰看山，唯山与水意偏闲。投簪心境无余事，梦在鸥盟猿约间。

宽政四年（1792）二月因述斋怂恿，一斋游于浪华，临行之际赋诗赠与述斋：

三尺凝霜识者稀，终教紫气斗边微。风雨何时开匣去，延平津畔化龙飞。

一斋寓居间大业①家中，大业精于历数，又有识见。与一

---

① 间大业：名重富，号长涯，晚年号耕雷主人，大业是他的字，其事迹详细记录在《爱日楼文》卷十二之《亡友间大业碑叙》中。

斋一见如故，又因此将一斋介绍给中井竹山。一斋与之日夜切磋，讨论经义，常至半夜，竹山毫不厌倦，反而十分喜爱与一斋切磋探讨。竹山长子曾弘词才绝伦，丽泽相质，学问大进。一斋又在京师游学，拜访皆川淇园，六月返乡，竹山赠诗道：

　　闻君客迹自浓藩，目俱候欣吾道存①。累旬未极新知乐，归路俄惊远别魂。
　　世故易抬双白眼，词场且对一青樽。妙年将任斯文责，何日游踪再及门。

另外，亲书一行大字相赠，其语云"困而后寝，仆而复兴"。一斋问其出处，回答道："仆而复兴"乃王文成之语，首句则为今日提笔所加。王文成这句话，无疑是一斋转向姚江学派的端倪。

宽政五年（1793）二月，一斋拜入林简顺门下，居住在其宅邸之中，开始修习儒学。述斋每每来其居所相与讲习。四月简顺殁后无嗣，官府于是下令述斋继嗣林氏。于是述斋才正其师徒之名，终身视一斋为门人。然而日夜同学，犹似往日，一斋专心修习六经，又学文辞，其交往之人，包括松崎慊堂、清水赤城、市野隼卿等人，都是一时俊秀。或遍访有名儒流，讨论难诘，以攻理义。当时僧侣蕉中，名显常，字大典，近江人，以善作文章闻名于世。他一到江户，一斋就时常向其请示所作文章，请他批评指正，多有得益之处。

----

① 1936年版作"目击俱欣吾道存"。

宽政八年（1796）随父亲游于京畿大和伊势及摄播，名区胜迹无不游览。其间风雨霜露，逆路辛苦，不计其数。然而捧持杖履，极尽父亲欢心。既已名声渐起，门人日进。大小侯伯有志于学问者，聘请一斋讲说者众多，以致毫无闲暇之余。一斋命名其塾为百之寮，又名风自寮。

宽政十二年（1800）三月，平户侯特意资助旅费延聘一斋，一斋便请求取便路前往长崎，接待清雅之客，以广博闻见。平户侯应许。一斋于是四月出发。以其行为荣而至品川相送者数十人，都是有名之士。这件事也成为一时佳话。于是越过摄津，经由中国，到达肥前，居住在长崎平户侯的宅邸内，与清雅之客沈敬胆、刘云台、钱宇文、周庆书等人以文酒相交。其中云台、宇文二人颇具学识，不能将其单纯看作商贾之流，因此一斋得益之处不可谓不多。之后到达平户，在维新馆讲授经书，听者三百余人。归途入京师，取道岐苏，九月回到家乡。

文化元年（1804）新修爱日楼，由春至夏落成。

文化二年（1805）十月，就任林氏之塾长，监督其门生。由此门人日进，从游之士甚多，以致寮舍难以容纳。然而一斋对待诸生耳提面命，不倦讲习，夜以继日。讲经之日，听者满堂，以述斋之嗣子柽宇为首，师从一斋者不在少数。门人遂业成家者，有数十人之多，其中安积艮斋、竹村梅斋等尤为个中翘楚。

一斋曾被东叡山法亲王赏识，时时侍讲，陪侍诗歌筵席。文政元年（1818）陪同法亲王至日光山，著《日光山行纪》，载于《爱日楼诗文》卷末。

文政四年（1821），由江户至美浓，吊唁铊尾山祖先之城墟，拜谒其坟墓。之后游于京师，拜谒日野大纳言南洞公。九月归家。公好文辞，尤善韵事，因此一斋一来，便一见如故。而后一旦公奉敕前往江户，一斋必至其旅馆相候起居，公亦赐予一斋东征道路所获篇什，由此可见二人亲厚。

一斋在岩村藩辞去公职之后，并无职务，仅以文学辅导世子。文政九年（1826），世子继承藩国，将一斋擢升到老臣之列，以议国事。当时，一斋名声籍甚，若志道学文之人，莫不执贽其门。塾徒中来自肥萨奥羽的人混在一起，同窗切磋，虽然其才智不一，皆笃信一斋，甚至声音笑貌，都模仿一斋。时以吉村秋阳、山田方谷等人名声尤为出众。

天保十二年（1841），一斋年至古稀，谢绝尘事，欲颐养天年，居住在岩村侯矢藏的下邸，租赁数百步土地，修筑新书室，名为静修所。又修筑一楼名为东暖楼。园中种植芭蕉桂树，作为隐栖之所，往来宴息。七月述斋去世，是以凄然无聊，益发绝意人世。这一年，幕府庶政一新，广纳贤良。十一月擢升为儒官，住于昌平簧的官舍，于是幡然复作诗三首。

其一

毕竟虚名无一长，谬承微①命入朝堂，久居人后材如栎，徒在物先龄迫桑。

昨梦犹余蓑笠态，残躯重着帽袍装，深惭垂钓磻溪

---

① 1936年版作"谬承征命入朝堂"。

叟，大耄鹰扬报宠光。

其二

近筑幽楼墨水涯①，岂图今日赴公车，圣明普照分珠砾，文武兼收施兔置。

不比蟠桃初结实，恰同枯卉再生芽，老吾愿使书香继，传一经余传一家。

其三

七十无车底用悬，抵今挽做日强年，鹭鹓尽遣成新缀，猿鹤奈何返旧缘。

赴所不期天一定，动于无妄物皆然，世间多少营营者，知否此翁真可怜。

天保十三年（1842），将旧居赠与女婿河田兴，自己移居官舍，黾勉从事，提携后进，讲说经义，虽为颓老之身，亦不托委他人。于是天下之人将一斋视为山斗，无不景仰。侯伯以下迎聘讲学者，前后数十家，还有枉驾官舍求学之人。士民之中拜入其门下之人，无疑有三千人之数。四月奉特旨，为将军讲授《易》，辩说详晰，赏赐丰厚。从此以后国家渐渐多事，一斋有时帮助林祭酒作外交文书，或应幕府之需作时务策，在国政上颇有裨补之处。幕府也优待一斋，屡屡赏赐，一斋可谓荣光殊胜。

---

① 1936年版作"近筑幽栖墨水涯"。

安政六年（1859）六月，患感冒，至八月稍稍恢复，于是强行为塾徒讲授《论语》，因此引发重疾。九月，痰喘加剧，荏苒不起，元气渐消，二十四日殁于昌平黉。享年八十八岁。十月三日葬于城南麻布深广寺。一斋最初娶妻片冈氏，早年去世先没，继配坂本氏离婚，又娶中根氏。共有三男十女。长男名为滉，称慎左卫门，此男为坂本氏所生不得继承家业，离家后冒称田口氏，早年去世。次男名其次，夭折。三男名槻，继承家业，成为儒员，明治维新后，就任权小史，两人同为中根氏所生，内外男女子孙共三十九人。

一斋之门人中，最著名者如下。

佐久间象山①，名启，字子明，信浓人，信奉阳明学，后文详述。

吉村秋阳，名晋，字丽明，称重介，安艺人，信奉阳明学，后文详述。

山田方谷，名球，字琳卿，称安五郎，备中人，信奉阳明学，后文详述。

奥宫慥斋，名正由，字士道，土佐人，信奉阳明学，后文详述。

竹村悔斋，名贇，字伯实，三河人，信奉阳明学，又巧于诗词，多奇行。斩杀某专权藩宰之人后自尽，时年三十有六，安积艮斋作其传，另外在《续近世先哲丛谈》卷下中亦载有其事迹。

---

① 关于佐久间象山的介绍，1936年版作："佐久间象山，名启，字子明，信浓人。信奉朱子学，然而也受到了阳明学的影响。可见《日本朱子学派之哲学》。"

林鹤梁①，名长孺，称伊太郎，武藏人，明治十一年（1878）正月十六日殁，年七十三。

　　金子得所，名清邦，字鸣卿，称与三郎，后改为六左卫门，出羽人，信奉阳明学，其事迹可观之处甚多，三岛中州作其碑文。

　　大桥讷庵②，名顺，字周道，称顺藏，江户人，初信奉阳明学，后改为朱子学，文久二年（1862）七月十二日，殁于牢狱之中，年四十八，著作有《辟邪小言》四卷。

　　池田草庵，名缉，字子敬，但马人，信仰阳明学，后文详述。③

　　中岛操存斋④，名建，字仲强，称衡平，筑前人，信奉阳明学。就仕于筑前秋月藩，以振兴风俗、辨别是非为己任。向主君谏言，触犯其怒，被免官，在家幽居。文久之时，陈言时事，忤逆权要之意，因而受到谴责。明治元年（1868）五月深夜暴毙，或传言，遭难而死。春日潜庵作其碑阴志。

---

①　关于林鹤梁的介绍，1936年版作："林鹤梁，名长孺，称伊太郎，武藏人，明治十一年（1878）正月十六日殁，年七十三岁。著有《鹤梁文钞正续编》四卷。"

②　关于大桥讷庵的介绍，1936年版作："大桥讷庵，名顺，字周道，称顺藏，江户人，初信奉阳明学，后改为朱子学，文久二年七月十二日，殁于牢狱之中，年四十八，著作有《辟邪小言》四卷、《讷庵文诗钞》二卷等。"

③　1936年版在池田草庵后增加一人："黑田长元，秋月藩主，信仰阳明学。"

④　关于中岛操存斋的介绍，1936年版为："中岛操存斋，名建，字仲强，称衡平，筑前人，信奉阳明学。侍奉秋月藩主黑田长元公，以振兴风俗、辨别是非为己任。向主君谏言，触犯其怒，被免官，在家幽居。文久之时，陈言时事，忤逆权要之意，因而受到谴责。明治元年（1868）五月中于夜晚暴毙，或传言，遭难而死。他曾说，圣人之言，大抵皆应病与药之说计也，不读其考，生大误。唯'主忠信'一语，独真实坚守之言也。春日潜庵作其碑阴志。其事迹在之后的《阳明学》第五十一号及五十七号等中有详细记述。"

柳泽芝陵，名信兆，字伯民，称太郎，岛原人，信奉阳明学，后文详述。

安积艮斋①，名信，字思顺，称祐助，奥州人，著有《艮斋文略》四卷，同续三卷，同诗略一卷，《艮斋闲话》二卷，同续二卷等。

河田藻海，名兴，字犹兴，称八之助，号屏淑，又号藻海，后号迪斋。一斋之女婿。安政六年（1859）正月十五日殁，享年五十有七。著作有《书经插解》八卷，《易学启蒙图考》一卷，《自警编》一卷，《水云问答》一卷等。藻海曾于藤树之真迹《致良知》后写道："右藤树中江翁真迹也，宽保中三轮执斋寄纳诸德本堂，堂在江州小川邑，翁之乡祠，而系大沟侯封内。翁启手足，二百年于兹，而土人奉祠至今。其追慕之深可知矣。大沟侯好读书，锐志躬行，有深慕翁，乃恐是迹之或逸也，将摹刻以传，示兴而征跋。展而观之，笔力遒劲，足以见其充养之厚，盖致知《大学》也，良知孟子也，而致良知则王文成之所独得也。翁之学有得于此，则有是迹，岂偶然也哉！因敬书其后。"藻海亦喜阳明学。藻海之行状，可见《教育史资料》卷七。

菊池廓堂，名履，称顺助，笹山侯之儒臣，天保元年（1830）八月十二日殁。②

---

① 关于安积艮斋的介绍，1936 年版为："安积艮斋，名信，字思顺，称祐助，信奉朱子学，奥州人，著有《艮斋文略》四卷，同续三卷，同诗略一卷，《艮斋闲话》二卷，同续二卷等。"

② 1936 年版在菊池廓堂之后增加一人："横井小楠，名存，字子操，称平四郎，肥后人，信奉阳明学，后文详述。"

深村迈。①

若山极②，字壮吉，称勿堂，通称壮吉，土佐人，有《读易私记》《论语私记》《学庸私记》《教战略记》等著书。

三谷侗。③

塚越云。④

本多楸。⑤

昌谷硕⑥，号精溪，备中人，从仕于津山藩主确堂公，著作有《小学书合纂》，事迹可详见于《日本教育史资料》卷五。⑦

其他受一斋熏陶的有名学者也不在少数。总而言之，一斋在教育上的功劳，绝不可轻视。一斋作为文章家，是屈指可数

---

① 1936 年版作泽村迈。"泽村西坡，名迈，字子宽，又字伯党，通称武左卫门，西坡是他的号。肥后人。信奉阳明学。著作有《逆天余唾》。他生于宽政十二年（1800），殁于安政六年（1859），享年六十岁。吉村秋阳作其墓碣铭。"

② 关于若山极的介绍，1936 年版为："若山勿堂，名拯，字壮吉，勿堂是他的号，通称壮极。土佐人。有《读易私记》《论语私记》《学庸私记》《教战略记》等著书。"

③ 1936 年版没有提及此人。

④ 1936 年版没有提及此人。

⑤ 1936 年版没有提及此人。按照介绍顺序，1936 年版在此处增加了另外一位学者的介绍。"渡边华山，名定静，字子安，又字伯登，通称登。侍奉田原侯。"

⑥ 关于昌谷硕的介绍，1936 年版为："昌谷精溪，名硕，精溪是他的号。备中人。侍奉津山藩主确堂公。著有《小学书合纂》。事迹在《日本教育史资料》卷五中有详细记述。"

⑦ 1936 年版在昌谷精溪后增加了一位学者的介绍："中村敬宇，名正直，称敬辅。敬宇是他的号。作有《哭一斋老师》诗一首，内容为：'天上中台堕，人间泰岳颓。儒林谁送斧，学海忽扬埃。一代称尊宿，先生实杰魁。嵩高墙数仞，浩瀚浪千堆。经术固深造，文章由己裁。筌蹄忘字句，花月谢嘲诙。侯伯竞延礼，陶钧多俊材。微生□训诲，师事自童孩。尚忆陪东席，俄惊赴夜台。悲哀岂终极，肠胃为伤摧。坏土今如此，风姿安在哉。著书遍传播，旷劫不为灰。'可谓推至尊至尽。敬宇先生的事迹可详见《日本朱子学派之哲学》。"

的大家。高井泰亮说道："佐藤坦其学本于《象山全书》《传习录》《困知记》等，而引朱子，合于陆王也。其文章之巧，实海内一人也。"当时还有赖山阳、松崎慊堂等善作文章的大家，虽说海内一人有些牵强，但在宽政以后，无疑是屈指可数的文章大家。一斋虽然最擅长文章，但诗词也不可谓不精巧，现于下文列举数首为例。

漫言三首节二

斯文丧堕有谁寻，天地人心无古今。偶坐夜堂窥斗象，殊疑光彩照吾襟。

落落乾坤人亦无，谁钦自古是真儒。唯名与利多为累，一过此关才丈夫。

太公垂钓图

谬被文王载得归，一竿风月与心违。想君牧野鹰扬后，梦在磻溪旧钓矶。①

第二　著书

《古本大学旁释补》一卷

此书为增补王阳明《古本大学旁释》之作。一斋作序道

---

① 1936年版在此诗后增加一句话："一斋的事迹在最近高濑代次郎氏所著的《佐藤一斋和他的门人》一书中有详细记述。"

"本邦人所未见",可知王阳明的《古本大学旁释》是自一斋后才开始在我邦流传。此书虽然记载在朱彝尊的《经义考》之中,但毛奇龄将其视为门人之伪作。一斋得到这本书仔细检阅,发现此书绝非门人伪造,其中包含种种用意,因而汇成定本一卷。此书于明治三十年(1897)由南部保城题名为《大学古本旁释》发行。

《大学一家私言》一卷

此书为一斋二十四五岁时,从阳明学的立场出发所作之书。

《大学摘说》一卷

此书创作于前文提到的青年意气用事之时,言辞多被诟病,甚为可惜,乃参酌王阳明及诸儒学说而著。

《中庸栏外书》一卷

《论语栏外书》二卷

《孟子栏外书》二卷

《小学栏外书》一卷

《近思录栏外书》三卷

《传习录栏外书》三卷

此书于明治三十年由南部保城发行。

《白鹿洞揭示示问》一卷[①]

《白鹿洞揭示译》一卷

《九卦广义》一卷

---

① 1936 年版作"《白鹿洞揭示问》一卷"。

《易学启蒙》一卷

《仝图考》一卷

《吴草庐定论》一卷

《秃毫聚葩》一卷

《爱日楼稿本》三十卷

《爱日楼文诗》四卷

此书系由松平定常于文政十二年（1829）刊行。

《爱日楼文诗剩篇》一卷

《济厩略记》一卷

《初学课业次第》一卷①

《课业次第续》一卷

《课业次第引用书目》一卷

《俗简焚余》二卷

《课蒙背诵》一卷

《言志录》四卷

一斋于壮年之时著《言志录》一卷，年逾六十著《言志后录》一卷，七十著《言志晚录》一卷，八十著《言志耄录》一卷，合为四卷，世人称之为"言志四录"。此书原本为语录，记录思想之断片，然而亦足以窥见一斋的学问。

《哀敬篇》三卷

《追苏游录》一卷

《周易栏外书》十卷

---

① 1936年版增加此书介绍："此书系天保三年（1832）刊行。木制活字本。内藤耻叟将之收载在'日本文库'第二编中。"

《磕子时器杂著》一卷

《漫游杂录》二卷

《孙子副诠》一卷

《吴子副诠》一卷

《辨道薙芜》二卷

《孝经解意补义》一卷

上述一斋的著作大抵皆是写本。一斋生前刊行的仅有《爱日楼文诗》四卷、《言志录》四卷①。一斋又为四书五经和《小学》付上训点，以裨益后进，这就是所谓的"一斋点"。

第三　学说

一斋确实是从二十四五岁起信奉阳明学，其根源大概是因为竹山所赠阳明之语吧！他创作的《大学一家私言》是其二十四五岁时的作品，完全是从姚江派的立场来论述、批评朱子的妄论。然而一斋是林述斋的门人，又担任其塾长，之后又出任昌平黉的教官，因此不可能公然表明王学之名从而主张其观点。朱子学是幕府的教育主义，因此一斋表面发扬朱子学，但暗地倡导阳明学，也因此受到"阳朱阴王"的讥讽。然而朱王二氏的学问，并非完全不能调和研究。藤树、蕃山、执斋等人，在主张阳明学的同时，也未必排斥朱子学，毋宁说存有将二者合并取之的意向。一斋在这一方面煞

---

① 1936年版在发行书目中增加了"《初学课业次第》一卷"。

费苦心。幕府取朱子学为官学是由林罗山出任儒官而始,其子孙继承这一职业继续出仕幕府。然而林罗山出自藤原惺窝门下,惺窝之学确与朱子学无异,但未必排斥陆子,也就是说合并朱陆而取之。取朱陆与取朱王并无多少差异,因此一斋特别尊崇惺窝,曾于矢仓下邸的园中修建一小祠,挂其肖像,以此表述钦仰之意道:

> 惺窝藤公答林罗山书曰:"陆文安天资高明,措辞浑浩,自然之妙,亦不可掩焉。"又曰:"紫阳笃实而邃密,金溪高明而简易,人见其异,不见其同,一旦贯通,同欤,异欤,必自知,然后已。"余谓我邦首唱濂洛之学者为藤公,而早已并取朱陆如此,罗山亦出于其门。余曾祖周轩受学于后藤松轩,而松轩之学,亦出自藤公,余钦慕藤公,渊源所自,则有乎尔。

罗山没有像惺窝一般并取朱陆,而是独崇朱子,排斥陆子,对惺窝吸取陆子学说的"错误"更是痛下批判。虽然罗山仅在理气之说这一点上追随王阳明,其他诸点完全是纯粹的朱子学。然而一斋针对这件事也有不得不辨明的地方。他评价罗山并不曾如普通所理解得那般偏狭:

> 博士家古来遵用汉唐注疏,至惺窝先生,始讲宋贤复古之学,神祖尝深悦之,举其门人林罗山。罗山承继师传,折中宋贤诸家,其说与汉唐殊异,故称曰宋学而已。至于暗斋之徒,则拘泥过甚,与惺窝罗山稍不同。

又道：

> 惺窝罗山课其子弟，经业大略依朱氏，而其所取舍，则不特宋儒，而及元明诸家，鹅峰亦于诸经有私考，有别考，乃知其不拘一家者显然。

这是一斋辩白、解释并取朱王并无任何不妥的理由，说明其学说没有违反幕府的教育主旨。他又称赞惺窝道：

> 谢华胄而遐踪，望白云而独卧。三征不起，彭泽之俦。群隽并兴，河汾之亚。矧乃开先于性学，与世而俱新。觉后以心诠，历年而益播。于戏！源深而流远，俾人溯洄而上下。虽然，谁能真溯洄乎哉！谁能真上下乎哉！

可谓对惺窝极尽赞美之词。如此一斋将自己的学问系统直接与惺窝相接，照应德川氏初期的学说理论，表明其延续正派学说的立场。一斋曾道：

> 朱陆同宗伊洛，而见解稍异，二子并称贤儒，非如蜀朔之与洛为各党。朱子尝曰："南渡以来，理会著实工夫者，惟某与子静二人。"陆子亦谓："建安无朱元晦，青田无陆子静。"盖其互相许如此。当时门人，亦有两家相通者，不为各持师说相争。至明儒如白沙篁墩余姚增城，并兼取两家，我邦惺窝藤公盖亦如此。

这就是一斋坚信自己与惺窝同出一辙的缘由。惺窝如一斋所言，并取朱陆，然而其主要倾向无疑还是在朱子学一侧。然而一斋之学虽对外宣称并取朱王，但其实际显然归于阳明学，其对外假装公平，但他无疑是纯粹的阳明学者，只是因为其周身的境遇，不能公然自称阳明学派。并且他性格多智巧，擅长与人交往，才能急流勇退，不去贯彻自己的信念。虽然他能安度平和一生的伎俩十分了得，但从以道自任的学者气度来看，多少有些欠缺勇气之处，不可不惋惜。虽然在《言志录》中往往可见王学的旨意，但他未能树立鲜明的旗帜，这也因为此书是在其生前就已公开的缘故。至于《栏外书》之类，王学的本色就十分明显。这些书没有在其在世期间公开，大概是因为担忧显露出王学学者本色吧。另外一斋感化后进也多以王学为主，继承王学系统之人留下了最突出的事迹。从这一信息来考虑，一斋虽然不是拒绝朱子的学者，但无疑该算作王学学者。一斋十分尊崇中江藤树，也可窥见这一事实的一丝端倪。他曾到小川村参拜藤村书院，当时作诗道：

　　硕人已矣几星霜，景慕今颜德本堂。（楣揭德本①三大字，系关白一条藤公迹）
　　遗爱藤棚荒益古，孤标松干老逾苍。
　　气常和处春长燠，月正霁时风亦光。
　　尚见士民敦礼让，入疆不问识君乡。

　　一斋之后又将此诗题于藤树肖像旁，即藤树书院所藏藤树肖像。总而言之，一斋虽尊奉宋儒，其实主要是钦慕阳明。因

---

① 1936年版作"德本堂"三字。

此有关王阳明的物品、书籍，无不网罗收集，曾得阳明真迹《墨妙亭诗》一帖，珍稀不啻赵璧。但凡存于我邦之墨迹，都要千方百计求取之，若是难以获取之物，则命人誊写珍藏，辑录为《爱日楼姚帖》三卷。原来阳明生于明宪宗成化八年（1472）壬辰，而一斋亦生于安永纪元（1772）壬辰，中间恰好间隔了三百年。古人有言，道："五星聚奎，濂洛大儒斯出。五星聚室，阳明道行。"五星聚于室，为正德十六年（1521），即阳明五十岁之时，而文政四年（1821）五星聚于室，亦是一斋五十岁之际，因此当时之人，皆称天降祥瑞，大约并非偶然之事。

一斋的学说，从组织性来看，毫无可取之处。然而关于特殊问题，并非没有一家之言。现在列举其主要观点如下。

第一，理气之说　《爱日楼文》卷三中载有《原气》《原理》二篇。今考其主旨如下。天地万物皆气也，气分为天地万物，然毕竟唯气也。然理在气外乎？理与气，一即是二，二即是一，合二为一，可谓其体；一分为二，可谓其用。有条不紊者，谓之理，运而不已者，谓之气。可知其名之不同。然运而不已者，即为有条不紊者，即可知其物无异。要之，理与气，其名不同，其物无异。

又在《言志耄录》中写道：

> 自主宰谓之理，自流行谓之气，无主宰不能流行，流行然后见其主宰，非二也。学者辄过分别，不免于支离之病。

由此观之，一斋坚持理气合一论，其思想与王阳明并无相异之处。

第二，定数论　　一斋认为天地间的事情、人间社会的事情，全都要遵从一定的命数。他在《言志录》的卷首写道：

> 凡天地间事，古往今来，阴阳昼夜，日月代明，四时错行，其数皆前定。至于人富贵贫贱，死生寿夭，利害荣辱，聚散离合，莫非一定之数，殊未之前知耳。譬犹傀儡之戏，机关已具，而观者不知也。世人不悟其如此，以为己之知力足恃，而终身役役，东索西求，遂悴劳以毙，斯亦惑之甚。

又写道：

> 天道以渐运，人事以渐变，必至之势，不能却之使远，又不能促之使速。

这样的言论虽然类似必然论，但又不是必然论，不如说是命数论（Fatalismus）。虽然一定之命数是如何成立的，又应采取何种方针，都是不可知的，但吾人到底难免命数的规定，吾人对此无可奈何。若如此，不仅否定了人的自由意志，会使人陷入放任无为的愚昧之中，又会令人产生世界是不可思议的想法，成为诱发迷信的端倪。一斋看到自然界的必然性，将之作为命数，却不知此外由人的自由意志引发的事情，绝非鲜少。

第三，精神和身体之说　　一斋认为精神乃天寓居在我身体之中，身体由地之精粹而成。他在《言志录》中写道：

> 举目百物，皆有来处，躯壳出于父母，亦来处也。至于心则来处何在？余曰，躯壳是地气之精英，由父母而聚之，心则天也，躯壳成而天寓焉，天寓而知觉生，天离而知觉泯，心之来处，乃太虚是已。

又在《言志晚录》中写道：

> 人皆知仰而苍苍者为天，俯而隤然者为地，而不知吾躯皮毛骨骸之为地，吾心灵明知觉之为天。

由此即可知晓，一斋将人视为一方小天地。然而他又将学说进一步推进，从这一点来考察善恶差别。

第四，善恶之说　　一斋从精神和身体的关系上论述善恶的观念。精神即本性，人受之于天，纯粹无形，唯善而已；然而身体由地而成，兼具善恶，故人流露恶念，并非本性使然，而是身体使然，其言道：

> 性禀诸天，躯壳受诸地。天纯粹无形，无形则通，乃一于善而已。斯驳杂有形，有形则滞，故兼善恶。地本能承乎天以成功者，如起风雨以生万物，是也。又有时乎风雨坏物，则兼善恶矣。其所谓恶者，亦非真有恶，由有过不及而然。性之善与躯壳之兼善恶亦如此。

一斋又指出善恶是因过不及的有无而产生的：

> 看来宇宙内事，曷尝有恶，有过不及处，即是恶。看来宇宙内事，曷尝有善，无过不及处，即是善。

并且一斋认为，恶的渊源全在于身体的感触，绝非存在于本来之性：

> 欲知性之善，须先究为恶之所由。人之为恶，果何为也？非为耳目鼻口四肢乎，有耳目而后溺于声色，有鼻口而后耽于臭味，有四肢而后纵于安逸，皆恶之所由起也。设令躯壳去耳目鼻口，打做一块血肉，则此人果何所为恶邪？又令性脱于躯壳，则此性果有为恶之想否？盍试一思之。

一斋的这一说法大抵与朱子之说归于同处，固然这是一家之言，但称其隐然脱胎于朱子，也不无不可。

第五，死生之说 一斋将死生看作昼夜一般，死并非值得畏惧之事。其言论中颇有值得玩味之处，说道：

> 生物皆畏死，人其灵也，当从畏死之中，拣出不畏死之理。吾思我身天物也，死生之权在天，当顺受之。我之生也，自然而生，生时未尝知喜矣，则我之死也，应亦自然而死，死时未尝知悲也。天生之而天死之，一听乎天而已，吾何畏焉！吾性即天也，躯壳则藏天之室也。精气之为物也，天寓于此室，游鬼之为变也①，天离于此室。死

---

① 1936年版作"游魂之为变也"。

之后即生之前，生之前即死之后。而吾性之所以为性者，恒在于死生之外，吾何畏焉！夫昼夜一理，幽明一理，原始反终，知死生之说，何其易简而明白也。吾人当以此理自省焉。

又说道：

> 畏死者，生后之情也，有躯壳而后有是情。不畏死者，生前之性也，离躯壳而始见是性。人须自得不畏死之理于畏死之中，庶乎复性焉。

一斋以生前的状况推论死后，他又说道：

> 生，是死之始，死，是生之终。不生则不死，不死则不生，生固生，死亦生，生生之谓易即此。

虽然个人无法免于生死，但人类这一生物却存续繁衍不息，一斋在此点上亦有所得之处，他又说道：

> 欲知死之后，当观生之前。昼夜、死生也，醒睡、死生也，呼吸、死生也。

又说道：

> 释以死生为一大事，我则谓昼夜是一日之死生，呼吸是一时之死生，只是寻常事。然我之所以为我者，盖在死生之外，须善自觅而自得之。

至此，一斋的生死观与叔本华几乎如出一辙，在《作为意志和表象的世界》①中有一节论述道：

> 吸收营养的过程就是一种不断的孳生，孳生过程也就是一种更高意味的营养；而性的快感就是生命感中一种更高意味的快适。另一方面，排泄或不断抛弃物质和随呼吸而外吐物质也就是和生殖相对称的，更高意味的死亡。我们在这种情况之下既然总是以保有身体的形式为已足，并不为抛弃了的物质而悲伤；那么，当这种同样的情况，天天、时时分别在排泄时所发生的情况，又在更高的意味上毫无例外地出现于死亡中的时候，我们就应该采取和上面一样的态度。对于前一情况我们既然漠不关心，那么对于这后一情况我们也不应该战栗退缩。从这一观点出发，一个人要求延长自己的个体也是不对头的。自己的个体由其他个体来替代，就等于构成自身的物质不断由新的物质来代替。把尸体用香料油胶浸透也同样是傻瓜，这正像是把自己的排泄物密封珍藏起来一样。

这同样阐明了"昼夜是一日之死生，呼吸是一时之死生"的意思。一斋说"我之所以为我者，盖在死生之外"，说的大概就是常住不灭之真我吧！

一斋的言论中，被其他学者所服膺的名言不在少数。现在

---

① 此节的翻译参考商务印书馆出版、石冲白所译版本。——译者注

从"言志四录"中抄录出最佳者一百零二则，如下：

一、太上师天，其次师人，其次师经。

二、凡作事，须要有事天之心，不要有示人之念。

三、立志之功，以知耻为要。

四、闻思杂虑，纷纷扰扰，由外物溷之也，常使志气如剑，驱除一切外诱，不敢袭近肚里，自觉净洁快豁。

五、有心求名，固非，有心避名，亦非。

六、真有大志者，克勤小物，真有远虑者，不忽细事。

七、有志之士如利刃，百邪辟易，无志之人如钝刀，童蒙侮玩。

八、人之贤否，于初见时相之，多不谬。

九、得意时候，最当着退步工夫，一时一事，亦皆有亢龙。

十、凡所遭患难变故，屈辱谗谤，拂逆之事，皆天之所以老吾才，莫非砥砺切磋之地，君子当虑所以处之，欲徒免之不可。

十一、才犹剑，善用之，则足以卫身，不善用之，则足以杀身。

十二、治己与治人，只是一套事，自欺与欺人，亦只是一套事。

十三、欲为世间第一等人物，其志不小矣。余则以为犹小也，世间生民虽众而数有限，兹事恐非难济，如前古已死之人，则几万倍于今，其中圣人贤人英雄豪杰，不可胜数，我今日未死，则似稍出头人，而明日即死，辄忽入于古人录中，于是以我所为校诸古人，无足比数者，是则可愧矣，故有志者要当以古今第一等人物自期焉。

十四、士当恃在己者，动天惊地极大事业，亦都自一己缔造。

十五、士贵于独立自信矣，依热附炎之念不可起。

十六、人方少壮时，不知惜阴，虽知不至太惜，过四十已后，始知惜阴，既知之时，精力渐耗。故人为学，须要及时立志勉励，不则百悔亦竟无益。

十七、圣人安死，贤人分死，常人畏死。

十八、方读经时，须把我所遭人情事变做注脚，临处事时，则须倒把圣贤言语做注脚，庶乎事理融会，见得学问不离日用意思。

十九、取信于人难也，人不信于口而信于躬，不信于躬而信于心，是以难。

二十、畜厚而发远，诚之动物，自慎独始，独处能慎，虽于接物时不太着意，而人自改容起敬，独处不能慎，虽于接物时着意恪谨，而人亦不敢改容起敬，诚之畜不畜，其感应之速已如此。

二十一、意之诚否，须于梦寐中事验之。

二十二、人不可无明快洒落处，若徒尔畏缩起趄，只是死敬，济得甚事。

二十三、胸臆虚明，神光四发。

二十四、为学标榜门户，只是人欲之私。

二十五、处事虽有理，而一点便己挟在其内，则于理即做一点障碍，理亦不畅。

二十六、慎言处，即慎行处。

二十七、人最当慎口，口之职兼二用，出言语，纳饮食，是也。不慎于言语，足以速祸，不慎于饮食，足以致病。谚云，祸自口出，病自口入。

二十八、此心灵昭不昧，众理具，万事出，果何从而得之？吾生之前，此心放在何处？吾殁之后，此心归宿何处？果有生殁欤？无欤？着想到此，凛凛自惕，吾心即天也。

二十九、深夜独坐暗室，群动皆息，形影俱泯，于是反观，但觉方寸内有烱①然自照者，恰如一点灯火照破暗室，认得此正是我神光灵昭本体，性命即此物，道德即此物，至于中和位育，亦是此物，光辉充塞宇宙处。

三十、能教育子弟，非一家之私事，是事君之公事也；非事君之公事，是事天之职分也。

三十一、闲想客感，由于志之不立。一志既立，百邪退听，譬之清泉涌出，旁水不得浑入。

三十二、心为灵，其条理动于情识，谓之欲。欲有公私，情识之通于条理为公，条理之滞于情识为私。自辨其通滞者，即便心之灵。

三十三、以春风接人，以秋霜自肃。

三十四、人涉世如行旅然，途有夷险，日有晴雨，毕

---

① 1936年版作"炯"。

竟不得避，只宜随处随时相缓急，勿欲速以取灾，勿犹豫以后期，是处旅之道，即涉世之道也。

三十五、敬，生勇气。

三十六、人当自认我躯有主宰。主宰为何物，物在何处。主于中而守于一，能流行，能变化，以宇宙为体，以鬼神为迹，灵灵明明，至微而显，呼做道心。

三十七、百年无再生之我，其可旷度乎！

三十八、人多话己所好，不话己所恶。君子好善，故每称人善，恶恶，故不肯称人恶。小人反之。

三十九、不可诬者人情，不可欺者天理，人皆知之。盖知而未知。

四十、知，是行之主宰，乾道也。行，是知之流行，坤道也。合以成体躯，则知行，是二而一一而二。

四十一、学贵自得，人徒以目读有字之书，故局于字，不得通透，当以心读无字之书，乃洞有自得。

四十二、戏言固非实事，然意之所伏，必露见于戏谑中，有不可掩者矣。

四十三、与人语，不可大发露过倾倒，只要语简而意达。

四十四、人乞物于我，勿厌；我乞物于人，可厌。

四十五、取信于人，则财无不足。

四十六、余弱冠前后，锐意读书，欲目空千古。及过中年，一旦悔悟，痛戒外驰，务从内省，然后自觉稍有所得，不负于此学。今则老矣，少壮所读书，过半遗忘，茫如梦中事，稍留在胸臆，亦落落不成片段，益悔半生费力无用。今而思之，书不可妄读，必有所择且熟可也，只要终身受用足矣，后世勿蹈我悔。

四十七、发愤忘食，志气如是；乐以忘忧，心体如是；不知老之将至，知命乐天如是。圣人与人不同，又与人不异。

四十八、人心之灵，莫不有知，只此一知，即是灵光，可谓岚雾指南。

四十九、少而学，则壮而有为；壮而学，则老而不衰；老而学，则死而不朽。

五十、精义入神，燧取火也；利用安身，剑在室也。

五十一、心理，是竖工夫；博览，是横工夫。竖工夫，则深入自得；横工夫，则浅易泛滥。

五十二、我当视人之长处，勿视人之短处。视短处则我胜彼，于我无益；视长处，则彼胜我，于我有益。

五十三、目睹者，口能言之；耳闻者，口能言之；至于心得者，则口不能言，即能言，亦止一端，在学者之逆而得之。

五十四、续经，宜以我之心读经之心。以经之心释我之心，不然，徒尔讲明训诂而已，便是终身不曾读。

五十五、诚意兆于梦寐，不虑之知使然。

五十六、有才而无量，不能容物；有量而无才，亦不济事。两者不可得兼，宁舍才而取量。

五十七、恩怨分明，非君子之道。德之可报，固也；

至于怨,则当自怨其所以致怨。

五十八、人情向背,在敬与慢,施报之道,亦非可忽,恩怨或自小事起,可慎。

五十九、说大人则藐之,勿视其巍巍然,勿视在心,目则熟视亦不妨。

六十、我言语,吾耳可自听;我举动,吾目可自视。视听既不愧于心,则人亦必服。

六十一、心要现在。事未来,不可邀,事已往,不可追,才追才邀便是放心。

六十二、名誉,人之所争求,又人之所群毁。君子只是一实而已,宁有实响,勿有虚声。

六十三、天下人皆为同胞,我当著兄弟相;天下人皆为宾客,我当著主人相。兄弟相爱也,主人相敬也。

六十四、见人之有祸,知我无祸之为安;见人之有福,知我无福之为稳。心安稳处,即身极乐处。

六十五、太宠,是太辱之霙;奇福,是奇祸之饵。事物大抵以七八分为极处。

六十六、不自欺者,人不能欺。不自欺,诚也;不能欺,无间也。譬如生气自毛孔出,气盛者,外邪不能袭。

六十七、远怨之道,一个恕字;息争之道,一个让字。

六十八、人事百般,都要逊让。佢志则不让于师,可。又不让于古人,可。

六十九、人不可无耻,又不可无悔。知悔则无悔,知耻则无耻。

七十、勿卖恩，卖恩却惹怨；勿干誉，干誉辄招毁。

七十一、余少壮时气锐，视此学谓容易可做，至晚年蹉跎不能如意。譬如登山，自麓至中腹易，中腹至绝顶难，凡晚年所为，皆收结事也。古语，行百里者半九十，信然。

七十二、寻常老人，多要死成佛，学人则当要生作圣。

七十三、前乎我者，千古万古；后乎我者，千世万世。假令我保寿百年，亦一呼吸间耳。今幸生为人，庶几成为人而终，斯已矣，本愿在此。

七十四、梦中之我，我也；醒后之我，我也。知其为梦我，为醒我者，心之灵也。灵即真我也，真我自知，无间于醒睡，常灵常觉，亘乎万古而不死者矣。

七十五、志学之士，当自赖己，勿因人热。《淮南子》曰："乞火不若取燧，寄汲不若凿井。"谓赖己也。

七十六、立志工夫，须自羞恶念头起跟脚，勿耻不可耻，勿不耻可耻。孟子谓："无耻之耻无耻矣。"志于是乎立。

七十七、私欲之难制，由志之不立。志立，真是红炉点雪，故立志为彻上彻下工夫。

七十八、以真己克假己，天理也；以身我害心我，人欲也。

七十九、不知而知者，道心也；知而不知者，人心也。

八十、圣贤胸中洒落，不著一点污秽，何语尤能形容之？曰："江汉以濯之，秋阳以曝之，皜皜乎不可尚已。"此语近之。

八十一、人心之灵如太阳然，但克伐怨欲，云雾四塞，此灵乌在？故诚意工夫，莫先于扫云雾仰白日，凡为学之要，自此而起基，故曰："诚者，物之终始。"

八十二、英气，是天地精英之气。圣人蕴之于内，不肯露诸外，贤者则时时露之，自余豪杰之士，全然露之，若夫绝无此气者，为鄙夫小人碌碌不足算者耳。

八十三、寒暑荣枯，天地之呼吸也，苦乐荣辱，人生之呼吸也，即世界之所以为活物。

八十四、居敬之功，最在慎独。以有人而敬之，则无人时不敬。无人时自敬，则有人时尤敬。故古人不愧屋漏，不欺暗室，皆谓慎独也。

八十五、牧竖折腰，不得不颔；乳童拱手，亦不可戏。君子以恭敬为甲胄，以逊让位干橹，谁敢以非礼加之，故曰："人自侮，而后人侮之。"

八十六、天之将雨也，穴蚁知之；野之将霜也，草虫知之。人心之有感应，亦与此同一理。

八十七、我自感，而后人感之。

八十八、慎我感，以观彼应，观彼应，以慎我感。

八十九、以口舌论者，人不肯从；以躬行率者，人效而从之；以道德化者，则人自然服从，不见痕迹。

九十、志操如利刃，可以贯物，不肯迎合窥人鼻息。

古人云，铁剑利，则倡优拙，盖谓此也。

九十一、物有余谓之富，欲富之心，即贫也。物不足谓之贫，安贫之心，即富也。富贵在心，不在物。

九十二、凡人有所赖，而后大业可规也。我有所守，而后外议不起也，若其妄作私智，所以招罪也。

九十三、免怨之道，在谦与让；干福之道，在惠与施。

九十四、名不干而来者，实也；利不贪而至者，义也。名利非可厌，且干与贪之为病耳。

九十五、有实之名，不必谢，我之实也；无义之利，不苟受，我之雠也。

九十六、毁誉，一套也，誉是毁之始，毁是誉之终，人宜不求誉而全其誉，不避毁而免其毁，是之为尚。

九十七、徒誉我者，不足喜；徒毁我者，不足怒。誉而当者，我友也，宜勖以求其实；毁而当者，我师也，宜敬以从其训。

九十八、毁誉得丧，真是人生之云雾，使人昏迷。一扫此云雾，则天青日白。

九十九、人道在敬，敬固为终身之孝。以我躯为亲之遗也，一息尚存，可忘自敬乎？

一百、亲殁之后，吾躯即亲也，我之养生，即是养亲之遗，不可认做自私。

一百○一、人生二十至三十，如方出之日。四十至六十，如日中之日，盛德大业，在此时候。七十八十，则衰颜蹉跎，如将落之日，无能为耳。少壮者宜及时勉强以成大业，罔或迟暮之叹，可也。

　　一百〇二、老人终天数者，以渐而移，老渐善忘，忘甚则耄矣，耄之极乃亡，即澌①，归于原数矣。

一斋的"言志四录"可以称得上我邦人语录中的白眉之作，雨森芳洲的《橘窗茶话》、尾藤二洲的《素餐录》之类，都不及此书。即便在中国，恐怕亦可与薛敬轩的《读书录》和胡敬斋的《居业录》在伯仲之间吧，确乎如此。更有推崇者如西乡南洲，从"言志四录"中抄录出一百零一则，视为金科玉律。秋月种树于明治二十一年（1888）出版了《南洲手抄言志录》一卷，就是这本书。但"言志四录"的文字，往往文辞简约，读者容易误解其旨意，若再三品读，用自身经验来验证，渐渐能感觉到其高妙之处。②想来一斋是深藏智慧且阅历丰富之人，因此他的言谈中，颇有值得倾听的道理。

---

① 1936 年版作"耄之极乃亡，亡即澌"。
② 1936 年版在此处增加一句："简而言之，这是一种人生观，同时间杂着处世之法。"

第九章

梁川星岩

星岩名孟纬,字公图,又字无象,号诗禅道人,又号真逸,晚年有三野逸民、夏轩老人、天谷老人等号,称新十郎,美浓安八郡曾根村人,宽政元年(1789)生。星岩之号,是取自其所居住的村庄中"星之冈"这一地名。星岩早年失怙恃,年甫十九就前往江户,师从山本北山、古贺精里等人,学业大有长进,最擅长诗文。和妻子张氏红兰一同吟游四方二十载后再次回到江户,成立玉池吟社,教授诸生。之后迁移到京都,住在鸭川之上,号鸭沂小隐,优游自适,以度余生。及至桑榆之年,他在吟诗作对之外,还潜心道学,自叹道:"吾几错过斯生矣,今而后知学之不可以已。"有诗云:"十九初游学,使气颇负抱。颓龄既六旬,方始志于道。"可作为星岩的小传。其时星岩已身瘦发白,仙风道骨,故有"瘦如脯腊寒如水"之句,又有歌其姿态变化的诗文,写道:

> 三十年前春月柳,风霜变尽旧丰姿。镜中一鹤鬓鬔白,看做他人更不疑。

安政五年(1858)九月四日殁,时年七十。在宽政以后诗文大家——菅茶山、广濑淡窗、菊池五山、市河宽斋、大窪诗佛、菊池溪琴等人之中,星岩大有执牛耳之势。其门下所出者——大沼枕山、小野湖山、森春涛、冈本黄石、远山云如、江马天江、铃木松塘等,不乏其人。《星岩集》三十二卷编辑了星岩及其一派的诗稿。星岩的著作除了《星岩集》外,还有《星岩先生遗稿》八卷①及《春雷余响》十卷,虽说还有其他著作如《自警编》《香岩集》等,但都未付梓,实在是可惜。《遗稿》是星岩死后其门人所编,分为前编四卷和后编四卷。后编是彻头彻尾的道学之诗,特别是最后一卷,纵横自在地叙述了其思想。星岩不论是朱子、陆子,还是白沙、阳明,博览宋明道学之书,然而他无疑最青睐姚江派的学问。在《后纵笔》中写道:

> 嗟黄山紫水,伟哉启明功。有白沙陈子,斯有文成公。

又写道:

> 良知说一出,聋聩皆振发。从邹孟而来,无若此快活。

并且,在《春雷余响》卷六中,有论述阳明学的诗文三首,合在一起来看,星岩不仅赞美阳明,最终也进入其学问圈中。在《后纵笔》中有言,道:

---

① 1936年版于此处增添"《吁天集》一卷"。

> 天机自泼泼，知行非两途。功夫念才动，已落死功夫。

由此可知星岩尊信王阳明知行一致的学说。他还在《杂言》中表述吾心之灵明，写道：

> 灵明吾固有，有似镜蒙尘。诸欲皆除去，常人即圣人。

在《后纵笔》之中，叙述除去心之云雾的机要，道：

> 东搜又西索，徘徊云雾边。才离门户见，便白日青天。

又叙述其结果，道：

> 心是一虚鉴，森罗万象明。洪钟虚其内，所以发大声。

又在《后纵笔》中论述诚，道：

> 识得诚一字，可以到圣人。所云思之通，方寸即鬼神。

又在《纵笔》中论述明德，道：

> 一人明明德，率土回春阳。骷髅皆发笑，瓦砾亦生光。

又在《后纵笔》中论述慎独之重要，道：

> 苟容些小私，天地非天地。圣人慎独戒，最是吃紧事。

如果从这些言论来考虑，星岩从姚江派所得甚多，是不可掩盖的事实。星岩又崇奉私淑王阳明的刘蕺山。在《后纵笔》中有诗一首，写道：

> 朱或能包陆，陆不能包朱。念台皆淹贯，可谓大丈夫。

又在《春雷余响》卷八中称赞蕺山，道：

> 文成首倡致良知，末弊纷然生儗疑。以实救虚虚救实，蕺山学旨恰其宜。

传言蕺山五十一岁时不再做梦，然而星岩三十岁以来就达到无梦之境，大概是涵养所致吧！有诗如下：

> 余三十而无杂梦，尔后三十四年间，或瘟疫或疟疾，屡经痛患，濒死者凡四五次，而亦尝无有一梦吡，岂敢谓涵养之所致乎，盖资禀乃尔也。项者读念台先生书门之联，因戏作绝句：念台五十一，自说梦魂清。吾三十而得，一事似差赢。

关于做学问的方法，星岩往往有所论及。在《纵笔》中先论述了树立大本的重要性，道：

> 苟大本不立，诸余无足言。死与草木没①，生同禽兽存。

又在《杂言》中，论述唯以己心为师的重要性，道：

> 昔人师其心，今人师其迹。其惟不师心，所以不及昔。

如此，星岩晚年潜心道学，而淡窗喜好老庄之学，杏坪沉

---

① 1936 年版作"殁"。

迷宋儒理学，可谓喜好成对。星岩对国家大事并不冷淡，因此才有"临国家危变，也不得不论"等言辞。他曾抱有勤王之志，大力报国，不久去世。因此引发疑狱，幕吏召红兰前来诘问星岩在世时的言行。红兰说道："诸君以国家之大事尽谋于内子乎？如妾夫，外事不谋于妇女，故妾固不知夫之罪。"幕吏大为羞愧。如今追想星岩的事迹，不应该单纯地将他看作一位诗人，也应该知道他培育人才亦非偶然。

补正①

关于星岩的事迹，还可以参考《家康和直弼》。星岩的门人中高井鸿山信奉阳明学。鸿山名健，字士顺，鸿山是他的号。信州小布施人。他的诗作在《玉池唫社诗一集》卷二中存有数首。他曾游学京师，在佐伯岸驹处学习书法，后前往江户，拜入葛饰北斋门下修习丹青之技。明治十年（1877）殁。享年八十有余。宇田栗园也跟随星岩学诗，攻读阳明学。栗园名渊，京师人，明治三十四年（1901）殁。享年七十五岁。

> 外物之学，可于烦恼之时，就道德上之无知，慰藉吾人。然而道德之学，足以常在外物困顿之时慰藉吾人。
> ——帕斯卡

---

① 此处为1936年版附录1《补正》中增添的内容。——译者注

第三篇

大盐中斋及中斋学派

第一章

大盐中斋

第一　事迹

中斋是豪迈奇矫之士，非寻常儒者。他的事迹世人都耳熟能详，因此没有在哲学史上再详细叙述一遍的必要了。我仅就其一斑稍加记载，如果能令读者认识到他的特性所在，就足够了。中斋，姓大盐，名后素，字子起，称平八郎，中斋是他的号，又因其居所名为洗心洞，自称洗心洞主人。洗心是根据《周易·系辞上传》中所谓的"圣人以此洗心，退藏于密"而来。中斋是德岛藩家老稻田九郎兵卫的家臣真锅市郎的第二个儿子，宽政五年（1793）生于阿波国美马郡胁町（即现在的岩仓町字新町），幼时丧母，因为母亲的缘故，成为大阪盐田喜左卫门的养子，之后因故离去，又成为天满町与力大盐氏的养子。大盐氏的祖先是今川氏。天正十八年（1590）小田原之战，德川家康旗下有一勇士将北条氏的将军足利勘平刺死于马前，这一勇士即是今川氏真之子，名为今川波右卫门。曾经今川义元在桶峡因织田信长之故遭遇灭顶之灾，其子氏真昏庸懦弱，不能保全父祖的领土，其疆域屡屡被武田信玄蚕食，遂成遁窜之客。其妾育有一子，即是今川波右卫门。他在多年漂泊之后，与德川氏家臣松平甲藏等人相识，经由他们的推荐，得以到参州冈崎拜谒家康，既而有了小田原的战功，被赐予弓箭，并且获得了伊豆塚本村作为食邑。及至家康戡定天下，他被任命为越后柏崎的定番，没过多久，又跟随家康之子义直前往尾张，食禄二百石。之后改姓称大盐波右卫门，宽永二年（1625）二月卒。波右卫门育有两个儿子，第二个儿子叫政之丞，元和年间出任大阪与力。之后到宽政时期，又出现了一个叫平八郎的人，也出任与力，中斋成为他的养子，时年七岁，然而养父母都在这一年去世。因此他是由养祖父政之丞教养长大。自不用说，由于所处时代不同，这位政之丞与之前的政之丞并不是同一个人。

我们对中斋少时状况毫无所知。但是他幼少之时丧母，继而又远离故乡，成为盐田氏养子，又辗转成为大盐氏养子，其间无疑尝过不少心酸，这也铸成了他激烈峻刻的性格。这段时期只流传下来一件关于中斋的逸事："彼曾行于街上，见商家二童，于途上抛担荷，拳击格斗，走近，执二童之髻，'汝等何忽其主用，勇于私争，还不速速停止！吾当有所应做之事'，叱咤一番，二童惊，止争而仓皇谢去。"由此足以想见，中斋已经怀有东坡所谓的食牛之气了。

中斋幼时以何人为师受教，世人已不得而知。或有传言说中斋师从中井竹山，但也只是臆测而已，并无任何佐证。总之中斋从小兼修文武，多有想要凭借功名气节继承祖先之志的念头，并未想到以学问立身。等到就任与力，在狱吏囚犯间积累阅历，中斋才深感学问的必要。中斋于是前往东京，拜入林述斋家塾，讲究儒学，刻苦励精，其行方正，进步飞速，常常凌驾于同辈之上。因此述斋对他寄予厚望，告诫其他诸生学问必得躬行，可以平八郎为准则。中斋自称"祭酒林公亦爱仆人也"，足以验证这一事实。中斋又在求学问之余锻炼武艺，刀枪弓铳，悉数修行，特别是枪术，研究其奥秘，乃至后来博有关西第一之名。①

> 匹田竹翁曰：大盐之武术，虽不知其余之事，然枪术是名人，常用"佐分利"（さぶり，saburi）。然而不擅长铁炮，骚动时，大盐所放之弹炮大部分没有击中，云云。

中斋到底是几岁留学江户，如今已不得而知，或说十五岁，或说二十岁。仔细考量他写给佐藤一斋的书信，后者的推测应该更加接近实情。关于其留学年数，或有三年之说，或有五年之说，诸说未定。无论如何，他曾于年少之时在江户逗留数年，师从述斋，展露出他非凡的才学，述斋也特别钟爱他，曾欢喜道："他可能在上国开塾教学吧！余亦足以面上生光。"彼时中斋接到养祖父重病的消息，仓皇整装，返回大阪。虽然

---

① 1936 年版在此增添引文出处："在《洗心洞余沥》中写道。"

中斋慰藉看护、喂药奉养，无一日懈怠，但祖父已经年近古稀，无法回报儿孙的诚心，终在文政元年（1818）六月二日去世。于是，中斋留在家中再次就任与力。时年二十六岁。中斋所司职位颇为贱陋。如果是寻常人，应该很难有所建树。但是中斋本是千里良驹，拥有过人的气力才识，因此可观的功绩不在少数。然而如果他没有得到一位知己的话，也无法出人头地吧！事实上中斋有幸得一知己。文政三年（1820）十一月十五日，高井山城守实德由伊势山田奉行转为大阪东町奉行，他颇负鉴识，暗中看出中斋才气绝伦，立刻将其提拔为吟味役。这时中斋二十七岁。中斋获得山城守赏识，得以大展其拳脚。当时大阪的官吏，极尽不法无状之事，根据爱憎随意判处刑罚，以金钱取舍生杀的风气盛行。因此市民忌惮官吏，如避蛇蝎。中斋想要一扫此弊端，斩邪扶正，惩奸助善，一举革新。在此之前有一淹滞的诉讼案件，时隔数年仍未判决，山城守于是命令中斋断此案件。原告听闻此事，于夜间秘密赠与中斋一筐点心，陈述其有理之处。第二天早晨，中斋将原告、被告传召到法庭审问，二人争执不休。中斋听完，知晓原告不法之处，反复辩难，责其谲诈，原告词穷服罪。如此积年难案得以一朝解决。于是中斋将原告所赠的点心筐抬出，笑着对同僚说："诸君好果子，故诉讼容易难决。"于是揭开盖子，其中全是黄金白银，灿然夺目，一座众人皆赧颜汗下，装作无知之状。中斋公正廉直，如此不忌惮同僚，正因为这样得以矫正当时的流弊。

第一章　大盐中斋

　　文政末年，在京都八坂出现了名为益田みつぎ（mitsugi）①的妖巫。肥前浪人水野军记传播妖教，由此诱惑众人，其教徒渐渐蔓延至京摄之间，就是当时所谓的切支丹。②山城守命令中斋剿灭此教，中斋于是亲自率领组内同心二人，赶赴京师，捕获妖巫将他在大阪磔杀，并下令将其一族五十六人终身监禁在监牢之中。于是妖教销声匿迹。当时大阪西町的组中有名叫弓削新右卫门的与力，虽是年逾六十的老人，然而众多奸人邪徒皆是其爪牙，市街近乡的良民百姓深受其苦。于是虽然怨嗟之声哗然于都鄙，但是由于出任纠弹之职的正是犯罪者本人，人们对此无可奈何。中斋受山城守之命，猝然率领众人袭击其住宅，逼迫其切腹，很快追捕其党羽数十人，投于狱中，又搜查新右卫门的家宅，获得赃金三千两，将钱财悉数赈恤市井贫民。于是官吏肃然，多加警醒。当时僧侣风俗大乱，其丑状之甚，难以言表。于是山城守下达了针对僧侣的污行禁制令。然而再三下令，犹有不改旧行之徒。中斋于是奉山城守之命，逮捕这些僧侣。此次下狱者有五十多人，按照各自罪行轻重处以流刑。于是僧侣风俗立刻得以面目全新。其他关于中斋政绩之事，惹人注目的绝非少数，在此无暇一一列举。总而言之，中斋意志坚固、处世灵敏，无论面前出现任何困难，也有一刀两断的决断之勇。与前代的学者相较，好像与野中兼山、熊泽藩山相近。然而兼山、藩山皆急于贯彻自身的意志，都未能善

---

①　此处所记人名有误，应为"丰田みつぎ"。——译者注
②　1936 年版在此增加注释："可参考《御仕置例类集》《甲子夜话续编》《邪徒决狱》《盐贼骚乱记》等。"

终。中斋又如何能得以善终呢？随着中斋取得许多治绩，其名声震动远近。斋藤拙堂在书简中写道：

> 从三都以达诸州，皆刮目圜视，吐舌骇叹，或闻风而起者有之，名声隐然动天下矣，足下执事才数年耳，乃能赫赫如此。

由此观之，大概足以想见当时的状况。然而声名鹊起，必有嫉妒相从。中斋知道这个道理。他曾成为众人之怨府，他担心自己有可能蒙受意外之祸，便递交辞呈蛰居一时，但山城守强行起用，他才再次出山就职。

然而，这件事对于中斋来说，最终变成了不幸。至文政十三年（1830）七月，山城守年龄已近七十岁，以难以胜任艰巨职务为名，称病乞骸骨。中斋的职位虽然卑微，但他与山城守的关系，正如蕃山与芳烈公一般。如果没有芳烈公的信任，蕃山又能在何处施展其满腹经纶呢？如果没有山城守的信任，一斋如何得以施展其抱负呢？然而现在山城守想要辞职，中斋再次担心前途无望，于是在山城守辞职被准许之前，提前致仕，由养子格之助继承其职位。当时中斋三十七岁，留有《辞职之诗并序》，道：

> 升平二百有余岁，上下无事，而天下不可谓全无弊也。文政十丁亥之岁，乃吾官长高井公莅位之七年也。是岁之夏四月，公命余捕索耶稣之邪党于京摄之间以穷治之，不日招伏就焉。公申呈之府，府闻之于东都宪台，经三年之久而发落矣。妖邪煽诱庶民之害，于是乎稍息。十

二年己丑春三月，公又命余纠察猾吏奸卒与豪强，潜通隐交以蠹政害人者，而其所汪连，及要路之人臣仆，历世之官司非不知之，盖有所怖且惮而遁之欤。若尔不忧世思民之甚者也。余感公之忠愤，终置祸福利害于度外，潜图密策，施疾雷不掩耳之遗意，以摘其伏发其奸，魁首自刃，余党各就刑于藁街，殛死者若干人，举其赃，有三千金，皆是民之膏血也，散之以肇建振恤茕独之法。奸猾蠹蚀庶民之害，于是乎又渐除，而无告人亦庶几苏息矣。十三年庚寅春三月，公又命余沙汰浮屠之污行。夫不与检束浮屠，几年于兹，故肆然犯妇女食鱼鸟焉，甚于不赖之年少，其膻腥污秽，举邦皆然矣，不徒此一方也，若急理之，则必不堪繁刑，故敷训戒之令，既及再三，终逮捕其不悛者犹数十人，尽流窜海岛，使与邦人不齿，僧风于是乎一变矣。且京兆南都界浦亦风靡，其官司各黜贪饕吏，诛奸邪僧，无皆不出于公之后。然则公之举，诸衙之嚆矢也哉。而公年垂七十，其秋七月上养病之疏，而未允，呜呼！余龄则三十有七，职则微贱，而言听计从，关大政，除衙蠹，锄民害，规僧风，岂非千岁之一遇乎！而公之进退乃如此，义不得不共弃职以招隐，而观陈眉公《读书镜》所载，包明之于阳岐王也，不顾妻子之饥寒，弃职不往于汪公彻之府。则余虽俗吏，读圣贤之书，从事良知之教，能无感于心乎？将见公之去而混樵渔之伍，故赋招隐之短篇：

　　昨夜闲窗梦始静，今朝心地似仙家。谁知未乏索交者，秋菊东篱洁白花。

从此中斋成为闲散之身，专心讲学著书，并教授弟子。到了这一年九月，中斋前往尾张，拜谒其祖先坟墓，在宗家大盐氏处停留数十日。归途中，他游览龙田、高尾、枥尾诸胜后返回大阪。此时赖山阳作序为中斋送行，其文记载于《剳记》附录之中。然而其言语之中多有忌惮，前半部分多处被涂抹，以至于读者不能得其要领，实为遗憾。我在山田的足代弘训的书中，看到全文，因此记载如下。

送大盐子起适尾张序

方今海内势偏于三都，三都之市，皆有尹。而大阪称最剧且难治焉，盖地阔绝。大府而为商贾所窟，富豪废居，至王侯仰其鼻息，以为忧喜。尹来治者，更欲弗常者。乃属吏袭子孙，谙故事如掌故，而尹仰之。成成以贿蠹于上，浚于下，结猾贾，延间阎，黠民为爪牙，乃至藩服要人，或为之支党，声气交通，尹心知之，而主客势悬，苟偷傍观，吏虽有良焉，众寡不敌，浮沉取容而已。及至近时乃有吾大盐子起，奋于吏群，独立不挠，克治其奸，为国家祛二百余年之弊事云。盖上有高井君之为尹，能用子起，子起得以展其手足也。子起之始受密命也，自度事济补国，不济破家。家有一妾，出之使无所累，然后运筹决策，指顾亲信，发摘出意外，毙其为封豕长蛇者。骈首就戮，内外股栗，乃举其赃，得三千余金，曰是民膏血，尽给之小民，因建振济茕独法，事在己丑春。先是丁亥治妖民持蕃教者，尽抉种类，庚寅又汰浮屠污行者，先申戒敕，不悛者流窜，群邪屏息。至京畿诸衙，承风黜贪墨奖公廉，当此时子起能名震三都间，至呼其名以相怵。而今兹七月高井君告老请代，子起作曰，君退，吾乌敢独进？遂决意力请退，得允，闻者莫不惊愕。野人有赖襄，独曰："子起固当然，非然不足以为子起，吾知彼其心壮身赢，才通而志价，非喜功名富贵者，所喜在处闲读书。吾尝戒其过用精明，锐进易折，子起深纳之矣，而不得已而起，为国家奋不顾身而已。不然，安能方壮强之年，众望翕属时，夺去权势，毫无顾恋哉？唯然，故当其任用，呵斥请托，鞭挞苞苴，凛然使望之者，如寒冰烈日，以得成此效尔。故观子起，不于其敏，而于其廉，不于其精勤，而于其勇退。"听者以为然。子起家系出尾张，同族在焉，今将往省之，身名两全，报国报家，拜其先坟，可有以告欤！时方秋矣，欲路龙田过中瀑，还讨高雄拇尾诸胜，如脱韝之鹰，卸"羁"之马，余其后气健力，自击于空，骋于野，快如何耶！襄故言此奖之，且预嘱其勿再就羁就羁也。

天保二年（1831）中斋屡应有志者之需，前往市区乡镇，开设讲筵，于是被尼崎和大槻的艺士聘请前去讲学。他带着一名仆从，骑着马来往于尼崎街道，道路两旁的人看见他俨然的威貌，无不相互告知大盐先生来了。

到了天保三年（1832）六月，《古本大学刮目》七卷脱稿付梓，这是他最初的著作。然而他将此书称为"梱外不出之书"，决不示于门人以外之人。这一年六月，中斋拜访藤树书院。这件事足以引起注意，因此从《劄记》中抄录出来，记录在下面。

壬辰之夏六月，予以闲逸无事，发浪华至伏水，而之江州，泛湖以访中江藤树先生遗迹于小川村焉。小川村在江西比良岳北。先生，我邦姚江开宗也。谒其墓，想象其容仪道德，泪堕沾臆。其书院虽存，而今无讲先生之学者。其门人之苗裔业医者，乃监守之，如守祧然。予于是赋诗，诗曰：

院畔古藤花尽时，泛湖来拜昔贤碑。余风有似比良雪，流灭无人致此知。

归时于大沟港口复买舟。予与所从之门生及家僮四人耳，更无同舟人，再泛湖，南向坂本，将还吾乡。而自大沟至坂本，水程凡可八里。解缆结绚，既未申际，而日晴浪静，柔风只飒飒而已。至小松近傍，北风勃起，围湖四山各飞声，而狂澜逆浪，或如百千怒马冲阵，或如数仞雪山崩前。他舟皆既逃而无一有。其张帆至低三尺强，而乘其怒马，踏其雪山，以直前勇往，如箭驰者，只是吾一舟而已矣。忽到鳄津。尝闻鳄津虽平日无风时，回渊蓝染，而盘涡谷转，巨口大鳞之所游泳出没，乃湖中至险也。而况风波震激时乎！推篷见水面，则为所谓地裂天开之势，奇哉。飓风忽南北两面吹而轧，故帆腹表里饥饱不定，是以舟进而又退，退而又进，右倾则左昂，左倾则右昂，如踊如舞。飞沫峻溅,入篷侵床,实至危之秋也。舟子呼曰:"他舟皆知几,故避之。如某独误不能前知焉,而乃至此。吁,命也哉!虽然无面目对客耳。"吾察其言意,似不免共葬鱼腹之患,因却慰喻舟子曰:"尔误至此,命也。则吾辈至此,亦命矣。俱无如之何。只任天而已,何足患哉!"门生家僮,既如醉恶酒,头痛眼眩,其心如虑覆溺者。虽予实以为死矣,故不得不起忧悔危惧之念。是时忽忆于藤树书院所作"无人致此知"之句,心口相语曰:"此即责其不致良知之人也。而我则其忧悔危惧之念,若不自责之则待躬薄,而责人却厚矣,非恕也。平生所学将何在?"直呼起良知,则伊川先生存诚敬之言,亦一时并起来。因坚坐其飘动中,乃如对伊川阳明二先生。主一无适,忘我之为我。何况狂澜逆浪,不敢挂于心。故忧悔危惧之念,如汤之赴雪,立消灭无痕,自此凝然不动。而飓风亦自止。柔风依然送舟,终著坂本西岸。此岂非天乎?时夜已二更矣。门生家僮皆为回生之思,以互贺无恙,遂宿坂本。明早天晴,登天台山,尽四明治最高,而俯视东北,则乃湖也。畴昔所经历之至险,皆入眼中。风浪静而远迩朗,实一大圆镜也。渔舟点点如鹰子,帆樯数千,东去西来,易乎平地,似无可危惧者焉。于是门生谓余曰:"昨忧悔危惧,抑梦乎?抑天谴吾师乎?"余曰:"否,非梦而真境也。非天谴而金玉我也。何者?非逢其变,则焉窥得真良知真诚敬哉?又焉得真对伊川阳明两先生哉?故曰真境而非梦也,金玉我而非天谴也。然则福而非祸也。

贤辈亦毋徒追思忧悔危惧之事而可也，无益于身心也。且贤辈盍复视夫城邑乎？其亦在杖屦底如蜂窝蚁垤者，富贵贫贱所同栖也。故我则却得小鲁之兴，心广而身裕。"于是又赋诗，诗曰："四明不独尽湖东，西眺洛城眼界空，人家十万尘喧绝，只听一禽歌冷风。"胸中亦洒洒然，觉无一点渣滓。因谓，吾辈才即其境，呼起良知，存诚敬，犹且忘了至险。而登岳虽再顾万死处，不心寒股栗，而湛湛悠悠，却心得圣人同焉之兴。而况如伊川先生，通昼夜，彻语默，存诚敬，则其谓虽尧舜之事，只是如太虚中，一点浮云过日。实见而非虚论，断可知矣。云云。

此行之中，中斋拜访藤树遗迹，深有所感。再加上归途中遭遇飓风，反而得以体会、察觉到良知的旨意。之后他又数次前往小川村，在藤树书院聚集村民讲授良知之学。

天保四年（1833）是中斋收获最多的一年。他在这一年完成了《洗心洞劄记》和《儒门空虚聚语》，并将二者付梓。《劄记》叙述了他独到的学说，可以说中斋的理念、本领全部记存在这本书中。《劄记》始成，他就将其中一本焚烧于伊势的朝熊岳山顶，以告天照大神，又将一本藏于富士岳石室之中，想要以俟后人。当时恰逢伊势的足代弘训来拜访中斋，中斋将自己的志向告诉他。弘训于是告诉中斋，神宫有丰宫崎、林崎两文库，怂恿中斋与其将书籍焚烧，不如将书籍奉纳其中。中斋以为然。在这一年秋天，中斋先登富士岳将《劄记》藏在石室之中，很快又来到伊势的山田，经由弘训介绍，向两文库奉纳《劄记》。如果问中斋为何会有此举动，他自己回答道:"是乃有意在,而非人所知也。"他是希望寄寓在《劄记》中的精神可以不朽传承呢?或者是希望以其所记告慰神明呢?抑或是预见到将来的灾难,于万一之中拯救其书呢?无论何种情况,可称得上奇异之举。中斋除《劄记》外,还将《朱子文集》《古本大学》及《传习录》奉纳给丰宫崎、林崎两文库,将《陆象山全集》奉纳给丰宫崎文库,将《王阳明全集》奉纳给林崎文库,以此为国家祈求洪福。他著有五篇跋文,曾以《奉纳书籍聚跋》为题刊行。他的书文多不传于世,因此摘录如下。

《朱子文集》奉纳伊势丰宫崎林崎两文库跋

陋撰《洗心洞劄记》成焉,而社弟辈刻诸家塾,后素欲以其一本燔于伊势朝熊岳绝顶,以告天照太神,而一本藏富士岳之石室以俟人,是乃有意在,而非人所知也。于时适足代弘训访后素,弘训即伊势山田御师职,而有学识人也。后素因窃语此志,弘训详告神宫有丰宫崎、林崎两文库,而从来藏奉纳之典籍,且劝以奉纳焉,而止以不燔。后素终从其悠愿,与之结奉纳之约。而今秋先登岳藏书,归时航吉田海,到山田,寓足代氏,《劄记》各一部,以弘训之绍介,奉纳两文库矣。故得一览两库之牙签,和汉之载籍,大抵略备焉。阳明王子之学,古今人情之所忌,然而其全集既在宫崎文库之牙签,而世所奉承乃朱子之教,而其全集则反两库共未尝有奉纳之者也。后素于是乎益信,其奉承朱学者,只名而非实也。后素虽固奉王子致知之教，而于朱子博约之训，宁亦废之哉？故归乡之后，与社弟胥谋，慨然酿金若干，乃购和刻《朱子文集》二部各六十册，复以弘训之绍介，奉纳两文库。是非后素矫情而故为之也。只以学力微弱，材识拙庸，而身既隐矣，安得伸振颓助衰之志，故祈真知朱子之心，诚礼朱子之学，而不顾生死祸福，以扶助世道人心之一大贤儒，亦出于我扶桑之东焉，一洗陋染偏执之习而已矣。是乃与唐明宗焚香祝天以待圣人之出，事固异，而情则同。嗟乎，此愿不问人之信不信，惟是神明鉴焉。钦书此卷末，以表赤心者也。

陆子象山全集奉纳伊势丰宫崎文库跋

后素一览两文库之牙签之由，既载于今所纳《朱子文集》卷末，故不赘焉。而纳《朱子文集》，而不纳象山陆子文集，则如未备者。何者？陆子以尊德性为教，而未尝不道问学也；朱子以道问学为教，而未尝不尊德性也。然其生前互论辩不已，朱以陆之教人为太简，陆以朱子之教人为支离。而深考之，朱子以陆子之教人为太简耳，未尝以陆子为太简也；陆子以朱子之教人为支离耳，未尝以朱子为支离也。只两家之子弟，有客气胜心者，终酿朱陆同异之说，以为斯道之梗，非可叹之甚乎！而今读陆集，则说德性详矣，而居多；氎朱文，则说问学尽矣，而过半，要不可两废者也。故后素则并收两家之说，即依然尊德性而道问学之事也，而以阳明王子致良知之教，一以贯之，以是为学的，庶几不叛孔孟之宗者欤！是故陆集亦不可不纳焉也。和刻固无，虽舶来之本亦罕，乃以后素所藏之全集，奉纳神库，而学的之是非，质之神明也。且欲纳王子全集，固后素本志也。然而古尝有纳之之人，岂非先获我志者乎！呜呼！此心之同然，益可信也已矣。

《古本大学》奉纳伊势丰宫崎林崎两文库跋

《大学》有章句，有补传，乃朱子之改本，而非古全书也。而自改本行于世，《礼记》无《大学》，故童而习，长而讲者，不能得圣学之要也。是以前代名儒纷起，驳改本之误，在宋车氏若水，董氏槐，黄氏震，王氏柏，在明王氏祎，方氏孝孺，都氏穆，蔡氏清，皆各有说。至阳明王子，去章句复旧本，学人终见古书，以得圣学之要，是乃王子之伟功也。湛氏若水、郑氏晓等之诸名公皆是之，而至清毛氏奇龄、朱氏彝尊，亦各有说。毛氏曰："是书在五经《礼记》，竟削其文，至今犹幸见真本者，藉十三经中郑氏注耳。明嘉靖间王文成公刻《古本大学》，当时文士在官者，自中及外称明代极盛之际，尚相顾胎腭，并不信《大学》复有此本，引为浩叹。"朱氏曰："《大学》在《小戴记》中，原止一篇，朱子分为经传，出于独见，自章句盛行。而永乐中纂修《礼记大全》，并《中庸》《大学》文删去之，于是诵习章句者，不复知有《戴记》之旧，阳明王氏不过取郑注孔义本而旁释之尔。后素故于《大学》则讲究《古本大学》，而不取改本之章句。不敢私于王氏也，实从天下之公议而已。"今以《古本大学》及王氏《大学或问附录》奉纳太神神库，岂有他哉？古书之传于我邦，我邦亦有信之，如宋明诸公者在焉，而征良知无彼此，共明明然不灭也。呜呼！是太神之灵德哉！而陋撰《古本大学刮目》五卷，他日复奉纳焉，预告于神明矣。

《传习录》奉纳伊势丰宫崎林崎两文库跋

阳明王子之学，要在致良知，而良知二字，出孟子。孟子之良知，出《易》之乾知孔子之言，乾知非他，天之太虚灵明而已矣。而陋儒曲士猥疑之，何也？以其心不复太虚灵明故也，无足怪矣。若质诸我邦之往圣，则亦良知之外无理矣，良知之外无学矣，良知之外无事矣。我何以断然决之乎？陆子象山曰："东海有圣人出焉，此心同也，此理同也。"东海之圣人，舍天照大神，而谁当之？故云云。今以王子《传习录》及附录，奉纳大神文库，大神之灵明，既符于孔孟及王子之良知矣，王子而有灵，则何欢加之，在孔孟固可知矣。嗟乎，斯言也，必获罪于人，然而不获罪于神，则心窃自知焉耳。

阳明王子文抄奉纳伊势林崎文库跋

丰宫崎文库有阳明王子全集，而林崎文库未有之也。后素故欲纳之，因搜索阪城书肆，不幸无舶来之善本，虽弊箧藏之，不斯须离坐右，实我家有用之书也。舍有用之书，枉献于神似谄，神必不受也。故不敢。于是以亦所藏其文抄之别本，姑奉纳焉。他日有善本出，则盖复纳之，而此本标题曰《王阳明全集》。而今改文抄，何也？后素尝阅之，抄其全集之文者，而标题乃清人误也。呜呼！后素以前贤论良知书，乃献于大神神库，岂亦徒然。欲致之如其教故也。钦冀神明祐之，后素不敢堕是志矣。

中斋先抄录了《洗心洞劄记》中的七十五条，将其托付给间生赠与佐藤一斋，后又赠送印刷版本，请一斋批评指正。当时中斋寄给一斋的书信，其中颇有可供参考之处，因而记录如下。

摄州大阪城市吏致仕大盐后素，再拜白一斋佐藤老先生。仆虽未获仰眉宇听謦欬，吾乡间某曾传先生《爱日楼集》，以投诸仆，仆庄读之，乃知先生学深乎渊水，先生文粲乎星辰，而不悖于素闻矣。既又读《祭酒林公序》，因复了先生之阅历，与先生之不遇也，慕而悲之，悲而慕之，孰知仆志在乎先生哉。然而不投足门下，负墙请教，何耶？是不惟山河相隔，尝缚吏役绊簿书，寸步尺行，不能恣致之也，故徒翘跂耳。而仆今乃辞职家居，如宜东行侍函丈自在然。然而不能遂其事，又何耶？以私雠充斥乎州内外，蠖屈乃俟时，而终无其时，则闻先生年既逾六十，而仆虽四十又一，体屡病多，安知无失遭遇之期哉。然则憾无加焉。故略告仆志于未一面之先生，以乞教。

夫仆本遐方一小吏矣，只从令长之指挥，而抗颜于狱讼棰楚间，以保禄终年，无他求可也。然而不从事于此，而独自尚志以学道，不容乎世，而不爱乎人，岂不左计乎？吁！知仆者，悯其志，不知仆者，以左计罪之宜矣。

而仆之志有三变，年十五，尝读家谱，祖先，即今川氏臣而其族也。今川氏已后，委贽于我神祖，小田原役，刺将于马前，而赏之以御弓，又锡采地于豆州塚本邑焉。当大阪冬夏役，既耄矣，不能从军以伸其志，而徒戍越后柏崎堡而已。建橐后，终属尾藩。而嫡子继其家，以至于今。季子乃为大阪市吏，此即我祖也。仆于是慨然深以从事刀笔，伍狱卒市吏为耻矣。而其时之志，则如以功名气节，欲继祖先之志者。而居恒郁郁不乐之情，实与刘仲晦未得志时之念亦奚异，而非谓器比焉也。而父母，仆七岁时，俱没矣，故不得不早承祖父职也。日所接，非赭衣罪囚，必府吏胥徒而已。故耳目闻见，莫不荣利钱谷之谈，与号泣愁冤之事，文法惟是熟，条例惟是暗①，向者之志，欲立而不能立②。依违因循，年逾二十，吏人未尝有学问者③，故虽有过失，无益友诫之者，其势不得不发欺罔非僻骄谩放肆之病也，而无是非之心非人。窃自问于心，则作止语默，获罪于理者盖夥矣。要与在笞杖下赭衣一间耳。而无羞恶之心亦非人，治彼罪也，则不可不治己病也。治病奈何？当从儒以读书穷理而后愈矣，故就儒问

---

① 1936年版作"谙"。
② 1936年版作"欲立尝不能立"。
③ 1936年版作"吏人未之有学问者"。

学焉，于是夫功名气节之志，乃自一变矣。

而时之志，则犹以袭取外求之功，望病去而心正者，而不能免轻俊之患也。乃与崔子钟少年之态适相同，而非谓材及焉也。而夫儒之所授，非训诂必诗章矣。仆偷暇惯习之，故不觉陷于其窠臼，而自与之化，是以闻见辞辩，掩非饰言之具，既在心口，而侈然无忌惮，似病却深乎前日矣。顾与其志径庭，无悔乎，于此退独学焉。困苦辛酸，殆不可名状也，因天祐，得购舶来宁陵《呻吟语》，此亦吕子病中言也。熟读玩味，道其不在焉耶。恍然如有觉，庶乎所谓长针去远痞，而虽未能全为正心之人，然自幸脱于褚衣一间之罪矣。自是又究宁陵所渊源，乃知其亦从姚江来矣。而我邦藤树、蕃山二子，及三轮氏之后，关以西，良知学既绝矣。故无一人讲之者焉。仆窃复出三轮氏所翻刻《古本大学》及《传习录》坊本于芜废中，更稍知用功乎心性，且以喻诸人。于是夫袭取外求之志又既一变矣。

而仆志遂在以诚意为的，以致良知为工焉。尔来不瞻前顾后，直前勇往，只尽力于现在吏务而已矣。以是报君恩，报祖先，而报古圣贤之教，不敢让于人也。不意虚名满州县，因思未有实得，而虚名如此，是乃造物者之所忌①，故决然致仕而归休矣。非徒恐人祸然也。是时仆年三十又八矣。而今乃专养性于小窗底，反观内省，改过迁

---

① 1936年版作"是乃造物者而所忌"。

善，惟是务。然以无良师友故，恐弛其志于五六十矣，是仆之日夜所忧也。自今如何下功夫则其志益坚立，而心归乎太虚矣？

先生亦服膺良知学者，仆因自知人如东行以其道愿相见，则不以夫子之待孺①悲者待仆，故裁是书，告志而乞教便如此，其简率则请勿罪焉。且社弟辈，梓仆《劄记》，以藏家塾，毕竟代其转写之劳耳，不敢示大方也。然仆志亦在其中，幸以间某顷寓大府司天台，托斯人以呈《劄记》二册于左右，暇日赐览观，而彼此但垂教喻则幸甚幸甚。祭酒林公亦爱仆人也，先生寓其邸，故当闻知焉，冀先生览后，复转呈诸林公，林公亦赐一言教，以共陶铸仆，则爱仆之诚，敢不感，敢不感！而仆为求知于人，非云云也。伏先惟先生鉴其文，而厚其志。谨再拜。

天保五年（1834）中斋著《增补孝经汇注》，于是构成了"四部书"。一本名为《古本大学刮目》，一本名为《洗心洞劄记》，一本名为《儒门空虚聚语》，一本名为《增补孝经汇注》，这就是"洗心洞四部书"。虽然中斋在辞职后，如此专心着力于讲学、著书，但高井山城守之后的诸位奉行，都佩服中斋的威望和才学，一旦出现关于施政的难题，往往来咨询中斋以求决断，中斋的势力隐然在诸奉行之上。其中矢部骏河守是和中斋最为亲善的人。

天保七年（1836）春，矢部骏河守转任江户勘定奉行，四

---

① 1936年版作"儒"。

月二十八日,迹部山城守接任大阪东町奉行,山城守其器凡庸,没有识人之明,最终导致了中斋叛乱。在藤田东湖的《见闻随笔》中记载道:

> 丙申之秋,大阪町奉行矢部骏河守转任勘定奉行,命迹部山城守为矢部之后任。两相交替之时,迹部向矢部询问町奉行之故事及心得,矢部如此相告后云:"与力隐居者中有名平八郎者,非常之人,譬如悍马。若不激发其气,足可御用;若以奉行之威驾御,危也。"迹部虽只唯唯应承,退而语人道:"曾闻骏河守乃一方人物,原为误传。问大任之心得,担心区区一隐居与力能否御用,这算何事?"嘲之。翌年,平八郎作乱,虽不久伏诛,世间皆弹劾迹部奉职无状,称誉骏州之先见。

这一年秋天,中斋游览播州甲山时曾赋诗二首,道:

> 曾游二十二年前,林壑再寻依旧新。今日思深似前海,彷徨不独为诗篇。
>
> 人随无事醉明时,柔脆心肠如女儿。却冲秋热攀山险,谁识独醒慎独知。

深入思考这两首诗的意思,中斋内心激荡着难以忍受的不平意味,已经渐渐显露举事的征兆。中斋的内心为何会如此激荡?现在来考虑其缘由。自天保二三年始,气候不顺,五谷不登。到天保四年(1833),发展成全国的大饥馑,接着连年歉收。到天保七年(1836),演变成更为严重的大饥馑,其惨状最甚。中斋不忍对此坐视不理,让格之助拜见迹部山城守,请其开仓救济穷民。山城守表面答应道,不出四五日必有施恤之举。中斋大悦,屈指以待其时日,然而迁延弥久,历经几日,无赈灾之举。于是又使格之助催促其事,也毫无效果。因此格之助又提出郑重请求,山城守回复他道,因为传令必须将大量的米谷调送江户,所以赈恤之举姑且暂缓。中斋虽然愤慨当政者的冷淡处理,但又对此无可奈何。因此变换方法,策划说服市中豪商之辈,向他们借贷金钱来救济穷民。然而山城守反而阻挠此事,要求诸豪商勿要借贷中斋金钱。于是中斋大怒,欲自行救济,变卖一切藏书,其部数达一千二百部,价值六百五十两,制作一万枚钱券,全部施与穷民。然而山城守听闻中斋此举,直接传召格之助,认为其是为了沽名钓誉才施惠穷民,对此大加谴责。大约这些事情一一刺激了中斋,最终导致他叛乱。中斋的婢妾等在口供中说道:平八郎平生气质坚韧,当春之后,见其少有发狂之状。可以推断中斋几欲发狂的激愤。

天保八年(1837)二月十九日,中斋举兵,其徒众数百人先焚烧了豪商的家宅,破坏仓库,四散金钱谷物。既而与山城守的士兵作战失利,到了黄昏仅剩八十余人,于是解散徒众,自己暗藏形迹。这一日,火势一直持续,及至第二天二十日,火势更加猛烈,大阪市四分之一以上城区皆化为灰烬。因此警戒更加严密,紧急搜寻中斋之徒众。于是中斋之徒众,或被缚就擒,或自杀身亡,或自首投案,前后共有数十人。然而唯独中斋及格之助的踪迹尚未分明,因此人心惶惶。经过一个月,即至三月下旬,中斋藏匿在大阪一商人家中之事败露。二十六日黎明，吏卒数十人前来逮捕中斋。传言中斋知晓吏卒前来，与格之助放火自焚而死。当时中斋四十四岁①。

中斋举兵，虽然难免是他出于忿怒之余的轻率之举，但他怜悯穷民的心情，也未必应该被责难。中斋虽然不是没有骄慢之心，但他怜悯穷民的心意如此真诚，绝不能单纯认为他爱好虚名。他在《刢记》中写道：

> 人之嘉言善行，则吾心中之善，而人之丑言恶行，亦吾心中之恶也，是故圣人不能外视之也。

又说道：

> 有血气者，至草木瓦石，视其死，视其摧折，视其毁坏，则令感伤吾心，以本为心中物故也。

因为中斋怀有这样的见解，所以他看到暴吏的横暴行径，将其视为自己内心之事，看到穷民之惨状，也当作自己内心之事，到底无法冷淡漠视，最终招致了忘我般的爆发。因此中斋的衷情，绝非不可饶恕。另外，如果从中斋反抗幕府苛政，高举反抗义旗，为贫民献身的角度来思考，他几乎如同社会主义人士一般。然而他固然没有今天所谓的社会主义思想，但并非没有——一视同仁的平等主义——的影响。中斋和藤树一样，拥有分明的平等主义观念，因此中斋的暴举自然与社会主义相符。

---

① 1936 年版作"四十五岁"。

中斋为人，峭酷峻厉，动辄易发忿恚。若有激发他心志的事物，他就会几欲发狂，显露出睚眦龁炼之态。《东湖随笔》中记载道：

> （藤田东湖）当面质问矢部，矢部道：虽说平八郎乃叛逆之人，在我看来，平八郎不该为叛逆。平八郎乃是所谓肝积之症甚重之人，就任与力期间，折富豪救山民，处理奸僧，审讯邪教之类，可谓天晴之吏。并且学问方面，致力有用之学，黄吻书生有所不及。某奉行在役期间，屡次招至燕室，商量密事，闻过失得所益之事并不浅少。言语容貌绝非寻常之人，他实际不会谋反叛乱，围因大阪城，（大阪御手簿之事、门番之事，是近年来大盐苦心孤诣之所在。）然而不入御城，以火矢烧之，又是为何？某曾招待平八郎共同用餐，那个时候烤了名为金头的大鱼。当时平八郎谈到忧国之处，忠愤异常，可谓怒发冲冠，虽大加劝慰，平八郎仍益发愤怒，将金头从头到尾分割咬碎而食。及至翌日，家宰劝谏某道：昨夕之客乃狂人也，绝非高贵之人应该接近的，以后就挡着别让他进来了。虽然此人实际上是为了某而进言，但非汝所知，故而某始终保持与中斋的交往。虽然此乃一桩小事，足以知平八郎为人。

可以想见其悲愤慷慨之状。另外，幕末遗老木村芥舟翁所著的《笑鸥楼笔谈》中，有如下一节：

> 大盐后素，一年前去彦根，冈本黄石翁将他延请至其家，求其讲授兵书。后素忽然正色道："足下有何用，竟望

讲授兵书？"答曰："吾有不甚理解之处，请问其说。"促膝而谈，翁深感意外，答曰："如君所知，予之祖先，以兵学仕藩。余不肖，今位列大夫之末班，欲承祖先之志，幸得闻先生高论，欲为国尽忠，别无他求。"如此说来，后素颜色稍稍和缓，"兵乃活物，非一二讲可尽，足下若真有此意，余家藏有《孙子十解》之珍品，可借与你，若熟读此书，可事半功倍"。言罢辞去。后素刚才辞气之厉，几乎不知如何回答，黄石翁如此说。

另外，同样出自黄石翁：

予在年少之时，在面会的诸先辈之中，体貌俊伟、极其出色的是渡边华山和大盐后素二人。不论谁看见都会认为是大国藩老一般的人物。吾辈与之共立，甚至会有自惭形秽之感。赖山阳，容貌卑野，与其思想大不相同，另外听他讲释学问，极为笨拙，思路并不明晰，与作文章之时，可谓云泥之别。

另外，关于中斋的容貌，有其门人疋田竹翁的谈话，道：

大盐容貌，堪称美男子。身着粗布衣服，身高五尺六寸，身形略为瘦削，但风采凛然，确实仪表非凡。头上的发髻短小、绑在一起，肤色偏白，眼睛不大，因为是吊梢眼的缘故，若稍含怒气视人，无论何人都有被目光刺痛之感。

中斋无妻，唯有一妾，其名为优，后出家为尼。优亦颇具学识，绝非寻常女子可以匹敌。如《大学》这样的经典，都可以记诵，有时代替中斋为门生讲授《中庸》或者《史记》等书。关于优出家为尼的事情，有一段传说。中斋原本奉行绝不取他人一厘半钱的原则，并且要求家人也要遵守这一原则。然而有一次别人赠送优一把梳子，优也没有将梳子退还的理由，就偷偷收下将梳子藏了起来。偶然间这件事被中斋发觉，中斋认为优打破了自己的原则，因而大怒，立刻剪短了她的发髻，让她出家为尼。优育有一子名弓太郎，暴乱之后被判处永久监禁，因此，中斋的子孙在暴乱之后全部断绝了。

中斋的门人多担任与力。然而也有从其他地方前来游学的人从事这一职位。门人之数一时不下四五十人，若将前后门人合起来计算的话，总数应该可以超过千人。当时最卓绝的门人是宇津木矩之丞，担任洗心洞塾头。还有松浦诚之、汤川干、松本乾知等多少将来有望之人，但皆因暴乱之过，死于非难，难成其大器，只能成为遗憾！

不能说中斋是交际广泛之人。如猪饲敬所，仅拜访过一回；虽与足代弘训相识，但彼此学识不同，未必可称得上交心挚友；虽与筱崎小竹有一面之缘，但却以"并非拜金之儒所知"出言侮辱；唯与近藤重藏意气相投。重藏本是博学之士，绝非寻常儒者之徒。他曾探险千岛，修建"天长地久大日本国"的木标，亦可谓一方豪杰。他在大阪就任弓奉行时，中斋常前去拜访。长田偶得氏所著《近藤重藏》中有如下一节，写道：

平八郎初闻重藏之名，欲与之相见一回，以解胸中之奇。一夜，叩其门请面会。顷刻一老仆出，向一方领路引导，将他带至书院，未及入座，中斋就询问此间主人去了何处？"急慢了，抱歉……"仅闻其咳声。烛泪堆积，天色渐暗，平八郎虽从别处听说重藏为人傲慢，轻蔑他人，当时并未特别挂心，现在等待得太过焦急，不禁怒火中烧，"原来传闻是真的，乃是无礼之异类"。一边自言自语，一边环视四周。发现床间有一百目炮。可以看出此炮乃主人爱藏，制作颇美，铳身灿然与灯光相映，亦备有火药。平八郎大喜，欲挫傲慢者之荒诞，取来铁炮装上火药，点火放炮，轰然一声，如百雷堕下，屋壁震动，硝烟充斥室内。重藏静静推开隔扇，左手提着烟草盆，右手拿着烟管，悠然入座，曰："这一发的手段，十分钦佩。"相见礼毕，直接传来酒杯。

　　既而重藏故意在平八郎座侧放置一锅，请他品尝。中斋不经意间打开盖子，却道是个什么？一只鳖在锅底蠢蠢欲动。平八郎毫无惊异之色，呵呵大笑，道："好下物，我便不客气吃了。"拔出小刀，切断鳖首，潋饮其血，痛饮之。就连重藏也佩服他的胆气，由此相互往来，交情日益亲密。

中斋和重藏，哪位都是非常之人，彼此相遇，无疑如同东峰西岳相对而立。然而中斋最尊重的知己是赖山阳。山阳本是文人，并非饱读经学之人。虽然中斋与山阳相交这件事确实十分奇怪，但他私下十分欣赏山阳有胆有识。他自辩道："余善山阳者，不在其学，而窃取其有胆而识矣。"

之后,山阳吐血病重之际,中斋赶赴京师前去探病,但此时山阳已经去世。中斋自己追慕山阳,道:

> 知我者,莫山阳若也。知我者,即知我心学者也,虽知我心学则未尽《剳记》之两卷,而犹如尽之也。

如此,中斋将山阳视为知我心学之人,然而山阳对心学毫无所知,他在《读王文成公集》一诗中写道:

> 为儒为佛姑休论,吾喜文章多古声。北地粗豪历城险,尽输讲学老阳明。

这是称赞阳明文章的诗文,但阳明的学问,他并不了解。山阳又曾对中斋说:

> 兄之学问,洗心以内求,如曩者外求以内储,而作诗,而属文,如相反然。

彼此不仅貌似相悖,实际上也可以说存在相反的地方。然而山阳认同中斋与阳明有类似之处,称中斋为小阳明;而中斋同样认为山阳钦佩阳明的文章和功业。其二人肝胆相照,情意共通,这是不容置疑的。

第二　著书

《古本大学刮目》七卷
此书系天保三年(1832)六月付梓,然而作为"梱外不出之书",不示于门人以外之人,在凡例之末写道:"彼此校订,以惠学者,所谓珍书而莫为容易观。"可知其为秘书。此书在天保八年(1837)之乱时被烧毁,虽说残本尽毁,但仍存稀有的秘藏之本,余亦藏有一部此版本。

《洗心洞劄记》三卷

此书系天保四年(1833)刊行,记载了中斋独到之学说。附录一卷集中收录了交友知己的书简,亦可为参考。

《洗心洞劄记抄录》二卷(写本)

此书乃是从《劄记》中抄录出七十五条汇聚而成。这也许是由中斋亲自抄录而后托付间某,送与佐藤一斋的草稿写本吧!卷末附有寄给一斋的书信并辞职之诗,又有凤文的评语,未知何人所书。其次有池尾弼宪的跋,最后载有乌有翁所作《洗心洞略传》,亦有一顾之价。

《儒门空虚聚语》三卷

此书系天保四年刊行,中斋在此书中为证明孔子以来确有太虚之说,集录所有与此事相关的古人言论。猪饲敬所曾读此书,订正其训点谬误,中斋看到后佩服其校雠的正确,将之追加在上栏之处,更至追镌。

《增补孝经汇注》三卷

《孝经汇注》作为编入《孝经大全》之中的书目,系由明朝江元祚所删辑。将此书称作汇注,是因为朱鸿,字子渐,孙本,字初阳,虞淳熙,字澹然(号道圆),此三人删减辑录注书的缘故。中斋认为通过此书可得圣人易简之道,以黄道周(字幼安,号石斋)之说及自身之说增补此书,又在上栏中附以王阳明、杨慈湖、罗近溪三人之说。

《洗心洞学名学则》一卷

此书在卷首列举学名、学则，后附录《答人论学书略》。余所藏之书，盖有"孔孟学"之印，应该是洗心洞所藏之书吧！其内容皆在《儒门空虚聚语》的附录之中，《学名学则》以《答人问某志》为收结，因此比聚语少了三篇文章。

《古本大学旁注》一卷

此书是在阳明所著《古本大学旁注》的基础上增加中斋的补注。明治廿九年（1896）由铁华书院出版。

《大学或问增注》

《洗心洞劄记抄录》中有池尾弼宪的跋。其中提到中斋的著作中有《大学或问增注》，然而此书并未绝版，而应是《古本大学刮目》的失误。

《奉纳书籍聚跋》一卷

此书系中斋于天保四年（1833）九月刊行。今多不传于世，帝国图书馆中仅存一本。在伊势山田，我特别留意收集此书，现将它在中斋的著书中列出。

《洗心洞诗文》二卷

此书为大阪人水哉中尾舍吉氏编辑而成，原稿由伊丹的稻川氏提供。稻川氏十五岁时在洗心洞求学，家中藏有中斋的遗稿，中尾氏曾誊写其遗稿，抄录了其中最有益后学的若干文书，分为二卷，于明治十二年（1879）刊行。可谓了解中斋文藻的唯一原始材料。

《学础》若干卷（写本）

此书由洗心洞所出，由医学博士大西克知氏所藏。世人或认为此书为中斋所著，余曾借阅其书，一名称作《度学》，其内容全部为几何学。这无疑是其译书，因此与利玛窦之《几何原本相》对照，完全不同。这本书出自何人之手，尚未可知。然而可以毫无畏惧地断言绝非中斋著书。

另外，还存有中斋评点《王阳明全书》《欧阳南野文选》等书，皆由京都的宇田栗园所藏。我曾浏览其书，在栏外记入的评语不在少数。特别是他的《王阳明全书》，原为藤树书院所置藤树常用之本，中斋强行借来，加以评点。中斋又翻刻赵翼《廿二史劄记》。

第三　学风

中斋自己勤于实践躬行，教导弟子也十分严格，因此子弟所受感化匪浅。中斋叛乱之际，虽然有二三人背叛，但大多数学生都留下来，与中斋生死与共、万死不辞。若非平素熏陶，又怎会如此？现存有《洗心洞盟约书》，写道：

> 欲学圣贤之道以为人，则师弟之名不可不正也。师弟之名不正，则虽有不善丑行，谁敢禁之？故师徒之名诚正，则道行乎其间，道行而善人君子出焉。然则名问学之基也，可不正哉？某虽固陋寡闻，以一日之长任其责，则不得辞师之名。而其名之坏不坏，大率在下文条件之立不立。故结盟于入学之时，以预防其流不善之弊。

主忠信，而不可失圣学之意矣。如为俗习所牵制，而废学荒业以陷奸细淫邪，则应其家之贫富，使购某所告之经史以出焉。其所出之经史，尽附诸塾生。若其本人而出蓝之后，各从其心所欲可。

　　学之要在躬行孝悌仁义而已矣。故不可读小说及异端眩人之杂书。如犯之，则无少长，鞭扑若干，是即帝舜扑作教刑之遗意，而非某所创也。

　　每日之业，先经业，而后诗章，如逆施之，则鞭扑若干。

　　不许阴缔交于俗辈恶人以登楼纵酒等之放逸。如一犯之，则与废学荒业之谴同。

　　一宿中不许私出入塾。如不请某以擅出焉，则虽辞之以归省，敢不赦其谴，鞭扑若干。

　　家事有变故，则必咨询焉，以处之有道义故也，非某欲闻人之阴私也。

　　丧葬嫁娶及诸吉凶，必告于某，与同其忧喜。

　　犯公罪，则虽族亲不能掩护，告诸官以任其处置。望尔们小心翼翼，莫贻父母之忧。

　　右数件，勿忘勿失，此是盟之恤也。

由此观之，中斋规定若有违背盟约书的人，无长幼之别，皆加之鞭扑以示惩罚。这些盟约从今天来看，并非没有失于严酷之嫌，却也在当时发挥了锻炼书生的效力呀！如最后一条若触犯公罪等，竟至夫子自己违背此条，这难道不是严重的自相矛盾吗？在洗心洞的学堂中，贴有中斋的《天成篇》一文，在此备注道:"钱绪山以《天成篇》,揭喜义书院,示诸生,吾亦谨书揭洗心洞,弟子日读而心得焉,则犹躬亲举于阳明先生。"其文道:

> 吾人与万物,混处天地之中。天地万物之宰者,非吾身乎?其能以宰乎天地万物,非吾心乎?心何以能宰天地万物也?天地万物有声矣,而为之辨其声者谁欤?天地万物有色矣,而为之辨其色者谁欤?天地万物有味矣,而为之辨其味者谁欤?天地万物有变化矣,而神明其变化者谁欤?是天地万物之声非声也,由吾心听斯有声也;天地万物之色非色也,由吾心视斯有色也;天地万物之味非味也,由吾心尝之斯有味也;天地万物之变化非变化也,由吾心神明之斯有变化也。然则天地万物也,非吾心则弗灵矣;吾心之灵毁,则声色味变化,不得而见矣;声色味变化,不得而见,则天地万物亦几乎息矣。故曰,人者,天地之心,万物之灵也,所以主宰乎天地万物者也。

> 吾心为天地万物之灵者,非吾能灵之也。吾一人之视其色若是矣,凡天下之有目者,同是明也;一人之听其声若是矣,凡天下之有耳者,同是聪也;一人之尝其味若是矣,凡天下之有口者,同是嗜也;一人之思虑其变化若是矣,凡天下之有心知者,同是神明也。非徒天下为然也,凡前乎千百世已上,其耳目同,其口同,其心知同,无弗同也;后乎千百世已下,其耳目同,其口同,其心知亦无弗同也。然则明非吾之目也,天视之也;聪,非吾之耳

也，天听之也；嗜，非吾之口也，天尝之也；变化，非吾之心知也，天神明之也。故目以天视则尽乎明矣，耳以天听则竭乎聪矣，口以天尝则不爽乎嗜矣，思虑以天动则通乎神明矣。天作之天成之不参以人，是之谓天能，是之谓天地万物之灵。吾心为天地万物灵，惟圣人为能全之，非圣人能全之也，夫人之所同也。圣人之视色与吾目同矣，而目能不引于色者，率天视也；圣人之听声与吾耳同矣，而耳能不蔽于声者，率天听也；圣人之思虑与吾心知同矣，而心知不乱于思虑者，通于神明也。吾目不引于色以全吾明焉，与圣人同其视也；吾耳不蔽于声以全吾听焉，与圣人同其听也；吾口不爽于味以全吾嗜焉，与圣人同其尝也；吾心知不乱于思虑以全吾神明焉，与圣人同起变化也。故曰，圣人可学而至，谓吾心之灵与圣人同也。然则非学圣人也，能自率吾天也。

吾心之灵与圣人同，圣人能全之。学者求全焉，然则何以为乎有要焉？不可以支求也。吾目蔽于色矣，而后求去焉，非可以全明也；吾耳蔽于声矣，而后求克焉，非可以全聪也；吾口爽于味矣，而后求□①，非可以全嗜也；吾心知乱于思虑矣，而后求止焉，非所以全神明也。灵也者，心之本体也，性之德也，百体之会也。彻动静，通物我，亘古今，无时乎弗灵，无时乎或无间者也。或生而知之，或学而知之，或困而知之，皆自率是灵以通百物，勿

---

① 此处原文空缺。根据《洗心洞诗文》此处作"焉"字。　　译者注

使间于欲焉已矣。其功虽不同，其灵未尝不一也。吾率吾灵而发之于目焉，自辨乎色，而不引于色，所以全明也；发之耳焉，自辨乎声，而不蔽乎声，所以全聪也；发之于口焉，自辨乎味，而不爽乎味，所以全嗜也；发之于思虑焉，万感万应，不动声臭，而其灵常寂。大者立而百者通，可以全神明也。人一能之己百之，人十能之己千之，必率是灵而无间于欲焉。是天作之人复之，是之谓天成，是之谓致知之学。

学堂之西贴有王阳明昭示龙场诸生所写的《立志》《劝学》《改过》《责善》四篇文章；学堂之东贴有吕新吾治学之语十七条，以此作为门生日夜的训诫。若有初入学者，中斋必先告知"入吾门学道，以忠信不欺为主本"的原则，若在塾中，必须严守此则，若违反原则，必格杀勿论。疋田竹翁在谈话中说道：

（疋田竹翁）从十二三岁至十六岁期间，在藩塾中已经开始学习朱子学，但真正的素读，一年之间也就仅有二回而已，而且是只要能阅读文字就可以通过的形式，对文意全然不知。自从到了大盐的塾寮，全然不同。完全没有句读练习，计其讲义，因为活用讲义才是本意，所以课业十分严苛。初来之时，即被告知："'入吾门学道，以忠信不欺为主本'乃阳明先生之语，已至塾中而有不忠不信之行，欺人之徒，必格杀勿论。若知晓此事，方可入塾。既然已列于门下，固然有所觉悟。"回答"问心无愧",才准许道:"如此,入学吧。"初入学者皆十分震动。

由此观之,可知中斋推行十分严厉的教育。现存《洗心洞学名学则》一篇,这是中斋宣告此原则的文章,因此附于下文。

弟子问于余曰:先生学谓之阳明学乎?曰:否。谓之程子学、朱子学乎?曰:否。曰:谓之毛郑贾孔训诂注疏学乎?曰:否。仁斋父子之古学乎?抑徂徕主诗书礼乐之学乎?曰:否。然则先生所适从将何学耶?曰:我学只在求仁而已矣。故学无名。强名之曰孔孟学焉。曰:其说如何?曰:我学治《大学》《中庸》《论语》也,《大学》《中庸》《论语》便是孔氏之书也。治《孟子》也,《孟子》便是孟氏之书也。而六经皆亦孔子删定之书也。故强名之曰孔孟学也。毛郑贾孔之学,则只注释经书之名义也。程朱之学,大抵说破经书之精微,性命之底蕴也。阳明先生之学,就其中提易简之要也。仁斋徂徕,则特其唾余耳。呜呼!孔孟之学,在求一仁。而仁则难遽下手。故或读其训诂注释,而求其影响;或因其居敬穷理之工夫,以探其精微,穷其底蕴;或致良知,以握其易简之要,而毕竟各皆归乎孔孟之学也已矣。然而孔孟数千百岁以前,既逆知数千百岁后,诸儒各争意见,立宗分派,以为同室之斗矣。故孔子以《孝经》授于曾子,而谓之至德要道。孟子亦曰:尧舜之道,孝弟而已矣。以

> 是考之，则四书六经所说虽多端，仁之功用虽远大，其德之至，其道之要，只在孝而已矣。故我学以孝之一字贯四书六经之理义。力固不及，识固不足，然求诸心，而真穷心中之理，将以死从事斯文矣。故直曰孔孟学，是乃似僭而不僭矣。吾徒小子宜奉遵焉。而若有问我学者，则以之答而可也。呜呼！悉其所生，而腼然以儒自冒者，则非孔孟之罪人而何！

中斋又将读书书目列出，告诉门生讲学的顺序。这一书目顺序也足以窥见其学风，因此列举如下：

《孝经》（《增补孝经汇注》并郑注本）

《古本大学（序解）》

《中庸》（朱注）

《论语》（朱注）

《孟子》（朱注）

以上为一经四书。

《易》（程传）

《书》（蔡氏集传）

《诗》（吕氏《读诗记》并朱子集传）

《礼记》（陈氏集传并三礼义疏）

《春秋》（并三传）

《周官》（三礼义疏）

以上为七经三传。

《传习录》

《朱子小学》

《四名公语录》

《近思录》

阳明子集类

王门朱子书类

程朱书类（有口诀）

历代理学名贤书类（有口诀）

以上为理学。

《二十一史》

《通鉴纲目》

《读史管见》

《名臣言行录》（各有口诀）

以上为史类。

八大家文集之类

杜诗及《宋十五家诗选》之类

以上为诗文。

田中从吾轩认为中斋为人傲慢，他的学问也只是素人学问，极为浅薄。在其谈话中说道：

> 大盐学问为阳明学，又使枪，在当时算得上擅长。学问自不用说，因是傲慢之人，自以为了不起，但仅为素人学问，不过如此。大盐轻易小看当时的学者。然而对赖山阳等，完全不及，故十分尊敬，曾赠山阳一幅绘有芦雁的画卷，山阳又对此赠诗以为回礼。大盐治学不深，若有直言者，立时便会大怒。

第一章　大盐中斋

若将学问定义为记诵词章，那么从吾轩所言甚是。然而若以修身诚意来定义的话，从吾轩所言差矣。从吾轩本是以小说为专长的人，如何能议论中斋学问的价值呢？自不待言，虽然中斋的学说尚有许多未尽之处，但还没有到由从吾轩来置喙妄议的地步。另外，中斋与山阳相交，有彼此意气相投的原因，但未必是因为中斋有所不及。从吾轩的批评可谓十分偏颇。他又评论中斋道：

> 大盐是胜负欲极强的人，对于自己说的话，他人若是唯唯诺诺应承则无妨，若悖逆他的意思，他就会立刻大怒。自己的弟子，也如同家臣一般。讲释的时候，大盐一来，弟子纷纷发出"嘘、嘘"之声互相警示，无不低头下拜。如此傲慢之人被人传颂，不过是因为大阪名士不多的缘故。与力虽是低贱的职位，但所谓山中无老虎，猴子称大王，中斋由于处理市井诉讼，也大有势力，因而对待弟子也如同家臣一般；但他的学问并无值得称道之处，这一点看看《洗心洞劄记》就可以明白。因此才被小竹等人当作蠢材。

从吾轩是否理解《洗心洞劄记》的主旨，十分值得怀疑。用被小说污损的头脑来看待道义之书，应该很难明白其旨趣所在。他自己的行为正好表明了这一点。俗谚云：对牛弹琴，说的就是这种事。另外，小竹这类人，不过是翩翩文人，将他们与中斋相比，不能不让人产生牛麒鸡凤一视同仁的感觉。如他一般自以为是之人，真可谓不辨菽麦。

第四　学说

一　总论

要叙述中斋的学说，首先来看一下其主旨以及确立主旨的原因。中斋是推崇阳明学的学者，虽然他在《学名学则》中使用了孔孟学这一名称，但其实无外乎阳明学。他并没有特别的师门传承，完全是通过自学皈依姚江派的。执斋、东里殁后数十年，没有提倡王学的学者，此时中斋出现，讲授王学，他所师从之处就不得而知了。中斋偶然得到吕新吾的《呻吟语》，熟读玩味此书，恍然有所觉，因而又知晓其渊源出于姚江，于是找到阳明全集诚心研读。然而他不幸染上肺病，几乎病死，再三延医问药，也不奏效，病势益重，但何其幸运，得以再次康复。中斋认为这乃是天佑，因此向阳明之灵盟誓，立下杀身成仁的志向，勤于讲学修道。他已是在生死之间往来过、在人天之际出入过的人，他决心之坚定以及坚定的原因就可以理解了。中斋在给弟子的文书中写道：

> 读书讲道之人，以默识之，以谦居之，而当忠孝之变，杀身成仁，是其止也。

这样的决心是从姚江所得，中斋又将其贯彻下去。

中斋虽然推崇阳明学，但绝非排斥朱子学。不如说，他曾公开表明并取朱王学说。在奉纳《朱子文集》的跋中写道：

> 后素虽固奉王子致知之教，而于朱子博约之训，宁亦废之哉？

又在奉纳《陆象山全集》跋中写道：

> 陆子以尊德性为教，而未尝不道问学也；朱子以道问学为教，而未尝不尊德性也。然其生前互论辩不已，朱以陆之教人为太简，陆以朱子之教人为支离。而深考之，朱子以陆子之教人为太简耳，未尝以陆子为太简也；陆子以朱子之教人为支离耳，未尝以朱子为支离也。只两家之子弟，有客气胜心者，终酿朱陆同异之说，以为斯道之梗，非可叹之甚乎！而今读陆集，则说德性详矣，而居多；覈朱文，则说问学尽矣，而过半，要不可两废者也。故后素则并收两家之说，即依然尊德性而道问学之事也，而以阳明王子致良知之教，一以贯之，以是为学的，庶几不叛孔孟之宗者欤！

虽然中斋如此强调并取朱王两氏的意思，但这只不过是他伪装公平的托词，其实他完全是祖述阳明学的学者。宽政之初，禁止异学以来，学者屏息，不敢提倡异学。就如同一斋，虽心中暗自崇信阳明，但不能公然表明，首鼠两端，主旨暧昧，难免有模棱两可之訾。当时公然提倡王学的人，仅有中斋一人。中斋不顾世间非难，贯彻他所信学说的举动，正是尽到学者的本分，其勇气应该被万分敬爱。如果问他的官职，他实际上不过是一名与力，人爵并非吾人所崇尚。但他刚强不屈，足以振奋懦夫。在意志薄弱的当今世界，从何处可以找到如他一般的人物呢？他将学者与豪杰融为一体。中斋虽然确实主张王学，但并非没有自己的一家之言。虽然不是不提阳明的致良知之说，但他也主张归太虚。虽然王阳明曾以良知比拟太虚，但并未以归太虚作为自己的主张。而中斋却以归太虚作为其学的本领。因此中斋虽以阳明为本，也保存了自身的特色，我们不应忽视他在姚江一派中独放异彩之处。然而中斋并不想将这一观点称为自己的独创学说，他认为自己所做的就是证明其根本所在，并将其叙述成文，表明述而不作之意。他在《劄记》的序文中写道：

> 我之创说，则宜有后虑也。先贤之成语，而吾特发挥之焉耳。则又何足患哉？云云。要一家言也已矣。

中斋为了证明自己不过祖述前人学说，创作了《儒门空虚聚语》，辑录了上至《周易》《论语》等经典，下至明清诸家学说中涉及归太虚的言论。然而中国哲学者中最强调太虚说的乃是张横渠。中斋或许是从张横渠处有所启发吧！《劄记》下卷所引用的横渠诸语，大多道破了中斋归太虚的主旨，由此可以察知中斋与横渠理念的关系。然而他自辩道："吾太虚之说，自致良知来，而不自《正蒙》来矣。"从这里考虑的话，在我邦之中，藤树已然道破归太虚之说，在给户田氏的书信中，论述了天地万物皆由太虚一气所生的观点，进而一变，道：

> 如此万物虽同生太虚一气，太虚非备天地之全体。人其形虽小，有太虚之全体，故唯人性，有明德之尊号。云云。天地人谓三极，形虽异，其神一贯流通无隔。理无大

小，故方寸太虚，本同。云云。我心，则为太虚也。天地四海亦于我心中也。

如此，藤树将方寸与太虚同一视之，应该是中斋的前驱。中斋之说也颇有类似佛教空论的地方。因此，中斋自己在《聚语》的序中辩解道："我空法空本一物，只死活之异而已。"此辩必不可少。然而还是先介绍一下他学说的主要观点，然后再进行评论吧！

二　归太虚之说

人们都认为位于头顶的苍茫之物就是天。中斋认为，不仅位于头顶的苍茫之物为天，虽石间之虚、竹中虚，亦天也。这样不仅言及外物，还应涉及自身。方寸之虚，与口耳之虚本通一，而口耳之虚，即亦与太虚通一，而无际焉，包括四海，含容宇宙，不可捉捕者也。中斋如此论述，抓住了人天合一的关键。今见身外，虚也。此虚大则为太虚，小则为我之方寸，彼此相通，并无区别。太虚即存我之方寸中，我之方寸包容太虚。因此，中斋以身外之虚为我心之本体，心外之悲喜全部成为我心中之事件，其言道：

> 躯壳外之虚，便是天也。天者吾心也。心保含万有，于是焉可悟矣。故有血气者至草木瓦石，视其死，视其摧折，视其毁坏，则令感伤吾心，以本为心中物故也。

王阳明所谓："心即理也。天下又有心外之事，心外之理乎？"心理同归。自形而言，则身裹心，心在身内焉；自道而观，则心裹身，身在心内焉。其觉身在心内者，常得超脱之妙，而我役物，并非为物所役。然而若先有欲而塞心，则心非虚，非虚则顽然一小物，即小人也。

常人方寸之虚，圣人方寸之虚，同一虚。而气质则清浊昏明不可同年而语也。犹如贫人室中之虚，与贵人室中之虚同一虚，而四面墙壁、上下屋床，而美恶精粗之不同也。因此，任何人只要克制欲念、归于太虚，则天就在其心之中，不会偏择圣人。因此，无论什么样的人，只要想达到圣人的地位，就没有达不到的。圣人即有言之太虚，太虚即不言之圣人。于是可知圣人与太虚终究没有不同之处。然而如何归于太虚？必须从诚意慎独处入手。意诚则无忿懥恐惧好乐忧患之感，即一扫情欲，得归太虚。虽心中存一情欲，非太虚也。心不归乎太虚必动矣。何则？有形者，虽凌云之乔岳、无底之大海，必动摇于地震也，而地震不能动太虚焉。故心归乎太虚，而始可语不动也已矣。有形质者，虽大有限，而必灭矣；无形质者，虽微无涯，而亦传矣。高岳桑田，或崩，或为海。而唾壶之虚，即太虚之虚。而唾壶虽毁，其虚乃归乎太虚，而万古不灭也。简而言之，中斋认为，灭绝胸中一切妄念，不留些微情欲，即心已归太虚。圣人之地位在于此。如此以心归太虚作为人生目的，这似乎与禅学归途相同。中斋自辩道：

> 人心归乎太虚，亦自慎独克己而入焉。如不自慎独克己而入，则禅学虚妄。所谓毫差千里。故心学者动误之也。

第一章　大盐中斋

另外，须考虑这一主张，中斋区别虚与佛教的空，并不仅仅在于到达境界的方法，还在于归虚之后的状态。佛教讲求断绝情欲、远离人伦，也就是期望解脱。然而中斋到底也没有想要离开人伦，因此辩道：

> 然五伦非太虚，则皆伪而已。太虚矣，则五伦各得其正，而道德贯其中。

又说道：

> 儒中圣贤，古尝克己复礼，以全本然之空，而于中于仁，皆无恙，孝悌忠信、喜怒哀乐、齐家治国平天下之事，皆由此空之中出，得以遂位育之功。佛教之徒侣，大抵凿心剗性，终至槁寂之空，而于中于仁，皆灭，故不能成孝悌忠信、喜怒哀乐、齐家治国平天下之事，又岂能遂位育之功？于此可见，我空与彼空，相去千里也。

由此观之，中斋之学虽酷似禅学，但不可将其与禅学混为一谈。

中斋所谓的太虚，即一扫胸中之雾霾，意味着没有任何情欲的心境，因此好像是全然消极的状态。然而其实绝非消极之意。换而言之，太虚并不能说是停止了心的作用，中斋是以良知作为太虚，其有言道：

> 夫良知唯是太虚灵明而已矣。

又说道：

> 真良知者，非他，太虚之灵而已矣。

又说道：

> 良知之虚，便是天之太虚。良知之无便是太虚之无形。

那么如何能够养成良知呢？中斋认为唯有一扫胸中之云霾，良知自然就会大放其彩。他大概是将吾等人类之心的本体作为太虚，因此若灭绝情欲的话，自然就归于太虚，太虚无外乎一灵明而已。其言道：

> 夫太虚一灵明而已矣。此灵明即通昼夜，亘古今，不灭之明也。

由此观之，可知中斋所谓太虚并非消极之物。他将天地间一切事物，都视为太虚所出。其论述的主旨，与"口力论师"的说法有一致之处，亦可谓一奇。中斋又将太虚作为一切道德的根源，因此太虚亦可谓太极的别名。

三　致良知之说

中斋论述归太虚也就是论述致良知。太虚和良知，本就是同一事物的不同名称罢了。然而太虚是指心境澄澈、不留些微萌蘖的状态，而良知所指代的是辨别其中善恶的自然灵明。良知是各人先天拥有的、与生俱来的资质，是天地之德寄宿在各自的方寸之中。然而若生邪念，堵塞了方寸之虚，良知之光就会因此失明，若拂去邪念，良知之光自然会复明，善恶正邪，也就没有失当之处了。如此，可以成为圣贤，成为君子。中斋在回答弟子质疑的书信中如此表述：

> 只是幸运之处在于，天地的德性，寄居于方寸之虚中。故慎其独，而不塞其虚，则德性之一知，乃成大君。使用四知（即知觉闻见情识意见），不作祟，①此即圣贤，此即君子，此即仁者知者。

这就是说，通过良知来周全官能，自律的把柄就已经掌握在手中了。中斋又给良知赋予了种种名称，或称之为无极之真，或称之为心之精神，又或者称之为神明。在答复彦藩的宇津木共甫讨论心理的书信中，论述周子所谓的无极之真时，他写道：

> 其无极之真，别名谓之虚灵。虚灵赋予人，称之心之精神，又称神明。不学不虑而固有之，故别名称良知良能。其良知良能，乃与天地易简之知能本为一物，即无极之真。惟圣人不失赤子之心，故全无极之真，而其易简之德业参天地。

另外，又批判朱子将心、理一分为二的谬论，断言道：

> 弊病之源无他，不知心之本体为何物之故。若能认识到真正的心之本体，即为无极之真，就是所谓的虚灵，那么必能再次明了孔子所谓的"心之精神，即为圣"的意

---

① 1936年版作"不作祟。"

思。若能明了"心之精神，即为圣"的意思，则良知良能之义，亦当融会贯通。总而言之，其灵，遇亲则为孝，遇君则为忠，夫妇而发则为别，长幼而发则为序，朋友之交而发则为信，由此以往，筹措万变，只此一灵而已。因此程子王子皆曰："性一，夫天地易简之知能，亦只是在此而已，是故若真致良知，则良能在其中矣。"

所谓无极之真，就是世界的实在，以良知作为世界的实在，如此实在就包含在我方寸之中了。因此如同婆罗门教的"梵天"一般，我即世界之实在，世界之实在即我。中斋道："人心与天之太虚，一般无二。"又道："身外之虚即吾心之本体。"都是在表达这个主旨。因为中斋持有这样的观点：他不仅把良知作为道德的根源，也将其视为孕育天地万物之本源。在回复由比计义的书信中写道：

> 夫良知，生天、生地、生仁、生义、生礼、生智之主宰也。

虽然可理解良知孕育仁义礼智的意思，但孕育天地万物的含义却难以理解，然而中斋将良知作为世界之实在。世界之实在，从个人角度出发，就是良知这样的世界精神，也就是周子所说的无极之真。因此，中斋提出良知是孕育天地万物的本源。在回答松浦诚之问题的书信中写道：

> 良知则一贯之灵光也。故生《易》、生《诗》、生《书》、生《春秋》之灵光，尽在圣人之良知，而人人学

之于经，亦只致良知而已。

如此，中斋认为经书可以孕育良知，而学习它们，唯致我良知之故。他又将良知与其他知识区别开来，在答复郡山藩臣藤川晴真的书信中写道：

> 良知，武王所谓"人乃万物之灵"之灵，非知觉、闻见、情识、意见之知识。故若能王后天之形气，真立志，则先天之灵心照照明明，未尝泯也。默而知之，可也。而真致其良知，则四书六经之言言语语，断无疑皆有其用。无可无不可，无适无莫，惟义是从之妙用神通，自然入手，云云。真致良知，则左右逢其源，而无拘束也。

中斋将知觉、闻见、情识、意见命名为四知，强烈批判这四知对良知的损害，最后指示了讲学的正途，道：

> 海无东西南北，人之为人，是心也，是理也。而志学，则扫彼四知之邪障，不可不明此一知。

中斋又将良知视为天理。假如要周全先天之天理，也没有必要丧失后天的人欲。其原因论述如下，道：

> 夫虚灵以全幅，赋与其方寸之内，彻毛发之末。圣人则未曾夺后天之人欲，而全先天之天理，其本只在未失虚灵而已。

由此观之，中斋认为，彻上彻下，以良知一以贯之，拥有后天的人欲，也并非不可。在这样的条件下，人欲也自然会归于正道。自不用说，中斋之说酷似佛教，但也可以知道二者绝不可混同。

中斋又视良知为鬼神，曾有弟子问"鬼神泣壮烈"的意思，回答道："良知即鬼神，何别有鬼神乎哉？"又曾评论司马温公的"事神"之论，说道："夫心之神，非他，太虚一团灵气入人方寸者，孟子所谓良知也。"

四　理气合一之说

中斋根据王阳明的学说主张理气合一。朱子将心与理分开，即便复明我心，也不能说我心即理，是以其关于修德的方法还存在不恰当的地方。因此中斋主张理气合一，可谓短刀直入，直达圣贤的领域。他在《刻记》上篇中写道：

> 先天者理焉耳，而气在其中矣。后天者气焉耳，而理在其中矣。要，理与气，一而二，二而一者也。非实知《易》者，孰能见之也哉？

又在《刻记》下篇中写道：

> 自后天而视之，则似理与气当分。在先天固无理气之可分矣。慎独复性，便是先天之学，而犹以理气为二，可乎？故终身不能复性，以此也。

理气合一，容于其身。然而，如果只知道气，而不知道理，则不能回归道之本体；如果只知道理，而不知道气，则会导致缺乏决行之勇气的弊端。因此，中斋强调体会认知理和气，实际就是在将二者合二为一。他在《劄记》上篇中写道：

> 勇士养气而不明理，儒者明理而不养气，常人则亦不养气，亦不明理，荣辱祸福，惟是趋避而已矣。理气合一，与天地同德、阴阳同功者，其惟圣贤乎。

在中斋的学说中，理即太虚。如果体会到理的话，其人即是太虚，凡世间所存之物，无不归于其心中。他在答复宇津木共甫的书信中写道：

> 吾子亦信孟、程所云形色天性心理同一之说，以慎独归虚，未丧无极之真，太虚即吾子，吾子即太虚。真臻此境，则万千世界，概其心中矣。

中斋建立理气合一之说，最终是为了到达广大无边的境界。若分开心与理，就无法实现这样直截易简的修行。

五　气质变化之说

根据中斋的学说，常人的方寸之虚与圣人的方寸之虚，为同一虚，并无任何不同。也就是众生皆有佛性的意思。如此说来，万人同性，任何人若想要成为圣人，都具备成圣的性质。换而言之，人皆有良知，即可知人性本善。中斋论述道：

> 良知各具备焉，如地中水，无不有。致之之难，如逆水舟，惰则退而不进。荀子睹致之之难，遂谓性恶。孟子

见无不有，断谓性善。夫虽致之之难，然无不有，则本来之性，固善也已矣。故性善之说，冠于万世，确乎其不可易者也。

又写道：

> 水性本寒矣，火在其下，则沸沸然化为汤了。当其时水虽有，寒绝无也。人性本善矣，物诱其外，则怅怅然化为恶了。当其时人虽存，善或无也。然去其火，则寒复依然。拒其物，则善亦现在。如去火不早，则焦枯而水与性俱灭矣。拒物不严，则坏乱而人与性俱凶矣。是当然之理也。

虽然人性本善，但人有躯壳，因此具有气质，由此难免产生私欲。换而言之，私欲是因气质而引起的。然而，中斋认为气质是可以变化的，就如叔本华也不认为其是不可变化之物。中斋说道：

> 而方寸之虚者，便是太虚之虚；而太虚之虚，便是方寸之虚也，本无二矣。毕竟，气质墙壁之也。故，人学而变化气质，则与圣人同者，宛然遍布照耀焉，无不包涵，无不贯彻。呜呼！不变化气质，而从事于学者，其所学将何事？可谓陋矣。

气质并非一定不变之物，而能产生变化。因为能将其改变，就有可能成为君子之人，也有可能成为小人之人，这都取决于这个人如何作为。中斋道：

> 君子之于善也，必知行合一矣。小人之于不善也，亦必知行合一矣。而君子若知善而不行，则变小人之机。小人若知不善而不行，则化君子之基。是以君子亦不足恃，小人亦不可鄙也。

由此观之，中斋认为人是可以从根本上进行改造的。如果不是这样的话，那么教育就没有多少效果了。因为若不能点化不善者使之成为善者，那么如感化院这样的机构又能起到什么功效呢！人的特性并不容易改变，这是事实，但是也不能认为不善者一变成为善者这样的事情是不存在的。如龙树、圣奥古斯丁、约翰·波尼安、哈曼都持有相同的看法。那么气质变化之说，亦在教育上有所裨益。

六 死生之说

关于死生，中斋的观点极其类似佛教的涅槃。他已将太虚作为吾人之本体，如果吾人之方寸，没有因私欲而堵塞的话，吾人即可归于太虚。然而太虚乃常住不灭之物，并非如同有形之物一般生生不已。因此若我等得以归于太虚，那么我们就进入了不生不灭的境界。这就是庄子所谓的"不死不生"，与佛教的涅槃有些许异同。中斋认为太虚并不是一种灭绝一切心理作用的消极状态，而仅仅是平息私欲之情的状态。若能平息私欲之情，良知的光辉就会迥然扩散开来，这就是成仁。仁是永远不灭之物。《劄记》上篇中写道：

> 无求生以害仁。夫生有灭；仁，太虚之德，而万古不灭者也。舍万古不灭者，而守有灭者，惑也。故志士仁人，舍彼取此，诚有理哉，非常人所知也。

又在《劄记》下篇中写道：

> 太虚也、气也、万物也、道也、神也，皆一物，而聚散之殊耳。要归乎太虚之变化也。故人存神以尽性，则虽散而死，其方寸之虚，与太虚混一而同流，不朽不亡矣。人不如不失虚而至此，亦大矣盛矣。

根据中斋的学说，人若依赖其形体，逞其私欲，则必然毁灭。若消除私欲，归于太虚，则已修成不生不灭之人，换而言之，修成长在不灭之人。我若已在长在不灭之境，任何危难都不足畏惧，可以保持岿然不动的姿态，不就是这个缘由吗？他又在《劄记》上篇中写道：

> 常人视天地为无穷，视吾为暂。故以逞欲于血气壮时为务而已。而圣贤则不独视天地为无穷，视吾亦以为天地。故不恨身之死而恨心之死矣。心不死，则与天地争无穷，是故以一日为百年，心凛乎如临深渊，不须臾放失也。故又尝不以物移志，不以欲引寿，要去人欲存天理而已矣。

心已归太虚，虽身死而不灭。因此不惧身死，唯恐心亡。若知晓心永不消亡，在这世间就不存在恐惧害怕的事物了。于是定下决心。此决心乃是任何事情都不能动摇的。如此可谓知天命。他又在《劄记》下篇中写道：

> 临利害生死之境，真不起趋避之心，则未至五十乃知天命也。而动其心以趋避者，则虽百岁老人，实梦生焉耳，云云。

中斋认为要在生死之间发现树立决心之根本。死生是人最为迷惑之处，中斋认为就此点应该进行毫不动摇的修行。他面临万难而无趋避之念，的确有其缘由啊。

七　去虚伪之说

尚诚实、贱虚伪，此乃古今通则，东西一致之处。佛教十戒之中提到不妄语，耆那教五戒中言及勿要欺骗他人，并且摩西十戒中也有"勿妄证尔之邻人"之语。凡作为圣人而受人尊崇者，无不戒虚伪。中斋对于戒虚伪、守诚实，尤其严格。在学堂之西，贴有"入吾门学道，以忠信不欺为主本"的文字，入门之学生必先就此事立下盟约。中斋的学问以良知为主旨，因此自欺、欺人，皆是违反良知的行为。不自欺，不欺人，唯以诚实之心贯彻万事，良知的功用，不会不显现的。这就是他建立去虚伪之说的缘由。他在《劄记》下篇中写道：

> 致良知之学，不但不欺人，先毋自欺也。而其功夫自屋漏来，戒慎与恐惧，不可须臾谴之也。一旦豁然见天理乎心，即人欲冰释冻解矣，于是当知洒脱之妙无超乎此者。

又在《劄记》上中引用《中庸》之言，道：

"（故君子之道）本诸身，征诸庶民，考诸三王而不缪，建诸天地而不悖，质诸鬼神而无疑，百世以俟圣人而不惑。"一言一动比如此，心性晶亮广大，与天地日月一般，云云。

以诚实之心处理一切事物，可以达到其思想、行动毫无不善的痕迹。中斋认为，心胸的诚实，自然会表现在言语外貌上，因此是无法伪装的。他在《劄记》下篇中写道：

言貌之文而已，则君子不亲信。而有情与诚，则虽无言貌之文，必亲信之也。况其见于言貌乎？吕新吾先生曰："情不足，而文之以言，其言不可亲也。诚不足，而文之以貌，其貌不足信也。是以天下之事贵真。真不容掩，而见之言貌，其可亲可信也夫。"吁！是言也知人鉴也。

这个道理已经被孔孟点破。《大学》中所谓的"诚于中，形于外"就是说的这件事。雅克布·伯麦认为：

天地间之物，皆为一体，其内面之情状无不发之于外。这是为何呢？内面之情状，常有表露于外的倾向。

虽然这是此人就万物而下的结论，但人类的相貌，也并不是没有这样的倾向啊！

八　学问的目的之说

对于中斋来说，词章记诵不是学问的目的。学问应该将端正我心作为目的。如果要问为什么有必要端正我心呢？这是因为道德由此而立。中斋认为，阐明道德是学问唯一的任务。他在《刕记》上篇中道：

> 学虽多端，要归乎心一字而已矣。一心正，则性与命皆可了。

又在《刕记》下篇中道：

> 则圣学之要，读书之诀，只求放心而已矣，此外更无学矣，亦奚足疑哉。

若能通过学问而端正我心，良知就会大放光彩，仁、爱就会在我方寸中萌发。然而如东亚诸国古来实行家族制（Patria potesta），首先在一家之中，对家长表露仁爱之情是最为重大的事情，因此以孝为第一。《学名学则》中有言，道：

> 则四书六经所说虽多端，仁之功用虽远大，其德之至，其道之要，只在孝而已矣。故我学以孝之一字贯四书六经之理义。云云。

又在答复滕川晴贞的书信中写道：

> 博爱、德义、敬让、礼乐、好恶、归于忠孝之一德。

骄、乱、争，总归于不孝。万善万恶，简而言之，只在于孝与不孝。

由此观之，中斋与藤树一样，对孝进行了广义解读。他将端正我心、齐全孝德作为学问的正鹄，因此没有再去广泛探索外界之万物的余裕。单刀直入，在自己的精神层面进行修行。要之，他们都是以期实践躬行之人。中斋在《劄记》下篇中写道：

读书则贵心得躬行。

这明白地表述了他的观点。《劄记》二卷，是彻头彻尾与道义相关的论述，毫无闲散文字。因此只要私欲存在就会妨碍学问，为人则会薄志弱行。因此若有志于学问，不得不先消除私欲。中斋论述道：

然真志于学者则不可不先去斯欲也，去斯欲之工夫亦只当其义也。不顾其身之祸福生死，而果敢行之，当其道也，不问其事之成败利钝，而公正履之，则其欲日薄而道义终为家常茶饭矣。

假如消除私欲，却迷失了学问的目的，以词章记诵为主，最终也难逃邪路。中斋评价博物之学的徒劳无益，道：

不知太虚之理，而精算草木之花，又缕析其蕊，细看玉石之文，又甄别其理，便是日亦不足，劳而无功，有学之类此者，不可不知也。如亦了得太虚之理，则万物皆在其中矣。花蕊文理也者，其陶铸之所使然也。故精算与缕析、细看与甄别，不劳而见其效矣。

如此，以动植物学为代表，凡研究外界现象的学科，岂不都成为无用之学？古来儒教的通弊，就在于轻视自然科学，尤以阳明学派最甚。这是不得不矫正的地方。中斋认为只要了解了太虚之理，即使不学习自然科学，也可以明白其道理。真是荒诞无稽、不足取之说。然而若只是流连于知识一方，而不考虑端正我心，那么不迷失学问之法也十分困难。中斋在《劄记》中写道：

> 书固入道之具也。然不知要而泛观博览，则德坏而恶殖。吁，亦败己乱世，可不慎哉！

又道：

> 若从私情，任由我意，以此言行，则虽学富五车，简而言之，不过书库而已，不足为贵。

宽政以后，世之学者，若不耽于诗文，就流连考证，以道德自任者，寥寥如晓天之星。斯时，中斋如此痛快敢言，可谓万绿丛中一点红。中斋只想修道德，跻身圣贤之域。因此富贵利达不足以夺其志。他在《劄记》上篇中写道：

> 丈夫之业，圣贤惟是期耳，何富贵利禄之美！

中斋因为自怀此志，对于世人称之为英雄豪杰之人，叱骂其行为非由道德心而起，而因情欲而动，不过是梦中伎俩，可谓禽兽之行。他在《刽记》上篇中写道：

> 夫古今之英雄豪杰，多从情欲上做来。虽从情欲上做来，则惊天动地之大功业，要梦中之伎俩而已。

又在《刽记》下篇中写道：

> 欲路上大英雄，虽得志于一时，而流丑于千岁，毁父母之名，逾禽兽之为，虽三尺童子，切齿于其恶矣。云云。

中斋此言确实言中了。英雄豪杰的事业，虽然并非没有爽快之感，但是既然并非出自道德之心，也就毫无值得称颂的地方了。就如拿破仑，不过是难以控制的大盗而已，要是从以道德自任的角度来看，有什么足以称颂的呢？更何况连拿破仑都不及的人物呢？

第五　批判

古来和汉学者皆以经学为第一位，在经学上投入最大的精力。经书之中，千古不灭的格言颇多，根据研究，在立身行道上，可谓颇有余裕。因此当时的学者在这一学问上耗尽心力也并非不行。然而由重视经学，一变走向了重视读书的方向，从而终身埋没于训诂研究，反而在德性上有所缺憾。因此，古人也早就对此提出了警戒。陆象山道："读书固不可不晓文义，然只以晓文义为是，只是儿童之学，须看意旨所在。"王阳明亦道:"只要解心。心明白,书自然融会。"

姑且搁置其说的是非,但是已点破耽于读书、拘泥字句、不领会精神的弊端,实在痛快。中斋也十分注意这个问题,打击泛观博览的弊端(请参照"学问的目的之说")。他的学问虽然肤浅,但在道义这一点上,却足以令当时的学者瞠目,这是因为他讲学得其法的缘故。中斋之学并不以词章为主,也不以文义为主,唯以明心为主。而其目的在于实践道义,跻身圣贤之域。如此一来,他进行问学的修行,原本并没有不妥之处。但是他只把明心作为主要的任务,而排斥其他迂回的研究。要之,中斋带有一种无视客观研究的倾向,只在主观上勤于明心,无疑这在道德上收获颇多。而且,比起参酌迂回、客观的研究结果,直接在我方寸中进行道德修炼才是捷径,这也十分明确。但是不能说客观研究对明心是毫无用处的。客观事实对于心理解释是多么重要,今天的实验心理,已经足以证明这点。轻视客观研究,可以说是东洋哲学的通弊,阳明学派尤甚,其所害之处绝不鲜少。如同中斋认为动植物学是无益之学一般,这是十分荒谬的观点。学问不仅限于伦理,在伦理之外也有种种学科。伦理的必要并不能否定其他学科的必要。他在这一点上,可谓缺乏明见。

中斋如此轻视客观研究,大概也不懂物理,因而时常陷入迷信之中。他认为归于太虚的人是不会溺水的,在《剳记》上篇中道:

> 虚于内者,误堕水,则皆浮而不沉,此非特虫豸禽兽,虽人亦然。然人则沉而不浮而死焉,十人而十人,百

> 人而百人，曾无有一活者，何也？此无他，其堕水，即起欲生恶死之念甚乎彼，而其念既塞乎方寸。故方寸实而非虚，况振手、动脚、破咽叫号乎？沉而不浮而死焉，以此也。如无其念与其动叫，则必浮而不沉而活矣。是天理也，又奚异哉？

人落入水中，保持静止的话，确实如同中斋所言，可以浮在水面之上。然而他又进一步叙述了奇诡之事，道：

> 或曰："裸裎则如子言。有或然者，衣裳而堕焉，则如何？"曰："心存敬诚而归乎太虚之人，则虽数万仞之海底，徐解其带，脱其衣裳，是无难矣。"呜呼，此独堕水时之术而已哉？

中斋过于夸大了归太虚的功能，才说出了这般言论。虽然他信念坚定原本是值得称颂的地方，但迂阔至极，乃至于陷入迷信而不自知。

中斋所谓的归太虚虽然和佛教的空存在类似之处，但到底不能将两者混为一谈。佛教的虚，是超越现象的空，奉行形而上的原则。然而中斋的观念是彻头彻尾具体化的，因此如同他所说的太虚，也是指代现象界的空间。故而他对于太虚和个人之间关系的论说，虽然颇为类似婆罗门教梵天的说法，但并非如婆罗门教一般是形而上的。作为哲学，不免还是过于幼稚的观念。中斋在《劄记》上篇中写道：

> 开眼俯仰天地以观之，则壤石即吾肉骨，草木即吾毛

发，雨水川流，即吾膏血精液，云烟风籁，即吾呼吸吹嘘，日月星辰之光，即吾两眼之光，春夏秋冬之运，即吾五常之运，而太虚即吾心之蕴也。呜呼！人七尺之躯，而与天地齐乃如此。三才之称，岂徒然哉？宜变化气质，以复太虚之体也。

由此观之，中斋认为世界就如同巨大的人体，在《广义奥义书》的卷首将世界形容成供牺马（Opferross）的身体，二者之间有相似之处。另外大自在天派将世界看作大自在天的身体的观念（请参照《百论疏》上中）也与之类似。简而言之，虽然这些想象确实十分奇妙，但也只是诞生于思想的幼稚。

中斋将身外之虚作为心之本体，那么身外之虚作为无限的空间包容一切万物，因此若以身外之虚作为心之本体，心之本体也就包容了一切万物。其世界观大体是唯心论式的，但不能说完全是唯心论。他的观念过于具体，仅仅主张空间是心的本体，尚未到一切万物都是心的体现的深度。如果空间确实是心的本体的话，空间中充斥的一切万物又该如何解释呢？空虚（Vacuum）之心，姑且可以容许，然而充塞（Plenum）之物是什么，还未能明了。如果中斋进行更深层次的推论，再一转变，道破充塞不过也是心，从而到达了与心外无别法相同的结论，即便如此，他最终也没有超越现象的眼光。这是他作为思想家，却不免浅薄之訾的原因。

其他关于太虚主义的观念，还有需要指出的谬误。这是为什么呢？中斋将物质界的空虚与精神界的空虚混为一谈，忽视了其中的差别。在中斋看来，吾人方寸之虚直接与身外的太虚相通，彼此并无区别。然而吾人方寸之虚，是清除情欲、归于鉴空衡平之心，这样的虚完全是精神上的虚，不可能与身外之虚相通。如果追求与身外之虚相通之物，就不能不利用心脏中的虚。然而这样的话，无论哪种虚都只是物理上的虚而已，不可能具有道德上的意味。他在《劄记》上篇中道：

> 心即五脏之心，而不别有心也者也，其五脏之心，仅方一寸，而蕴蓄天理焉。

在《劄记》下篇中又道：

> 自口耳之虚，至五脏方寸之虚，皆是太虚之虚也。而太虚之灵，尽萃乎五脏方寸之虚，便是仁义礼智之所家焉也。云云。

如此，中斋将物理上虚之所在的心脏之虚与无形的、精神上的虚混为一谈。即便心脏之虚与身外之虚相通，就能依此判定精神上的虚与身外之虚相通吗？这无疑是中斋在心这一概念上暧昧模糊造成的结果。

中斋认为有形之物，无论多么广大也难免生灭，唯独虚是不灭之物。他认为虽为唾壶之虚，其虚归于太虚，则为万古不灭之物。虚之不灭，没有人可以否定，本来就无须论证。然而唯虚不灭这一观点是一个谬见。现象界的生灭都是假现的（Apparent），并非真正的生灭。虽一尘，不可侮之，是永远不灭之物也。我们即便是一粒米也无法创造，也无法毁灭。凡所谓创造，并非真正的创造，凡所谓毁灭，并非真正毁灭。无论创造还是毁灭，都不过是变化而已。虽然变化，而无关实质。

涉去来今，实质是不可变更的。如同物质不灭论、势用保存说，都是证明实质不变的理论。因此不应该说只有虚不变，有形之物也是不变的。即便状态变化，实质也不被此拘束。如此，并非唾壶之虚归于太虚而不灭，而是唾壶之实质归于世界之实质而不灭。至此可知，中斋之学仍有不少不备之处。

第六 中斋门人

宇津木①，名靖，字共甫，称矩之丞，彦根人。②

松浦，名诚之，字千之。

汤川，名干，字用誉。

松本，名乾知，字道济。

但马③，名守约，字直养。

白井，名履，字尚贤。

桥本，名贞，字含章。

矶矢，名信，字子行。

冈本，名维纯，字大假。

渡边，名渐，字正邦。

---

① 关于宇津木的介绍，1936 年版作："宇津木，名靖，字共甫，称矩之丞，彦根人。后文详述。"

② 1936 年版在此后增加一位人物："汤川麑洞，名新，又名沿，字君风，麑洞是他的号，旧新宫藩人，曾游学洗心洞，就任塾长若干年。及中斋将欲作乱，察其机，托事辞归。明治七年（1874）病殁。著有《处诗文集》及《经书释义》等数种书目。可参考《大日本教育史资料》（五）。"

③ 关于但马的介绍，1936 年版作："但马，名守约，字直养。或传，与田结庄千里是同一人。"

分部，名复，字天行。

志村，名善继，字周次。

大盐，名尚志，字士行，称格之助，中斋养子。

林良斋①，名中久，讚州人，后文详述。

大井正一郎。

秋田精藏，阿波人。

稻川某。②

疋田竹翁，摄州人。

山口平吉。

渡边重左卫门。

濑田犀之助。

小泉延次郎。

桥本忠兵卫。

桥本梶五郎。

田能村直入。

田结庄千里。③

分部简斋，加贺人。

---

① 关于林良斋的介绍，1936年版作："林，名中久，字子虚，号良斋。讚州人，后文详述。"

② 1936年版在此之后增添两位人物："河田白斋，近藤潜庵。事迹在其后《阳明学》第五十九号中详细介绍。"

③ 关于田结庄千里的介绍，1936年版作："田结庄千里，名毖，字必香，一名邦光。摄津国伊丹人。事迹颇多。明治二十九年（1896）殁于大阪。享年八十二岁。著有《增注传习录》三卷、《大学心解》四卷、《大学心印》六卷、《古文孝经心解》七卷等。藤泽南岳作《千里先生碑》。"

第七　中斋相关书目

《盐逆述》十五卷（写本）①

《大盐平八郎始末之记》一卷（写本）

《大盐平八郎一件》二卷（写本）

上述三本书记叙了中斋暴动的始末。其中，《盐逆述》收录的资料最为丰富。

《大盐平八郎》一卷　国府种德著

此书收录于《伟人史丛》之中。②

《大盐中斋之性行及著述》　大西溦

收录于《六合杂志》第二百零一号至第二百零二号。

《大盐中斋之学说》　大西溦

收录于《六合杂志》第二百零三号至第二百零五号。

《日本之阳明学》　高瀬武次郎著

《陆象山》　建部遁吾著

《大盐平八郎》　猪俣为治著

从明治三十一年（1898）九月十六日起，在东京《朝日新闻》上连载。

《论大盐平八郎的哲学》　井上哲次郎著

刊载在《国民之友》第一百六十三号附录中。

---

① 1936 年版在此书之前添加两本书："《大盐平八郎》一卷　幸田成友著；《中斋大盐先生年谱》二卷　石崎东国著。"

② 1936 年版在此书之前添加一本书："《盐贼传》一卷　近藤潜庵著。"

《大盐平八郎的故事》　田中从吾轩述

刊载于《名家讲丛》第十二号。

《再就大盐平八郎》　仝上

刊载于《名家讲丛》第十号①。

《笑鸥楼笔谈》②　木村芥舟著③

《洗心洞余沥》

载于《反省杂志》第十三年第一号及第三号。

《见闻随笔》　藤田东湖著

《大盐平八郎》　松村介石著

《井上博士讲论集》第二编

《近世伟人传初编》卷下　蒲生重章著

《阳明学阶梯》　高濑武次郎著

《近世德育史传》　足立栗园著

《大盐平八郎檄文》一卷

收录于《史籍集览及史料丛书》之中。

《大盐中斋的哲学》　笹木祖淳著

从《东洋哲学》第三编第一号开始连载。

《事实谈》　松村操编辑

《青天霹雳》

《大阪一揆录》

《天保日记》

---

① 1936年版作"第十□号"。故保留为"第十号"。
② 1936年版作"《笑鸥楼笔谈》 木村芥舟著 自旧幕府第九号以后连载。"
③ 1936年版在此书之前增添一本书："《咬荣秘记》。"

第一章 大盐中斋

《日本名家人名详传》卷之上

补正①

有一人与大盐中斋有十分类似的事迹，叫生田国秀。国秀一名万。上州馆林人。享和元年（1801）生，天保八年（1837）殁。他离世之时，也与中斋同岁，可谓神奇。国秀的事迹在《国学者传记集成》中有详细的记载。国秀修习朱陆李王之学及国典。世人或认为他隶属阳明学派。国秀的祖先中，有一位叫正健的人，以医为业，曾经跟随丰太阁出战萨摩有功。他涉猎和汉书，著有《大中经》五卷。国秀笃信此《大中经》，于是为之作解，命名为《大中经解》。虽然其序跋可见于国秀的遗稿《镜室集》（卷上），可惜《大中经》及《大中经解》都未能流传下来。因此对于其内容，除了知其因担忧简寡繁多之弊，而取执中而立之立场外，未知其余详情。从《镜室集》来考察的话，国秀所信奉的毋宁说更接近朱子学。虽然不知道是否兼顾陆氏之学，但终究未发现阳明学的痕迹。给泷无量的书信中写道：

> 我东方之于学也，菅江二氏则置焉。惺窝罗山以下，如暗斋先生门派则虽时有出入，莫非孔孟程朱之学也。藤树之笃行实践也，棠隐之高己洁身也，蘐园之博学多才也，春台之

---

① 此章为1936年版附录1《补正》中的内容。——译者注

> 修经说礼也,虽杰出乎时辈,而非孔孟程朱之学也。云云。

由此观之,国秀是朱子学派的人,再无疑问了。然而,国秀曾就平田笃胤修国典,因此可见他尚国体、重皇道的精神十分隆盛。其言道:

> 若我皇和则天孙相继,一姓不革。天地有灭,而宝祚无绝也。(《革命说》)

我皇统原本无姓,因此他所说的一姓是错误的。然而如果从与易姓革命的国家相峻别这个角度来看,可知他并非醉心于朱子学的学者。

| 第二章 |

宇津木静区

提到中斋，就一定会想到静区。静区和中斋之间存在着无法割断的联系，因此，在中斋之后，不得不谈论一下静区。静区，姓宇津木，名靖，字共甫，称矩之丞，静区是他的号，后改名竣，改字东昱。静区是彦根藩老职某的次子，实际上是诗人冈本黄石的亲生兄弟，①幼年成为越前某寺庙的养子，十七岁时慨然道："大丈夫，生于士大夫家，不能激昂奋进、驰骋一生，而要碌碌无为，终于浮屠吗？"于是辞别离去，寓居京都。以抄书为业，十分贫困，冬日只有单衣，饮食也十分缺乏，或有人可怜他而赠予衣物，他也推辞不受。当时赖山阳、中岛棕隐的文名，在京师十分煊赫，因此前往求学。他曾读《陆象山全集》，看见其自立之说，叹息道："儒者当如此。"

---

① 1936年版在此增加一句："《敬宇诗集》卷四中有歌咏宇津木静区的诗文，写道：'兄是节烈大丈夫，弟是圣代诗人冠。'"

于是专精覃思，修习此道有些年头，正好听闻大盐中斋在大阪提倡姚江之学，于是前去拜访，与中斋讨论心理，对其说颇为折服，竟至执弟子之礼对待中斋。中斋平生自视甚高，他人难入其青目，唯独以朋友之义对待静区，绝不将他视为弟子。静区在洗心洞居住数月后将要离去云游四方，临行前中斋赠其一把名刀与金十两，可见对其寄予厚望。静区于是游历中国及镇西之地，最后寓居长崎，教授学生，学生有六七十人。他居住了八个月后，便带领仆人友藏归省家乡，经过大阪时再次拜访中斋。当时是二月十七日黄昏，这时中斋正欲作乱，其夜将密谋告知静区，邀请其加盟，静区于是说岂可为乱民，与中斋约定：加盟之事，待深思熟虑后在明夜回复。第二天执笔草拟一封书信：

> 以一书记未尽事宜：连日暖和，敬献双亲御体康健。若如此，万分喜悦。因此，如近日自小仓所献私见，虽连日降雨，积日大约十七日傍晚，乘船到达大阪安治川。四年以前，出世所立师徒之契约，平八郎已入魔，存意外之企图，讨伐大阪町奉行。其企图在外市中放火，夺取城池。余被告知共担谋反之事，强问余之意见。虽进种种谏言，无有回音。气性之故，非容易，可知。若乍然离去，忘记此事而归，与武士道相悖。如上明了宏愿，事故生而不返。若乍然离去则担骂名，第一污御家之名，背忠孝之道，舍弃师长，乃于义理之上不立，无拒献出一命，今夜平八郎始与徒党共同笃辨利害，立忠孝仁义。承蒙您万事照应。迄今蒙您深厚之慈爱，余亦无比期待回国之期，并

且难忘归国之事，被视为依恋故国之人，虽极为羞耻，但也十分幸福。乘如此时节，余报效武运。即便详述种种，可知近日至贵地，前已告之，在此不提。若知大阪骚动，请视矩之丞乃为义而死。事已至此，慌忙记之。余请求明察。以上。

    二月十八日 宇津木矩之丞

  另外，友藏在漫长的旅途中，对我十分照顾。未致一礼，却已然分别。请代为转达。以上。

及至深夜，静区决死劝谏中斋，痛斥其举之不义。然而中斋不为所动。十九日清晨，静区将书信托付给友藏送回家乡。友藏问为何不一同离去。静区答："贼注目余，无处逃避，汝妙龄，贼未必留意，宜速去。"友藏请求和静区共死。静区道："余与汝皆死，天下谁不以我等为乱民贼党？则辱及君父，罪大恶极。汝果能达书信于乡里，我母及兄弟知吾死义，则汝报我等所以厚矣。"此时大井正一郎等数人提刀而来，静区从容伸出头来赴死。时年二十九岁，实在是可惜！静区之学以实行为先，不贵议论。最初以朱子为宗，后以姚江象山为主，其教导弟子十分严格。有一位叫冈田恒庵的门人，长崎人，如今仍健在，①以医为业，即当年的仆人友藏。存有静区诗集一卷，题名为《浪迹小草》，系由冈本黄石刊行，其中不乏朗朗上口之作，今在下文列举三首。

---

 ① 1936年版没有这一句话。

逢坂关

斜阳古关路,渺渺客心悲。故国残山圻,前途老树危。
一身甘弃物,多病遇清时。可笑水云迹,仍将书剑随。

海楼

茫茫千万里,豪气个中横。山向中原断,潮通异域平。
生涯佩一剑,海内任孤征。天地容微物,临风耻圣明。

客中除夜

沾沾潜思逐清尘,苦学何时始立身。二十六年将尽夜,三千余里未归人。

寒灯照影瘦相顾,冻笔写情愁更真。韩子辛勤庐未有,何堪客里又迎春。

诗文反而胜于中斋,在卷末有《赠别于子栗择言》一文,道:

> 吾夫子太虚良知之说,人多疑之。偶有左袒之者,则或引袖而笑之,或叩席而排之,甚焉则侧目于坐隅,如视酷吏之虐人者。此所谓意见作障者,而仆所目击也。如争之则徒援彼怒心,我亦不能不生求胜之心也。其亦害道者不尠。足下归国后,其或有此事,当此时,愿一思仆言,夫人不知不愠,则君子也。而如吾夫子之教,固亦唯在信

我知耳，又将何求胜之为。然如亲故及朋友①，或欲开谕之，亦当有法。所谓就其良心发见之处，而拈点之者欤。其他亦在顾足下之知何如矣②，仆窃谓足下之性甚直，故所不堪物者亦在矣。虽然，如容他忠言，则亦有人之所不及者，是因足下之尝容仆言而知之，所以区区婆心敢以告焉。呜呼，如开谕于人则难甚！足下愿一就夫子质之，庶几乎自当有所安也。是仆欲自初告之言也。足下请择焉。

文中的"吾夫子"指代的是中斋吧！静区用各种方法为中斋之学辩护，从这里可以想见，他对中斋的尊敬信服十分深厚。然后中斋举事之时，静区认为这种行为不符合道义而拒绝加入，断然反抗以致断绝师徒名义，以贼称呼中斋。本来静区反抗中斋，是因为他更重视大义名分。他将中斋之举视作叛逆，因此认为加入举事乃是不忠不孝，所以不肯加入。从今天来看，中斋之举未必是不正不义，固然作乱这种行为并非相宜，然而针对幕府的压制而举事，是出于义愤，也就是为了帮助人民而对抗强者，也就是面对上级的不正不义，而表达郁屈的下情。中斋绝不是对天皇作乱，只是针对幕府的暴虐而起义。幕府一时掠夺天皇之权，对此中斋宣泄义愤，又为何要谴责他呢？然而静区将他称为贼，其见识之狭小，其思想之倒逆，实在令人遗憾。然而他面对人生大节，决死不惑，气概凛然，一贯千秋，是不能不令人称颂的啊！

---

① 1936 年版作"如亲故及朋友"。
② 1936 年版作"其他亦在顾足下之知矣"。

补正①

关于宇津木静区的事迹，长崎的恒庵氏曾对师范学校校长生驹恭人提到，其主要内容如下：

> 彦根人宇津木静区在长崎元大工町开塾。门人数十人，冈田翁亦是其中一人。翁其后跟随宇津木前往大阪，宇津木拜入大盐平八郎门下。大盐之乱发生在宇津木入门后百余日之时。关于这件事井上博士在《日本阳明学派之哲学》中的记录是错误的。大盐召集门人密议时，宇津木阐述了异见，大盐脸色尤其和缓，没有丝毫诘问之色。然而从此大盐对他十分留意。宇津木在入门后备受敬畏，被当作客人相待，不敢将他视为一般门人。从而冈田翁也同样作为客人的跟随者，无须支付食费而被供养。这时他是年仅十七岁的少年。井上博士的著书中提到的仆友助，就是冈田翁，博士弄错了此处的事实。翁其时称良之助，从未称友助。并且博士的著书中提及有一个人将书信带回了彦根。这完全是虚构的事情，应该是他人的伪作。彼时大盐向宇津木提供饮食供养他，因而如同家臣一般。云云。（此处的家臣意味着不得不向君主尽忠，暗示着同意反逆之举。）宇津木听说后，心动改容道：予乃彦根之臣也。

---

① 此处为1936年版附录1《补正》中的内容，讨论了宇津木书信的真伪问题，并记述了宇津木的遭遇。——译者注

大盐道：如果是这样的话，从明日开始，就与冈田一起缴纳月俸。虽然大盐平常一旦大动肝火就会极其愤怒以至于发展到决斗的程度，但宇津木暂且将自己的意见通过书面记录下来，供大盐参阅，并对大盐道：我无论胜负，都没有与师长争斗的意思。直接向大盐出示了用汉文写成的主要思想。大盐一看，发现二人之间仅有语言的不同，主要思想并没有不同，相互一笑了事。然而这一夜，宇津木对翁说，我到底难以活命，尚不知何时被杀。当时足下仍是少年。并且有必要报知国本，快快逃走吧。冈田翁于是舍弃袴，穿成町人的样子逃走。第二天早晨天未亮时，有三个人提着刀来到宇津木的房间，打开拉门问道：宇津木在否？看见屋内并无宇津木后离去。此时宇津木正好前去如厕，只有冈田翁一人留在房间内，于是急忙跑到厕所告知宇津木此事。然而很快那三人就到了这里，在宇津木尚未从厕所中出来之时就想将他斩杀。宇津木反复诘问他们："怎么回事？怎么回事？"他们回答道："奉先生之命。""若是先生之命，那别无他法了。"于是将头伸到洗手盆侧，一刀下去殒命。云云。

这是生驹恭人记录了冈田氏的谈话，然后寄给东京熟人某氏的内容。现在将其全文刊登出来以资参考。

第三章
林良斋

林良斋，名久中，字□□①，良斋是他的号，又号自明轩，讚州多度津人，其祖先世世为藩老，良斋起初也侍奉藩主，然而早年多病，不能入仕，因此辞去职位，在堀川弘滨之原上建立弘滨书院，并居住于此。专攻姚江之学，与吉村秋阳、春日潜庵、池田草庵等人结交。草庵视良斋为千古心友。良斋于嘉永二年（1849）五月四日殁。②在《盐逆述》中将良斋列为中斋门人，注释道：

是计学医，仕于讚州，成内弟子。

由此观之，良斋拜中斋为师。草庵曾作《弘滨书院记》，形容良斋道：

---

① 1936年版补充此处，"字子虚"。
② 1936年版补充年龄，"享年四十三岁"。

> 君容貌清癯，风神萧疏，不除须毛，被服类民庶。

其超脱之状如此。良斋著有《自明轩文钞》一卷，①他曾在给潜庵的书信中写道：

> 圣人之所以为圣人者，无我而已矣。而吾人独知一点，天机自然，非人力可得，则本无我也。其我者，乃意欲而已。今欲消此意，欲复其本无之天，无他，其在慎独而已矣。读书求义之事，虽亦不可费，苟独以之为主，则不玩物丧志者，希也。

又在给秋阳的书信中写道：

> 窃以为，圣人之学，以无我为的，以慎独为功。圣贤应时立教，其言虽不同，求其要领归宿，无不事于独。学者若徒劳博涉而不知其要，适足以长傲滋诈，固其乃我等之私我而已。

其言论颇有深意。由此观之，良斋胸中无疑也自有丘壑。②吉村秋阳在回复良斋的书信中写道：

> 往年，但马池田子敬过弊庐，具说高明笃信好学之状，私心翘企既久，云云。凡吾党将相与同志，继先贤堕

---

① 1936年版补充著作为："良斋著有《学征》三卷、《学征雕题》一卷、《往复文书》一卷、《自明轩自警录》一卷、《自明轩文集》一卷等。"
② 1936年版在此补充一段文字："偶成之诗道：一念微萌处，休言莫物窥。此身硝子似，肺肝万人知。亦可知其修养所至"。

绪焉。宜洞开肝膈，谦虚乐善之诚，质诸鬼神而无愧也。来教所谓形躯不足论者，实获我心。如此而后，千里亦同党矣。呜呼，此学乾坤之正气也。体诸身而有所立乎？即所谓丈夫落落掀天地者，即所谓继往开来之功。非欤？岂弗人生一大快事也哉！区区穷达荣辱，何容言。云云。

其二者相许如此，大体得以想见彼此交情的亲密。

  汝不知，予确守正义，一步也不退让。予非怕死之徒，虽直死而不变节。

——苏格拉底

第四篇

中斋以后的阳明学派

大盐中斋之后，虽然可以算得上阳明学派的学者十分稀少，但严谨考察的话，当时也并非没有笃学之人，他们间接受到阳明学的影响，也颇为惹人注目。如山田方谷，有经济之才，且可观之治绩不在少数。吉村秋阳、奥宫慥斋、春日潜庵、池田草庵、东泽泻等人都是笃学之士，以着力心术为主；横井小楠、[①]佐久间象山、西乡南洲及吉田松阴，虽然不能直接称其为阳明学派，无疑也是从阳明学中有所得。那么，阳明学与最近的维新大革新的关系，绝不是不伟大。因此叙述其梗概，以求明晰思想的伏线。

---

① 1936年版在此增添一位人物"桥本左内"。

第一章

吉村秋阳

附吉村斐山

佐藤一斋一门人才辈出。吉村秋阳就是其中一人。秋阳，名晋，字丽明，称重介，秋阳是他的号，安艺人，父亲是小田三左卫门，成为吉村氏养子，因此使用其姓。秋阳出生那一年，三左卫门殁，秋阳于是在母亲的教导督促下，从小拜师读书。十八岁时游学京师，到壮年又游学江户，拜入佐藤一斋门下，开始修习阳明学，终身谨守其主旨，未曾逾越。秋阳自江户返回，起初居住在广岛，在家塾中教授子弟，后又移居三原，专力讲学。又曾前往江西，拜谒藤树书院，讲授《古本大学》，传闻有士人百姓听到他的授课而泪流满面。庆应二年（1866）十一月十五日，病殁，享年七十岁，葬于城西香积寺。秋阳著有《格致剩议》一卷、《大学剩议》一卷、《王学提纲》二卷、《读我书楼遗稿》四卷。

系嗣子骏所撰①的先子行状中提到"所著《读我书楼文草》四卷、《诗草》三卷",《遗稿》四卷大概刊行的是其抄录本吧!其他的还有纂定的《战国策》八卷、校点的《汪武曹四书大全》及《儒门语要》。

秋阳自从一斋处习得王学,对此深为崇信,终身留于其架构之中。池田草庵在秋阳的墓碑上写道:

> 佐藤氏之学,主姚江。先生始终遵守不逾,惟其间矫弊归正,动静一致,而以静为入手之要,亦可谓善学者矣。

秋阳虽无一家之创见,但其志向深厚,曾作《读书吟》,道:

> 处世斯须尔,歘化北邙尘。及时宜自立,卓哉古之人。古人真可学,岂由富与贫。
> 每怪沉迷徒,终年苦不足。戚戚搅中肠,如身在桎梏。物类有同异,夔蚿适相怜。
> 只应随所好,勿耕佗人田。吾安一枝安,翻阅度寒暑。久已甘迂腐,区区空期许。

秋阳极其仰慕中江藤树,曾作《藤树先生真迹之跋》,其文道:

> 右藤树先生书迹,凡六十八字。大沟藩恒河子健所

---

① 1936 年版作"秋阳著有《格致剩议》一卷、《大学剩议》一卷、《王学提纲》二卷之外,还有《读我书楼遗稿》四卷,系男骏所撰"。

藏，端悫温粹，有道气象，流露楮墨间。鄙人仰企弗已，乃固不可以楮墨视者矣。天保十四载，晋适西江，展谒先生之墓，问所谓藤树书院者，跻堂拜神主，览遗物。时方春季，风日瞱暗，屋后藤既老无花，亦旧物也。追思曩昔，低徊悲伫不忍去。已还旅次，子健偶出此幅，请题识其后。操觚之际，泪涔涔下，犹过书院时也。盖夫有形之属，有时而必聚散，犹不待形而后立者终无穷尽。故能有旷世而相感者，是果何物哉？慨焉久之。

在《遗稿》末尾，附有语录二十六条，在下文摘抄出最适合求学之人的七条：

一、力乎学者，所以徇善除恶也。欲必徇善除恶，则不待求之于事，而先求诸心。心也者，乃学者用力之地，而灵昭之机存焉。一念之所发为善为恶，有能自辨其真妄曲直之分者。故凡自应事接物，一言一动之际，无小无大，必扼之于此。苟其善乎，辄从而养之充之，使遂其善而后止矣，不敢为利害得丧之所牵也。苟其恶乎，辄从而遏之绝之，使消其恶而后止矣，不敢为利害得丧之所牵也。凡所居而莫不用其功焉。其诵前贤之训诲，鉴历世之成败，皆约之用力之地以切己，则夫灵昭之机日益熟，真妄之辨日益明，然后始见进取之功矣。是所谓精一之学。尧舜已来，圣圣相承之要诀，实不能外乎此也。夫读书考古，固学之第一件，然徒求文字言语，而无所融会贯通于己，虽日记数千言，而非士君子立心制行之学。我之所不能知也已。

二、事物者，可见之性命；性命者，不可见之事物。一原无间之妙如此。故善用功者，不系于时，不着于境，常常慎一点独知而已矣。

三、圣门之学，统人天，贯古今。其体无所不备，谓之天德。其用无所不达，谓之王道。合言之曰道焉，分言之曰义焉，而皆一心也。心也者，神化之会，而道义之所由出，人之所以为人也。是故至大而纲常，小而起居语默以往，至其端绪不可穷，亦不外于我心。心之至贵至重原如此，而一蔽乎私己，则百病即聚于此，其患可胜道哉。是人生所以不可无学也。学也者，治其私而复其本之功也。用功之目非一，而其归宿处，不过曰敬而已矣。斯一字，实圣圣相承之一滴血，惟反躬实践者，然后其庶乎得之。世间多少学人，若不能及时立志，可惜终身憧攘，错用精神，直到风过花飞时，而后回顾平生，黯然消沮，不亦伤乎，噫。

四、学者自反而已矣。切不可与物为对，百般病痛皆生于此。夫不与物对则无物，无物便无我，物我混同，而其感应之际，只尽一个不得已之心。孝以自成孝，悌以自成悌，非故欲孝，欲悌也。日用万变，而吾所操一，自反者，不过如此。

五、一毫懈心之生，即百恶所丛。

六、圣人每不喜人之多言，教戒切至。何也？多言者，精神外泄，气象浮泛，不足与进于道矣。言寡则思深，思深而后才觉自己多少病痛，始有所著功处。此意惟反己者自知之。

七、夫子云："习相远。"间尝自检点，平生不可言全无志，而道不进，德不修。患大抵在习于流俗，不能自拔耳。妻子僮仆，习人也；居养有常，习境也；其间所执，皆习事也。且古人尤重师友之益，先师梦奠之后，仪刑日远，朋友星散，无由复集。接习人，对习境，安习事，今日如此，明日如此，一月一年亦如此，将何以望进修之效哉？然夫豪杰之士，虽无文王犹兴，乃知有真志而极力者，果非习之所能囿也。残年无几，当矢心自励。

这些言语，都反映了秋阳从姚江学派所得的识见。虽然没有惊人的奇论，但若仔细品味，可知亦是拯救学者之弊的适当方法。

嗣子，斐山，名骏，字景松，称隆藏。原本是秋阳的门人，后收为嗣子。明治十五年（1882）殁，享年六十一岁。斐山曾道："良知是乾坤之正气，虽孔孟不得自私之，况程朱陆王哉？"亦绍继秋阳，很好地发扬了家学。①

---

① 1936年版增加著作介绍，"斐山著有《遗见类记》三卷"。

第二章

山田方谷

附河井继之助

方谷，名球，字琳卿，通称安五郎，号方谷。备中哲多郡西方村人。文化二年（1805）生，父亲名重美，母亲为西谷氏。自幼聪慧，八九岁时拜入丸川松阴门下，学习程朱学，兼修诗文。虽老辈亦不能及，时人称其为神童。有客人问："儿做学问，为何事？"他于是应声回答道："治国平天下。"客人大为惊叹，寄予厚望。父亲曾为武门出身，但中道衰落，长期与农民为伍，深感痛苦，屡屡劝诫方谷，振兴家业。母亲也必从旁附和，一日，摸着他的头发告诉他道："佳儿必克成父志，然若乘势崛起，鲜有不颠踬者，汝若终全之，吾愿足矣。"于是方谷铭记于心，不敢忘怀。十四岁时作述怀诗，道：

父兮生我母育我，天兮覆吾地载吾。身为男儿宜自思，芥芥宁与草木枯。

> 慷慨难成济世业，蹉跎不奈隙驹躯。幽愁倚柱独呻吟，知我者言我念深。
>
> 流水不停人易老，郁郁无缘启胸襟。生育覆载真罔极，不识何时报此心。

由此观之，方谷无疑是幼年早熟。他在这一年丧母，翌年又丧父，于是每次回忆起父母平生训导，悲愤填胸。若有闲暇，诵读不懈，讲学颇为勤勉。备中松山藩主宽隆公听说他的事迹，为他提供学费，任命他为准中扈从，成为藩学会头。时年二十五岁。方谷在任两年后请求前往京师游学，与当时诸儒结交。不久至江户，在佐藤一斋处学习王学，与佐久间象山、盐谷宕阴等共同研究，大约历时八年后返乡，学业大为长进。赐俸禄六十石，就任学头。他于是循序渐进，讲授学问，阖藩子弟始而向学，远近学生也聚集过来，家塾因此长盛不衰。他在《示某生》一文中写道：

> 吾气浩然同太虚，何曾半点落形躯。才持私见分彼我，究竟锻成小丈夫。

到了弘化元年（1844），松叟公世子监国，命方谷侍读经史，听到他的论说才知道他有大才用。不久松叟公袭封，首先提拔方谷，革新本藩财政。他于是整理财政，一洗宿弊。公又命他兼任郡宰，革新民政。他于是绝贿赂、禁奢靡、设乡校、置贮仓，拓宽狭窄的道路，疏通堵塞的川沟，严巡吏，编乡兵，以戒不虞，如此行政十年，于是风俗一变，治绩显赫。当时昌平日久，列国趋于奢侈，不知文武为何事，偶然听说松山藩奏报革新之功，四方前来见学之人络绎不绝。特别是向方谷询问理财问题的人最多。文久元年（1861），他随公前往江户，始患咯血之症，于是归乡修养。然而恰逢天下多事之秋，不能久居安闲之地。或进而襄助公之事业，或退而严查藩之兵备，为国家殚精竭虑，功绩不可计数。方谷对于松叟公，就如同蕃山之于芳烈公，不啻鱼水之交。方谷年老，越发厌倦世事烦杂，离开后寓居刑部山中。当时从四方前来求学者，实有数百人之多。备前的闲谷黉原为芳烈公创设的学校，然而荒废许久，当时众人迎方谷到此，得以重新振兴此学。于是方谷时时前往监督。闲谷与蕃山相近，山下有蕃山宅邸的遗址。众人于是在此建一小庐，以作为他游息的地方。他每次来到此地，顿生景慕之念，流连忘返。作诗道：

> 晚年操节洁于霜，残础荒凉古寺傍。身窜天涯穷益固，名传海内久愈芳。
>
> 聊将新筑存遗趾，莫是旧魂还故乡。留宿连宵无限恨，隔林钟声断人肠。

明治九年（1876）冬，宿疴复发，第二年夏天仍未痊愈。正当更换床席的时候，方谷命令家人陈列《阳明全集》和松叟公所赐短刀，焚香默谢后，与世长辞。享年七十三岁。比春日潜庵早去世一年，正是西乡南洲作乱那一年。

方谷是从学理出发着力于事功，因此他的学说并无特别值得叙述之处。他的著述虽有《方谷遗稿》三卷，但收载的不外乎诗文。如果要在其中列举值得注目的文章，其中《答友人某书》道：

> 古之圣贤，内有实得，而后立一家之言。周主静，程持敬，陆尊德性，朱道问学，以至王氏致良知，其言各殊，其得道者一也。所谓殊途同归者也。故后观其言者，亦内有所得，则主静可也，持敬可也，尊德性可也，道问学可也，致良知固可也，将不容自辩说。若犹未有所得，遂议其失，独不免周程朱陆之议，则虽王氏之说，焉得无瑕疵？

由此观之，方谷的见解绝不偏狭，虽是阳明之学，也并非完璧。然而他是纯粹的王学者这件事，终究难以否认。他在《读阳明集》一诗中写道：

> 毕生事业自真儒，善恶何须争有无。四句一传成妙诀，枉教后学费工夫。

可以说方谷尊崇王阳明，但他亦颇有禅学的味道。曾作《岁晚书怀》十篇，读起来就如同禅家的偈语一般。其序道：

> 悟则法身，迷则色身。本非有分界，一切平等，浑融大小。

如果不知道佛教的教义，是不可能道破此种妙理的。他在《冬夜读书》一诗中写道：

> 颓壁雪三尺，寒空月一轮。坚凝天地气，聚在读书人。

又作《论学弊赋似诸生》一文，写道：

> 一圆大镜是吾神，只有工夫拂点尘。更向镜中求镜

去，镜乎却误几多人。

如此阅读他的诗作，不能不感到禅气袭来。川田甕江道："先生初尚宋学，后从佐藤一斋，讲良知之说，参以禅旨，豁然自得。"大概由此可见。

方谷与蕃山相似。不仅其学问与蕃山相同，其事迹也与蕃山相类，而其出生地更是接近蕃山旧址，因此世人称其为小蕃山。甕江道："藤树，有道德而无功业。蕃山，丰功而啬文。一斋，能文而功德不及。先生取三子之长补其短，别具一格，岂非旷世之伟器！"固然推崇过当，自不待言。想来方谷与潜庵在伯仲之间，唯其所见有所差异，与其说是推崇良知不如说是看重诚意。

他在《复春日潜庵书》中写道：

> 王氏之学，以诚意为主。致良知即诚意之事而已，然必以格物配之。盖非致良知，非观诚意之本体；非格物，非成诚意之功夫。二者并进而后意诚。今足下之言，专于致良知，不及格物，乃异于王氏之学否？

由此可知二者所取之处并不相同。

方谷有一位叫河井继之助的门人，亦是尊崇阳明学的学者。继之助，名秋义，称继之助。长冈人。可观事迹颇多。三岛中洲作其碑文，可见于《明治碑文集》卷一及《如兰社话》卷廿一。①

---

① 1936年版在此后增加一句，"今泉铎次郎所著《河继井之助》记录其事迹最为详细"。

第三章

横井小楠[①]

横井小楠，名存，字子操，称平四郎。时存是他的实名。熊本人，事迹甚多。明治二年（1869）被刺杀，时年六十一岁。著有《小楠遗稿》一卷。胜海舟曾评价小楠道：

> 迄今为止，普天之下，我只害怕见到此二人，横井小楠和西乡南洲。关于西洋之事，横井并不是特别清楚，大概只有我教授的程度，然而其思想之高调，我等望尘莫及之处甚多。我暗自考虑，横井虽然无法亲自完成这些事情，但如果这个世界存在采纳他意见的人，那才是了不得的大事。（选自《冰川清话》）

可以想见其人物性行。现存有小楠所作感怀之诗，今列举其中四首：

[①] 1936 年版于此章附桥本左内的介绍。——译者注

其一

披书见古人，反思志不高。前贤直自期，磨砺何厌劳。
汗血惊鞭影，奔帆截雪涛。消除经营心，超达即人豪。

其二

吾慕紫阳学，学脉渊源深。洞通万殊理，一本会此仁。
进退任天命，从容养道心。叹息千秋久，传习有几人。

其三

围棋何其变，颜面一不同。人事率如此，变态诚无穷。
何以应无穷，灵活方寸中。果知君子学，总在格知功。

其四

心官只是思，思则真理生。或在一身上，又入天下平。
古今天地事，莫不关吾情。寂然一室中，意象极分明。

在第二首开头，有"吾慕紫阳学"之句，若看这句诗文的话，小楠似乎奉行朱子学。然而第三首中写道"何以应无穷，灵活方寸中。果知君子学，总在格知功"，才知道他实际上推崇阳明学风的修行。虽然他并不自称姚江学派学者，但他都是通过致良知的心法处身修行。他在《学而篇》的讲义中写道：

此章为开卷的第一义，是特别重要的讲义。修学一词，可见于经，自传说初始以来，乃是古来圣贤用心之处。无论何种学说讲义，可就我心之上理解。虽然朱注具备委细，若只根据其注释理解，则为朱子之奴隶，不知学之真意。提及后世学者，可指读书作文之人，若考古，绝不可如此。尧舜以来，亦或孔夫子之时，何曾有当世如此之多的书籍？并且何曾听闻古来圣贤，只勉励读书？那么，古人所谓学者如何？全在吾方寸之修行也。扩充良心，在日用事物之上用功，不可不全学。父子兄弟夫妇之间，至事君交友，由亲贤爱众至对话百工技艺农商，乃至山河草木鸟兽，即其事解其理，在其上读书，考古人之事历成法，知义理之无穷，孜孜不倦，吾心日益灵活，此则学问修行。尧舜亦一生修行，古来圣贤之学者，除此有何？后世之学者，不觉日用之功，唯就书会理，此非学古人之所学，所谓古人之奴隶者也。今欲学朱子之学，应思朱子所学如何，非如此而就朱子之书，全为朱子之奴隶也。譬如作诗者，欲学杜甫，应考杜甫所学如何，追至汉魏六朝可也。且又寻常之人听闻一通道理，虽合理，唯一场谈话而已。无践履行之实，不过口耳三寸之学，此乃学者之通病也。故志学者，思至极之道理，尺进而不寸退，是真修行也。勿忘。云云。

小楠讨论方寸的修行，完全就是姚江派的心法。小楠原本从大塚退野的遗稿中所得颇多。退野之学出自朝鲜李退溪，退溪之学以伊洛为宗，因此小楠亦信奉伊洛之学。然后他超越了此学的格局，产生了类似古学的见解，有纵横无碍之气概。但

是论及他的持身心术,由他所提方寸之修行可知王学的痕迹最为显著。小楠又论述天人关系,道:

> 应知人有三阶段。总而括之,天乃古往今来不变之一天也。人乃天中之一小天,在我以上之前人,在我以后之后人,合此三阶段之人,初成一天之全体。故我之前人,亮前世之天工,让于我,我继之,让于我之后人,后人继之,让于其又后人。前世今世后世三段,皆我一天中之子,此有三人,任课天帝之命也。仲尼,祖述尧舜,继前圣,开来学,此非限于孔子,人自出生以来,人人皆有事天之职分。身形乃我一生之假托,身形变变生生,此道古往今来一致也。故事天之外,有何利害祸福荣辱生死之欲可迷乎?

他已经打破了小我的思想,而直接接近了大我的境界。他选取了古往今来一贯不变的根本主义,因此可见其心胸之畅快,实乃天空海阔。他又论述处事的修行,道:

> 处于当世,成与不成,唯立正道,非依世之形势。若只立道,可留于后世子孙,其外无他言。

又道:

> 我等尽诚意,明道理,不言而已。闻与不闻,在人,亦安矣。焉知其人不闻之事。预计不言,失其人。言而不闻,强是诬我失言也。

这些都是他修习心法所得的体会。可知他处身的根本所在。

存有两首偶作诗文,道:

> 帝生万物灵,使之亮天功。所以志趣大,神飞六合中。
> 道既无形体,心何有拘泥。达人能明了,浑顺天地势。

大有圆融无碍的趣味,以此可知其涵养颇深。

小楠关于西洋的学问,如下文所言:

> 西洋之学,唯事业上之学,非心德上之学,云云。有心德之学,且知人情,至当世,可止战争。

固然西洋不是没有心德之学,然而我邦所传心德之学,即便求于西洋也求不到。小楠又在《送左大二侄之出洋》中说道:

> 明尧舜孔子之道,尽西洋器械之术,何止富国,何止强兵,布大义于天下耳!

大有吞吐世界之气象,特别是"布大义于天下"之语,应是我国民不可更改之方针。①

---

① 1936年版在此后增加桥本左内的介绍:"桥本左内,名纲纪,字伯纲,左内是他的通称,号黎园、景岳。越前人。起初在山守东篁求学,尊奉朱子学。后受到小楠影响,转向阳明学。安政六年(1859)十月七日在江户小塚原被处刑。时年二十六岁。著有《黎园遗草》二卷。"

补正[1]

越前藩主桥本左内受到横井小楠的感化而奋起。左内名纲纪，字伯纲，左内是他的通称，号黎园，又号景岳。安政六年（1859）被处斩。时年二十六岁。著有《黎园遗草》二卷。中有《蕃山熊泽先生手简真迹歌》，对蕃山的人格和才能大加赞赏。

藤川冬斋与横井小楠一同生于文化六年（1809），明治二年（1869）殁。享年六十一岁。他名贞，字子干，姓藤川氏，初称为太郎，后改为友作，号冬斋，别号皋鹤。世世代代侍奉郡山藩。为人温雅明敏，少修习武技，之后用心讲学。他的学问起初以蘐园为主，中期变为程朱，最终以陆王为归宿。晚年爱好释老之书，清虚超悟，人不能测。著有《论语通解》《淮南鸿烈解考正》及《诗文集》等。中村敬宇先生曾作其纪念碑（出自《敬宇文集》卷十六）。碑铭道：

> 余姚之学，出于邹孟，自合禅理，岂悖先圣。君掌弦诵，士兴于行，骥足不展，未与藩政。

---

[1] 此处为1936年版附录1《补正》的内容。——译者注

第四章

奥宫慥斋

附冈本宁斋、市川彬斋

奥宫慥斋，名正，字士道。土佐人。文化八年（1811）七月四日生，二十一岁时即文政十二年（1829）随祖父正树前往江户，在佐藤一斋门下游学，才听闻阳明学的讲义，得知其为圣学之正宗。在一斋门下两年后回到土佐。写作《圣学问要》，主张王学。其后再次前往江户，在一斋门下学习数年，学业完成后返乡，垂帷教学，更加提倡王学。慥斋乃是在土佐提倡王学之嚆矢。慥斋中年以后，喜好禅理，历次拜访土佐的大休和尚、兵库的匡道和尚、镰仓的洪川和尚。在阳明学派中也特别青睐王龙溪的学说。龙溪是最接近禅学的学者。到了晚年，他的见地突然一变，嗣子奥宫正治在演讲（《阳明学》第卅三号）中，说道：

> 亡父至晚年，学见少少变化，学究宇宙之真理，且学人之为人者，标榜程朱陆王为一派，并非互立宗旨。其所

第四章　奥宫慥斋　附冈本宁斋、市川彬斋

见之卓伟，可说将和汉古今神儒佛耶融为一体，云云。

慥斋于明治十五年（1882）五月三十日病殁，年六十五岁。著有《圣学问要》《慥慥斋省录》《神魂问答》等。其中《圣学问要》载于《阳明学》第十五号至二十一号之中。

若问在慥斋《圣学问要》末尾值得一观之处为何？那我将答道：

> 夫学者，就平生所疑，参去参来而其所疑愈窒凝，日积月累，造次颠沛，或须臾莫不思之，时时发奋激昂，以谓均是人也，或圣贤，或愚不孝，我亦堂堂一男儿，所志未遂，所疑未开，为人而未得成人，枉费一生，是若待毙，即真醉生梦死，与草木虫豸同朽哉。我若为打破此疑，则生有何益？死亦有何？着力到此，日用云为，咳唾食息，动静语默，无时无处，此一念，每不可不置在胸中，则必心胸热闷，地上黑窣窣，不得进，不得退，不得仰，不得俯，不得思，亦不得不思之时节。而其所疑益大，所思益穷，从颠至踵，通身浑是一大疑团，而思竭意丧，心断神失，然后恍然脱然，乍打破此疑团，则闷闷、黑窣、进退俯仰皆不得之地，翻而至清凉轻快、自主自由之境界，心志爽然，精神发越，得生来未曾梦见之一大活路。是即夫子所谓一贯，孟子所谓觉，程朱所谓一旦贯通，龙溪所谓悟，斯始进步以上之路径。是以往，彻上彻下，彻始彻终，以初学至圣人，一条路程而已。故曰，学者是无一旦之见处，假令笃志力行虽如司马温公，尚难免

成一介俗儒。夫苟一旦见于此，则不掩其行，其质虽未化，盖其所见，则质鬼待圣，复无疑惑。而视经传所说，千言万语，尽如吾之旧言陈语。于是始知从前所为，不过冥搜妄索。于是始获跛者之杖，彻聋者之楔，得盲者之明，得梦者之觉，如此可知。云云。

由此观之，慊斋是我邦王学者中最接近禅学的学者。又因为其通晓禅学，因此作为禅学者也十分有名。荻野独园撰述的《近世禅林僧宝传》（卷下）中载有慊斋的传记，由此可知其作为禅学者的声名。今北洪川所著《苍龙广录》卷之二中有《祭奥宫慊斋居士文》，颇为详细地记载了慊斋的事迹。最后有一偈，道："拳头击碎顽虚空，脚底踏翻兜率宫。不道不言君已逝，鹃花长在夏山红。"①

慊斋友人中有冈本宁斋②、市川彬斋等人，都在土佐与慊斋一起砥砺心术，一时在海南提倡王学。③

---

① 1936 年版在此后增加慊斋门人的介绍："慊斋的门人中有尾崎愚明、丁野丹山、中江兆民、中尾水哉、川尻实岑、南部静斋、都筑习斋、奥宫存斋等人。愚明著《传习录讲义》一卷（未完），水哉编纂《洗心洞诗文》，又著《良知》一卷。"
② 1936 年版作"冈本宁浦"。
③ 1936 年版在此后增加一句，"宁浦是安艺郡安田村人"。

第五章

佐久间象山

佐久间象山，名启，又名大星，字子明，称启之助，后改称修理。信州人，就任于松代藩。元治元年（1864）被刺杀，时年五十四岁。曾求学于佐藤一斋，似尊奉阳明之学。①门人有吉田松阴、小林寒翠、加藤弘之等人，②在松阴欲游学海外时，作诗相送，写道：

> 之子有灵骨，久厌蟊蠈群。奋衣万里道，心事未语人。
> 虽则未语人，忖度或有因。遂行出郭门③，孤鹤横秋旻。
> 环海何茫茫，五洲自为邻。周流究形势，一见超百闻。

---

① 1936年版增添表述："曾求学于佐藤一斋，虽然尊奉朱子学，同时尊崇阳明（醉时歌），景慕蕃山（跋熊泽蕃山真迹）。详细介绍尚可参考《日本朱子学派之哲学》。象山的著书大抵收载在《象山全集》二册中。"

② 1936年版增添门人位数，"门人有胜海舟、吉田松阴、加藤弘之、西村茂树、狩野芳崖、小林寒翠等人"。

③ 1936年版作"送行出郭门"。

智者贵投机，归来须及辰。不立非常功，身复谁能宾。

松阴被囚之时，象山也受到怀疑被捕。象山著有《和兰语汇砲卦》《女训》《省諐录》《葬礼私说》等若干卷。然而今只有《省諐录》一卷留存于世，《省諐录》系狱中所作。①其中言论如下：

一、所行之道，可以自安。所得之事，可以自乐。罪之有无，在我而已。由外至者，岂足忧戚！

二、人所不及知而我独知之，人所不及能而我独能之，是亦荷天之宠也。荷天之宠如此，而惟为一身之计，不为天下计，则其负天也，岂不亦大乎？

三、纵予今日死，天下后世，当有公论。予又何悔何恨？

四、身虽在囹圄，心无愧怍。自觉方寸虚明，不异平日。人心之灵，与天地上下同流。夷狄患难，累他不得亦可验也。

五、吾不履此境，无此省觉。经一跌，长一知。果非虚语。

六、行身规矩，则不可不严。此治己之方也。治己，即所以治人。待人规矩，则不可过严，此安人之道也。安人，即所以自安。

七、君子有五乐，而富贵不与焉。一门知礼义，骨肉无衅隙，一乐也；取予不苟，廉洁自养，内不愧于妻孥，

---

① 1936 年版更改表述，"都收录在《象山全集》中。其中，《省諐录》系狱中所作"。

外不怍于众民，二乐也；讲明圣学，心识大道，随时安义，处险如夷，三乐也；生乎西人启理窟之后，而知古圣贤所未尝识之理，四乐也；东洋道德，西洋艺术，精粗不遗，表里兼该，因以泽民物，报国恩，五乐也。

八、日晷一移，千岁无再来之今。形神既离，万古无再生之我。学艺事业，岂可悠悠。

九、人誉己，于己何加。若因誉而自怠，则反损。人毁己，于己何损。若因毁而自强，则反益。

十、读书讲学，徒为空言，不及当世之务。与清谈废事，一间耳。

根据最后的说法，可以知道象山看重实际的应用，而排斥一切迂疏之空谈。他在赠小林文炳的文书（附在《求志洞遗稿》的开头）中写道：

> 宇宙实理无二，斯理所在，天地不能异此，鬼神不能异此。近来西洋人所发明许多学术，要皆实理，只是足以资吾圣学。而世之儒者类，皆凡夫庸人，不知穷理，视为别物，不啻不好，动比之寇雠，宜乎？彼之所知，莫之知。彼之所能，莫之能。蒙蔽深固，永守孩童之见。此辈惟可哀愍，不足以为商较。大丈夫当集大块所有之学，以立大块所无之言。云云。

这段文字读来，能感受到象山汇集世界众智，将其融为一体的意向，真是无以言表的畅快啊！象山也是豪杰之士啊！门人乾堂北泽正诚曾抄录象山遗稿中的诗词，并将其刊行，命名为《象山先生诗钞》。①

象山相关的书目

《象山言行录》一卷　松村操撰②

《慨世余闻》一卷　斋藤丁治编③

《非凡人物列传》一卷　渡边修二郎著

《慷慨家列传》④

《近世百杰传》一卷　干河岸贯一编

《佐久间象山》一卷　林正文著

《佐久间象山》一卷　小此木信一郎著

《日本名家人名详传》（卷下）⑤

《大日本人名辞书》

《日本伟人传》　四村富次郎著

---

① 1936年版没有关于象山先生诗钞的表述，替换为："象山的门人中有胜海舟、吉田松阴、加藤弘之、西村茂树、小林寒翠、北泽正诚等人。在《象山全集》以外，还流传有《象山先生及门录》。可加以参考。"

② 1936年版在此之前增添一本书："《象山翁事迹》二卷。"

③ 1936年版在此之前增添一本书："《佐氏遗言》第一集 花冈复斋辑。"

④ 1936年版补充作者："《慷慨家列传》　西村三郎编辑。"

⑤ 1936年版在此之前增添一本书："《维新豪杰情事》　长田偶得著。"

| 第六章 |

春日潜庵

　　春日潜庵，姓源，名仲襄，字子赞，潜庵是他的号。文化九年（1812）生。刚满九岁时，父亲去世，伶仃艰苦。年龄稍长，开始学习句读。十八岁时，跟随铃木恕平修习程朱学，崭露头角。到了二十七岁时，第一次读到了《王阳明文录》，大受启发，喟然道："为人，当至此方止；求学，当至此方止。"由此笃信姚江学派，潜心反复，推敲其源流，道德、气节、事业无不出于良知的修行。潜庵资性俊迈峭直，容貌魁梧，声如洪钟，目光烁烁射人。他持身严正，闺门之间，亦严如朝廷。然而他并非一概拘泥格法之人，常蔑视世间拘泥尧行舜趋之人，道："大海有时乎起狂澜，大川有时乎生横流，区区守常之士，不足以语。"其所见如此，因而终身迍邅，不得践行其志向。其言行卓绝，绝非庸儒所能及。潜庵曾侍奉久我通明公，处理其家政，有所成就。但他处理事务公正严明，丝毫不假借他人之手，于是诸臣以之为不便，暗地里谋划要酖杀他。幸而此事被察觉，然而潜庵置之不理，最终被逸言中伤，因而获罪屏居十年。等到久我建通公继嗣，岁计不支。公罢黜原掌事之人，再次起用潜庵。潜庵于是整理家政，不到十年，收入较往日获利倍蓰。于是京师中都称赞久我公善用潜庵之事。可见潜庵颇有先见之明，因而有下文的故事：

> 潜庵曾建议道："从古至今，五六十年必有凶灾，天明至今，又将满一个周期，是以不得不预先防备。"于是在洛西的别邸中蓄积谷物，人皆笑之。嘉永六年四月大内起火，延绵烧毁数万户，久我家亦罹此难，于是迁就潜庵蓄积谷物的别邸，人们始服其先见。
>
> 另外，当美国的使节来浦贺请求互市之时，潜庵建议道："闻洋人甚嗜茶，互市一旦开启，茶价必将腾贵。"因而开垦土地数段，在宇治采茶种种之。其后诸国互竞茶利，潜庵所种之处，每年可收数千斤，获得奇利。

及至锁国开港之论兴起，幕府令堀田、间部二阁老前后来到京师上奏此事。潜庵于是与梁川星岩交往，暗中谋划。一日接到三条内府的敕命，由使者传达密书，将此任务交于潜庵。潜庵感泣拜受。于是就任先帝顾问，屡屡面见龙颜，辅翼时事。攘夷内敕下达水户之时，潜庵听闻后愕然道："机事必漏，奇祸始于此。"于是想要召还使者，但没有来得及。不久，幕府大肆搜索逮捕援助水户之人。赖三树、桥本左内等被逮捕者达三百余人。潜庵亦被拘捕槛送江户，被禁锢在岸和田邸之中。本拟为处死，之后竟罪减一等，判处终身监禁。文久三年

（1863）监禁才被解除，复其官职。明治元年（1868）久我通久公被任命为大和国镇抚总督，在奈良开府，听断讼狱。潜庵实际上是他的参谋。既已朝廷设置奈良县，潜庵出任知事。潜庵为政严明，奸人战栗。当时东北尚未平定，他欲消除幕府亲藩郡山等的疑惧，对其颇为优待。于是对他有所忌惮之人以此事诬陷他通敌，并因此将他与他的两个儿子投入狱中，六个月后才被释放。然而嫌疑仍未消除。鹿儿岛人横山正太郎愤慨时事，于集议院①门前自杀，在他的上书中为潜庵的清洁廉直辩白。然而当局者对此十分忌讳，故令其蒙冤。潜庵由此绝意仕途，屏居讲学，门人日进。西乡南洲十分信赖他，弟弟小兵卫以及门下十余名士人都前来求学。在西乡将要前往东京整顿大政之时，令村田新八向潜庵咨询了时事要领十二条，并在后来采纳其建议。潜庵在《寄南洲西乡翁书》中写道：

> 尔来不奉音问，贵国之士，时往来此地者，言动履佳胜，确然之操无变于往迹，钦慕美企。向执事议国事不合，奉身勇退，虽未详其委曲，而世人叹息不置。在执事，则可进可退，进退绰绰然有余裕也。独所惜者，其奈世道之患何！仆窃谓，方今士风之不振，莫甚于此时。廉耻退让，衰颓拂地，士稍有才干者，专意营利，汲汲然习商贾之业，腼不知其耻也。风俗人心，日以陷溺，不知返也。夫亦何知以讲士人之业也哉。士人之业，上尊主，下安民而已矣。尊主安民，乃其大纲也。而数目条件，非笔

---

① 1936年版作"众议院"。

端可悉也。然而非起振士风，则不可也；起振士风，非学则亦不可也。夫学非词章训诂之谓，固也。故有坚苦之志，刻厉之操，而非命世之俊，则无能矣。嗟乎，士风之不振，亦宜矣！执事豪杰之士，平生淡于声色财利，加之，经于艰难困苦练磨之功，既已非寻常也。其兴起振作天下士风之衰，非甚难也。此事非执事则谁望。仆也近年散遣生徒，杜门却扫，虽在村落，如居深山之中。穷居寂寞，特志未屈耳。执事尚教我乎？顷侧闻，左府老公再出东京。所谓尊主安民，振起士风，庶几在此时乎？今日执事之所以讲，安乎在也？乃愿听其绪余，令小弟无恙否，为致意。

潜庵读书，不修章句，以通义理为主。他讲述《论》《孟》《周易》《传习录》等，语言灵活，听者雀跃。他又喜好阅读《资治通鉴》，反复阅读数回说道："经纶天下，此一书足矣，何须多要。"他对待门人极为严厉，宛如君臣之礼。宅第内有竹林，每到夏日讲学，众蚊来袭。然而侍坐之人，都低着头，没有一人用手驱赶蚊虫。宅第狭小，家人仆婢常有数十人，然而内外寂静，毫无声响，只能听到微风拂过竹叶的声音。门生之间相互聊天，说道："每次进入先生的房间，都惴惴不安，有踏入地狱的感觉。然而一旦仰视先生的面庞，客气自挫，而鄙吝之心自消。"潜庵最擅长鉴识人才，只需要见人一面就可以洞察其肺腑。他对木户孝允、西乡隆盛所作的预言，都应验了。他晚年罹患风疾，陷入昏迷，不省人事。一日忽然睁开眼睛，唤嗣子渊道："吾死之后，勿刻碑文，所以昭映大丈夫胸怀之物，非区区碑上之文字也。"其事迹与叔本华的遗嘱有点相似。叔本华的墓碑按照他的遗嘱，只刻有"亚瑟·叔本华"五字，其他并无一字，甚至连出生年岁也没有记载。门人格温纳问他在何处埋葬遗骸，他回答说何处都可以，世人会找到我的。从这些事情都足以看出其志向远大。潜庵于明治十一年（1878）三月二十二日殁，享年六十七岁，著有《潜庵遗稿》三卷①。

潜庵曾与山田方谷相交，又与佐藤一斋、林良斋赠书结交。然而称得上莫逆之交的，唯有池田草庵。他曾在给草庵的书信中写道：

> 仆尔来杜门绝客，似不近于人情，而有大不然者也。盖不如是，则不足以养吾德也。不如是，则不足以讲斯学也。然吾惧离群而索居矣。故与子敬往来周旋。云云。

由此可以看出他二人的交情十分深厚。

潜庵信奉阳明之学，对此评价极高。其有言道："姚江良知之教，真开千古之秘，简而尽。"又说道："后儒学圣人之道，若胶柱鼓瑟。及姚江出，始得听琴声之正。"他又极其崇拜刘蕺山，在给池田子敬的书信中写道：

> 子敬足下，顷襄获明刘蕺山先生所著《人谱》。先生

---

① 1936年版增加介绍："著有《潜庵遗稿》三卷、《阳明学真髓》一卷。亦可参考春日仲精所编《春日潜庵先生影迹》。门人中末广铁肠及户田石水，最为显明于世。石水的事迹可见于之后《阳明学》第五十四号。"

名宗周，字起东，所谓念台先生者也。先生精忠大节，鼎革之际，不食二十余日而卒。襄尝考其平生，悚然而敬叹，潜然而悲慕，乃思吾不得见其人，得见其书，则我亦当努力以造古人之域也。今获其书，可以慰吾怀焉。盖蕺山之学，以姚江为宗，以致知为要，而慎独为主。作《人谱》以授学者，而其用功之精，条分缕析，一以贯之。夫姚江致良知之教，本之孟子，委曲明邑。然末学之弊，徒知良知，而不知致之，狂肆放荡，良知之变，而为私知焉。《人谱》一书，此可以救其弊也。然姚江之学，虽然信焉而不惑者，方今天下其寥寥焉。且其信者，犹未必确然也。而况其不信者哉？呜呼！子敬足下，自人之失本心，名利之习，陷溺天下。虽聪明英特才智之士，不能奋然自拔于其中，汲汲营营。其用心于读书讲学者，亦惟夫名利尔。姚江之学，足以除名利之习，而救天下之陷溺矣。然而无慎独之功，则不以私智为良知者，亦鲜矣。王门诸子，如龙溪、心斋，无不闻致良知之旨，然往往不能无弊也。如东廓、两峰、念庵、姚江，皆不失于师旨，而至蕺山得姚江之粹矣。其立大节，不食而卒者，岂偶然哉！慎独之功熟，而致良知者然也。襄常读书，每观古人之伟功俊节，慨然思慕，乃问其平生学术文章，不得则咨嗟者累日不止，皇皇焉如饥饿而不得食。夫蕺山一代名儒，大节如此，学术如此，而《人谱》一书，其平生学术，具备于此。今既获之，吾心为如何哉。若天下之人，信之与否，何足道哉？子敬足下，冬尽而春，归京必来访我，穷居索莫，一室之内，独有寒梅，煮苦茗，扫机案，乃出此书，相共切磋讲明，岂亦非天下之快哉！

在本邦的儒者中，潜庵最推崇藤树。他在《藤树先生手简序》中写道：

则如先生之德，虽断编片简只字之余，有不湮没者在矣。

又在赠冈本经迪的书信中，写道：

今如藤树超然独兴，孟子所谓豪杰之士非耶？

又在《藤树先生文集序》中写道：

今读先生集，慨然有起予者。夫天下之读书者千百辈，其人不为不少矣。而超群拔秀之才，何其不多见也。岂非以躬行不勉耶？予尝谓如先生躬行，固无伦比，而其识见之超卓，学术之正大，亦绝古今。然则今世之躬行不勉者，盖以识之庸陋龌龊，学术之偏狭也。此不亦可重叹也哉。

在《潜庵遗稿》的卷末，记载了潜庵的语录，现在摘录出其中上佳之句如下：

一、藏书虽盈万卷，徒豪具耳。善读者非以多也，要在自得如何。

二、大海有时乎起狂澜，大川有时乎生横流，区区守常之士，不足以语。

三、杜门却扫，偃仰读书，宠辱无听，得丧无关，人世之乐，何物如之，此非清福之人，乃不可得焉耳。

四、世间纷华，剥落尽矣，大梦一觉之顷也。人生只争梦觉。

五、得道有无穷之乐。得道非得一物，即元来心是也。

六、一念清净，天地始开，一念昏覆，天地皆闭。

七、除欲不在外物之上，在一念之微上。

八、一念克复，即是天空海阔气象。

九、读史有无穷之怀。洞观千古，一视古今，人生一大快事。

十、大丈夫，要卓然自立。不欺者，其本也。

十一、胸怀逼窄，小人之事。阔大远深，君子之境也。

十二、今世有短处可数，便是第一等人。

十三、人生百年，一事无愧于心者，有几何人？有愧不知，懵懂终一世者，比比皆然。岂不哀耶！上士不然，有愧则改，无愧则进，进而不止，终身而已。

十四、老佛之超上于俗儒者，以其无累也。其不如于儒道者，以去事物也。事理一致，道之极也。

十五、人生富贵贫贱，花之开落。生死即昼夜也，达人可以不惑之心。

十六、夙兴夜寐，勤德业者，不可不知。精神后爽在于夙兴，志气深远在于夜寐之中。

十七、易于责人，不责己之罪也。

十八、自责厚矣，何暇于责人乎？终身自责，绰绰然有余地也夫？

十九、谨言，从自责来，尤好。

二十、人生百年，大凡二十年前，蒙蒙焉耳。二十载后，至于六十，中间四十年矣，过此以往，纵令不衰，究竟不做用也。以此观之，百年之中，虽久不过于四十年间，其余蒙蒙焉而已。悲夫，悲夫。此四十年间，立德立业者，其几何人也哉？其余与腐草朽木，泯灭而止。苟有志者，其可悲耶？其不可悲也耶？

二十一、人生劈头有一个事，立志是也。

二十二、君子亦安其所遭耳。盖君子之心，非一身之计，非一家之为。呜乎，其所见也远矣，其所期也大。小园风月与襟怀适，一室静观，浩然自得。

二十三、杜门读书，掩卷省察，一室之乐，莫善于此，此少壮之业，而尤善。若夫出门应酬，救世抚民，亦在一室之中，既了了然，然后可以语经世之业也。

二十四、唯知义理之无穷，不见物我之有间，此是万物一体之心。

二十五、士君子在尘世中，摆脱得开，不为所束缚。摆脱得净，不为所污蔑。此之谓天挺之人豪。

| 第七章 |

池田草庵

池田草庵，名缉，字子敬，称祯藏。草庵是他的号。但马国养父郡宿南村人。文化十年（1813）七月廿三日生，农家子。幼年在郡里十二所村满福寺识字，听从僧人劝告剃度出家。十八九岁时，仰慕邹鲁之风，感慨道："丈夫岂能老于缁流！"于是出走到京师，居住四年后，拜入京西松尾山中门下，寓居祠官家中。专攻余姚之学。与春日潜庵相交，往复切磋，后又与吉村秋阳、山田方谷、林良斋等人结交，越发勤于讲学研究。他在松尾处求学大约六年之久，其间往往数月端坐一室、不窥庭园。曾道破自己的抱负，道：

> 埋身于千岩万壑之中，默默独求古道于遗经，将以为千岁不磨之图，此予之所私心自期者，不知果能得遂其志乎否。

又在临行之际，赋诗道：

第七章 池田草庵

> 坚坐六年松尾山,偶然今日向人间。身如流水随缘动,心与孤云到处闲。

移居京师,教授学生,当时是天保十一年(1840)三月。十四年(1843)四月决计返回故山。居住在郡八鹿村西村氏的山馆。学生前来求学之后,人数以致超过了山馆的容纳范围。因此草庵相中宿南村西面的土地,在此兴建一座书堂。书堂倚山而建,左侧可于山岭之上眺望青山村,右侧可俯瞰蓼川巨流,前侧近处与夜气山相对,青山川环绕其址,因此名为青溪书院。求学之人,常有数十人。于是寂寞之乡一变而成弦诵之域,樵歌鸟韵、咿唔之声相和,宛如武陵仙源。又特别修筑了一间小室,作为游息之处,号松风洞。草庵绝意仕途,以培育英杰为己任,持身严格,常尚礼节,每日清晨焚香,端坐数刻,然后接待诸生。诸生在讲堂中以长幼为序,先拜见先生,礼毕后相互行礼,而后各就其业。将要就寝之时,再如此重复,始终不易,循循惟谨,如同子事严君。诸生若有过错,训诲恳切,继而泪流满面,至诚动人。草庵平生不蓄婢仆,薪炊洒扫之事,诸生交迭办之。北地十分寒冷,积雪压在屋顶上,坚冰硬如石头,然而诸生也丝毫不厌其劳苦。可想他们对草庵的信服。

草庵为人清癯,虽身材短小,但仪容端庄,自带威容。不近名利,自甘清淡。明治十年(1877)患痞,百般治疗仍未痊愈。翌年九月廿四日殁,享年六十六岁。草庵出生,在潜庵之后一年,而与潜庵同年去世,虽是偶然也可说是奇异了。

草庵曾愤慨风俗颓败,道:"欲挽回天下之风俗,不可不先敦一乡之风俗。"因此创设养老会，每逢春日佳辰，遍邀乡里耆老，置酒供具，团栾献酬，问丰凶，话桑麻，朴茂醇厚之风，蔼蔼可掬，一乡由此而感化。

草庵于京师之时，以象山、阳明为宗。等到他回到家乡，阅读蕺山《刘子全书》，大彻大悟。于是融通朱子学，以慎独为宗，特别尊信《人谱》一书，将其参入《小学》之中，以此教授诸生，道："得大节如刘子，学识如刘子，为人如刘子，可谓了无遗憾。"由此可以知道，他将刘子视作毕生的理想（以上内容以《草庵传》为主，根据土屋凤洲的《草庵池田先生行状》）。草庵著有《读易录》三卷、《尚书蔡传赘说》三卷、《古本大学略解》一卷、《中庸略解》一卷、《文集》十二卷、《日录》若干，皆藏于青溪书院。草庵的作品多未刊行，因此如今十分难得，但是《古本大学略解》收录于《"阳明学"之古本大学集解》中。草庵又曾收集与林良斋、春日潜庵、吉村秋阳的赠答书信，编为一卷，命名为《鸣鹤相和集》。

春日潜庵在回复林良斋的书信中，记录了草庵的事情，道：

> 其人外貌朴陋，而其内识趣极高，操履甚正。

又在赠池田子敬的序中写道：

> 子敬结庐松尾山下，穷苦寂寞，而不少变其志焉。予访其庐，叩其学，深沉掩抑，不显其光，而精悍之气，不可驯也。

可以推测草庵的学问行为不可轻视。草庵语录名为《肄业余稿》，其中多有足以警醒世人的言语，现在将最为贴切者列举如下：

一、人寿百年，赫奕富贵，假令以快平生之怀抱，然自达者视之，则亦是岩前之云，草上之露，曾不足以挂吾胸中也。而世人役役求之不止，适足以见其惑耳。

二、人之过恶，则恐其不自知也。知之则又恐其或不切也。知之苟切，则一旦感激愤励，脱出旧窠，更图新功。古人有言，犹日月之食也。及其改也，不啻不存其旧，而特觉光明耀灵反加一段精采也。

三、怒之难克，犹烈火之不易扑灭也。克得容易，乃见其勇。

四、志气一奋，则万夫莫避，前面何复有艰阻之可言？不然，培塿曲径，亦皆成隔碍。消沮屏息，不能出气，不以愧男子之眉目乎？

五、以一物不知为耻，是特耻之小者。盖耻有大于此者。今大耻之不耻，而以小耻为耻，所谓不耻其可耻。而不可耻之耻者，是乃耻之所以不免也。

六、所谓仁者，视人犹己，其穷也，举家国天下之事，莫非己分内也。所谓不仁者，才认躯壳以为己，而亲戚兄弟，视犹路人，况家国天下之事哉。是故大人者，其在世也，天下人尊之亲之，其殁也，后世之民哀之慕之。而不仁之人，则人皆苦其生，幸其死矣。

七、夫人须自知也。不自知，则无以用其功矣。

八、人可欺也，不可自欺。人可瞒也，不可自瞒。不可欺处不敢自欺，不瞒人。不可瞒处不敢自瞒。慎独戒惧，收摄保任，此是静中用功之方。

九、私念稍少，主宰稍明，澹澹澄澄，渐入佳境，所谓大本未发之中，寂然不动之体，自此得手，自此建基，方是圣贤深造自得之学问。

十、学者奉其身，当如金玉然。微有缺失，则不可以为天下之至宾矣。

十一、德苟立，名苟成，则其处世间，如野鹤之在鸡群中矣。

十二、莫谓余一人矣，天下自有多少般人也。莫谓仅百年矣，身后之岁月甚长也。而公论之不可掩，犹揭日月而行。

| 第八章 |

柳泽芝陵

柳泽芝陵，名信兆，字伯民，称太郎。芝陵是他的号。岛原世臣藩邸留守信行的长子。芝陵幼时，跟随父亲住在江户。父亲曾请求川北温山道："予老而知不可不勤学，愿将吾儿托于帷下。"温山允诺。温山教育学生，自有一套家规。但凡来门下游学之人，必先命其作诗，以此来试探其才华。芝陵天资明颖，黾勉不倦，措辞清丽，命意典雅，温山大悦，赞叹道孺子可教。芝陵之后侍奉藩主，被任命为近侍，虽然出入匆忙，但勤业不懈，夜以继日。时而会友讲义，若不合其意，明快辨析，毫不假以辞色。又阅读《涑水通鉴》①，慨然扼腕，议论古今之得失。于是君侯爱其才，擢升为留守助员，欲继承父亲的职位。芝陵对友人道："圣贤之学，无他，唯实学实行而已，是朱学之本旨，温山先生所导也。见世之称书生者，不浮薄则

---

① 1936 年版作"《涑水通鉴》"。

固陋，往往不通世态事情，何谓之实学实行哉？今留守之职，俗务中之最俗者也，不学无术之所，杀鸡焉用宰牛刀。虽然，不可废搁公之命，不可测温山先生之意。"任职三年后因病辞职。温山先生召其加入海鸥文社，受到诸大家的眷顾，于是其学问日就月将，声誉更盛，温山先生尚有不及。求于佐藤一斋进而拜入昌平黉。芝陵于是与黉中诸才子，联案讲学，愤励困苦。偶然读到《传习录》，才知道余姚王氏之学，幡然开悟，对友人说道：

> 文公之学，譬之画全龙，虽爪牙详备，未见其真。及王子出，始点其两睛。虽说朱王趣异，本是一揆。所谓百尺竿头更进一步而已。

在此一年后返回，不久患肺病，吐血数瓶，志气不屈，仰卧写书，经十余月后殁。为弘化二年（1845）八月五日。时年三十岁。著有《芝陵遗稿》一卷，系友人佐久间诃庵刊行。其中有如下诗文：

八月初六倍一斋先生游箭库别业
　　许排残热入幽区，觅句徘徊捻短须。遗爱轩焦思学士，署名楣扁识鸿儒。
　　侵人竹气秋潜至，啜茗梧阴意顿苏。欲颂严师今日德，千年岳雪耸天隅。

其对一斋的崇敬之情，不可不谓极其笃实。

补正①

谷铁臣与赖支峰、神山凤阳、江马天江诸老共称平安四翁。铁臣字百炼,小字骝太郎,号如意山人。彦根医生涩谷周平的儿子,文政五年(1822)三月生。幼年修习汉学,有所造诣。年长后以刀圭为业。文久二年(1862)位列藩士,担任国事代理人,与天下志士往来,后以侍读身份参与藩政。维新之际,尽力国事之举不在少数。维新后就任左院议官。明治六年(1873)辞职退隐京洛,恣意尘世之外。晚年喜好阳明学,有《论语类编心解》《老经摘录》《大学提纲》等书。明治三十八年(1905)十二月廿六日与世长辞。享年八十四岁。

---

① 此处为1936年版附录1《补正》中增添的内容。——译者注

| 第九章 |

西乡南洲

世人将西乡南洲奉为豪杰之士，却不知道他的学问如何，因此只看到了他的形迹而无法窥见他的精神。① 他曾从佐藤一斋的"言志四录"中抄录出一百零一则训诫，奉为金科玉律。他修心炼胆之术，完全取自阳明学。著有《南洲遗训》一卷。由片渊琢氏在明治二十九年（1896）出版。其中有如下言论：

一、事无大小，蹈正道推至诚，凡事不可使诈谋。人临障碍，多爱用计，一旦事畅，后伺机而动。然计必生烦，事必败矣。行正道，目下迂远，然先行则早成也。

二、道乃天地自然之道，故讲学之道，在于敬天爱人，以修身克己为始终也。克己之真义在毋意毋必毋固毋我。总而言之，凡人皆以克己成，以纵己败。观古今人

---

① 1936年版在此后增添介绍："他曾经和大久保利通及海江田信义一同倾听家乡的阳明学者伊东潜龙的讲义。"

物，事业初创之其事十之成七八，余二三终成者稀。盖因初能慎己敬事，故得功立名显。随功立名显，不觉爱己之心起，恐惧戒慎之意弛，骄矜之气渐涨。恃既成事业。苟信已万般皆能，则陷不利而事终败，皆自招也。故克己，人未睹未闻处戒慎也。

三、道者，天地自然之物。人行道，是为敬天。天佑众生，故当爱人如爱己也。

四、不与人对，与天对。以天相对，尽己责而勿咎人，寻己诚之不足。

五、爱己为最不善也。修业无果，诸事难成，无心思过，伐功而骄慢生，皆因自爱起，故不可偏私爱己。

六、改过时，知己之误，即善也。其事可弃而不顾，即踏一步。思悔过，患得失，欲补缮，同碎茶碗集其片者，于事无补也。

七、行道者，固逢困厄，立何等艰难之境，事之成否，身之死生，无关也。人者，事有擅否，物有成否，自然亦有心动摇之人。人行道，蹈道无擅否，亦无成否。故尽行道乐道，若逢艰难，凌之，愈行道乐道。予自壮年履屦艰难，故今遇何事，皆不动摇，实乃幸也。

八、不惜命，不图名，亦不为官位、金钱之人，因于始末也。然无因于始末者共艰难，国家大业不得成也。云云。

九、行道者，举天下毁无不满，天下誉亦不自满，缘自信厚之故也。

十、平日不循道，遇事狼狈，处理无措也。云云。

十一、笼络人暗谋事者，纵成事，慧眼见之则丑态立现哉。以公平至诚推人。不公平则决难揽英雄之心也。

十二、无欲成圣贤之志，见古人事迹，思难企及，较临战脱逃尤卑怯也。朱子亦云，见白刃而逃者无救矣。诚读圣贤之书，身心体验其所为，是为修行，惟知其言其事，徒劳也。予闻今人论，何等至理，然难通所为，仅止口舌，无感佩之心。见真为之人，实折服也。空读圣贤之书，犹旁观人之剑术，全无领会。全无领会者，倘一交手，无他法，逃之夭夭也。

十三、天下后世信仰悦服者，惟真诚二字。自古讨父仇之人不胜枚举，独曾我兄弟，迄今妇孺皆知，盖出类诚笃之故也。无诚而为世所誉，侥幸也。诚笃者，纵当下无人知，后世必有知己也。

十四、世人所倡之机会，多为侥幸所得。真正之机会，在尽理而行，审势以动。平日忧国忧天下之诚心不厚，只趁时而成，事业难绝永续。

十五、今之人以为，才识具则事业随心成。然任才为事，其危可见矣。有体方行用。

阅读这些遗训，足以想见南洲决非轩昂凌厉、侮慢世人的人物，其心胸中反而充满了至诚之情，其决心一旦动摇，连生死都置之度外。虽然南洲原本并不被视为学者，但是其自得之见解，绝非一般庸儒所能企及的。这般见识大概是在社会冲突的烈火中锻炼而来的吧！因此，就如他的遗训，不仅趣味横生，实际上有不少足以令人拍案叫绝之处。南洲曾作述怀诗，道：

> 几历辛酸志始坚，丈夫玉碎愧瓦全。一家遗事人知否①，不为儿孙买美田。

由此可知，他立志于名利之外，宛如屹立的巨峰，牢不可拔。虽然他最后作乱而死，逆贼之名遗留千年，实在是可惜，但后人负他之处亦不少。他在庙堂主张征韩论，未能达成合议，退出朝堂而难抑不平之气，于是发动暴乱。虽然暴乱是大忌这件事无须多言，但他由此激发活气，鼓舞士气，让我军得以实弹演习。正是因为和南洲的士兵这样剽悍的军队为敌作战，我军才真正得以锻炼胆识、战术。果然如此，那么后人难道没有辜负南洲的地方吗？然而，必须知道这本就是从他的方寸之中养成的炯炯一点良知之光处得来的。

补正②

在萨摩藩有一名与西乡南洲同时代的阳明学者。其名为伊东猛右卫门。猛右卫门，名祐之，字无形，号潜龙。文政年间游学江户，在佐藤一斋门下学习。著有《余姚学苑》（写本）二卷。抄录关于阳明学派的记事评论，上卷为中国的部分，下

---

① 1936年版作"我家遗法人知否"。
② 此处为1936年版附录1《补正》中增添的内容。——译者注

卷为日本的部分。卷首有某位友人的序。卷终有荒川秀山及新纳时升的跋。秀山,名元,字子良,在潜龙处修学。其跋中评论潜龙道:

> 克己力行,旁善书。以司之之职巡察日隅诸郡,每过吾都城邑,叩以东儒佐藤氏学。元不胜感激,以所闻师往复论辩,深以契交谊矣。

通过这段记述,也足以察知潜龙的为人及事业了。

第十章

吉田松阴

附高杉东行

吉田松阴，名矩方，字子义，称寅次郎。松阴是他的号，又号二十一回猛士。长州人，曾求学于佐久间象山门下。他的学问虽未必限于姚江学派，但也十分接近姚江学派。自辩道：

> 吾曾读王阳明《传习录》，颇觉有味。顷得李氏《焚书》，亦阳明派，言言当心。向借日孜以《洗心洞劄记》，大盐亦阳明派，取观为可。然吾非专修阳明学，但其学真，往往与吾真会耳。

并且，若说他的学问系统，是不可能与姚江毫无关系的。他原本就是在象山门下修学之人。松阴所著颇多，其中重要的著作列举如下：

《幽室文稿》六卷

《照颜录》一卷

《坐狱日录》一卷

《宋元明鉴纪奉使抄》二卷

《储樸话》一卷

《回顾录》二卷

《松阴诗集》二卷

《讲孟劄记》十卷

《武经讲录》二卷①

《留魂录》一卷

《东北游日记》一卷

《松阴遗唫》一卷

《俗简杂集》一卷

《幽囚录》一卷

《鸿鹄志》一卷

松阴传中列举了著书五十七种。②作为松阴自得思想的体现，最应该看《坐狱日录》末所附载的《七生说》。因此将其抄录在下文，道：

> 天之茫茫，有一理存焉，父子祖孙之绵绵，有一气属焉。人之生也，资斯理以为心，秉斯气以为体，体私也，心公也。役私殉公者，为大人；役公殉私者，为小人。故小人者，体灭气竭，则腐烂溃败，不可复收矣。君子者，

---

① 1936年版作"《武教讲录》二卷"。
② 1936年版增添介绍："吉田库三曾编纂《松阴遗著》二册，将其题名《松阴先生遗著》，由民友社发行。"

心与理通，体灭气竭，而理独亘古今、穷天壤，未尝暂歇也。余闻，赠正三位楠公之死也，顾其弟正季曰，死而何为？曰：顾七生人间以灭国贼。公欣然曰：先获吾心。耦刺而死。噫，是有深见于理气之际也欤。当是时，正行正朝诸子，则理气并属者也。新田菊池诸族，气离而理通者也之徒。由是言之，楠公兄弟，不徒七生，初未尝死也。自是其后，忠孝节义之人，无不观于楠公而兴起者焉。则楠公之后，复生楠公者，固不可计数也，何独七而已哉。余尝东游，三经凑川，拜楠公墓，涕泪不禁。及观其碑阴勒明征士朱生之文，则复下泪。噫，余于楠公，非有骨肉父子之恩，非有师友交游之亲，自知其泪之所由也。至朱生则海外之人，反悲楠公，而吾亦悲朱生，最无谓也。退而得理气之说，乃知楠公朱生及余不肖，皆资斯理以为心，则虽气不属，而心则通矣，是泪之所以不禁也。余不肖存圣贤之心，立忠孝之志，以张国威、灭海贼忘为己任，一跌再跌，为不忠不孝之人，无复面目见世人，然斯心已与楠公诸人，同斯理，安得随气体而腐烂溃败哉？必也使后之人，亦观乎余而兴起，至于七生而后为可耳矣。噫，是在我也，作七生说。

松阴又有死生之说。可见于他赠与品川弥次郎的书笺之中，写道：

所谓未开悟死生，实在是愚蠢至极，因此对其详细论述。十七八岁时死亡觉得可惜，三十岁死亡也觉得可惜，即便到了八九十岁甚至百岁,也未觉得满足。如草虫水虫,存在仅有半年寿命的生物,并以之为短;如松柏,存在有数百年寿命的生物,并不以之为长。与天地之悠久相较,松柏亦是一时之蝇。只是如伯夷等人,固然经唐宋明,乃至清朝,也未曾消灭。若当时感念太公望之恩,未在西山饿死,虽然迨百岁死,可谓短命。何年限生?气济之事?目前之事?浦岛武内今死人也,人间仅五十年。人生七十古来稀。遣何泄愤之事而死,是无法成佛的啊。云云。

这就是豪杰的死生观,非常之痛快!可以说相较于迂回烦琐的理论,优秀了万倍。

松阴生于国家多难之时,用心政事,并没有安静研究学理的空闲。年仅廿九岁,就遇到了大辟。因此虽然关于时务的论著很多,可以看出学理的著述则十分稀少。在下文列举两首可以表现他志向的诗作:

自警诗

士苟得正而毙,何必明哲保身。
不能见几而作,犹当杀身成仁。
道并行而不悖,百世以俟圣人。

书感

始吾已许之,岂死以负之。脱去带冢树,宝剑值千金。况逢天步艰，更感君恩深。

昔谓死如饴，今岂更呻吟。后视今犹古，吾视古犹今。世上纷纷者，宁知伯牙音。

其决心之坚定，若无学问素养，毫无疑问是不可能达到这种境界的。松阴又曾讲孟子，作《讲孟劄记》，在卷四的开头写道："爰修劄记，记岁月日，传千万年。"其抱负之远大，足以令人惊叹。

松阴门下有一位叫高杉东行的人，亦喜好阳明之学。东行，名春风，字畅夫，称晋作。曾在松下村塾求学时，在《传习录》之后写道：

王学振兴圣学新，古今杂说遂沈湮。唯能信得良知字，即是羲皇以上人。

他曾到过长崎，偶然读到有关耶稣教的书籍，慨然而叹道："其言颇似王阳明。然国家之害，宁有过之者乎？其倾城覆国，岂啻大炮巨舰而已哉。"耶稣教毒害我国体之精髓，确实如东行所言。东行亦可谓卓见之士。①

松阴相关书籍

《吉田松阴传》五卷　野口胜一、富冈政信编次

《吉田松阴》一卷　德富猪一郎著

---

① 1936年版精简为"他的见解，由此可知"。

《吉田松阴先生文稿》二卷

《吉田松阴先生野山狱文稿》二卷

《殉难士传》（卷上）马杉系著

《慨世余闻》 斋藤丁治编纂

《维新史料》①

《慷慨家列传》

《续国史略后编》（卷三） 小笠原胜修纂述

《日本名家人名详传》（卷上）

《大日本人名辞书》

《靖献事迹》（卷上） 近藤清石著

《近世百杰传》 干河岸贯一编撰②

《日本伟人传》 西村富次郎著

---

① 1936 年版在此后增添一本书："《殉难录稿》（卷四）。"
② 1936 年版作"干河岸贯一著"。

| 第十一章 |

东泽泻

附栗栖天山

东泽泻，名正纯，字崇一，称崇一郎。泽泻是他的号，又称白沙。周防国岩国人，天资俊迈，好文章。安政年间，游学于江户，拜佐藤一斋为师。又游历山阴山阳，拜访老儒硕学，学德日益精进，自有所领悟。崇敬姚江学派，以之为圣学正宗，常以讲明道义为己任。曾获罪流放南岛，明治元年（1868）被赦免返回故乡，在穷陬下帏讲学，讲习不倦。晚年关闭学塾，谢绝诸生，独自读《易》，以此为乐，自行了断尘缘，避居终老。明治二十四年（1891）三月病殁，时年六十岁。著有《证心录》二卷、《禅海翻澜》一卷、《儒门证语》一卷、《传习录参考》二卷、《近思录参考》二卷、《周易要略》二卷、《学庸正文》（写本）二卷①、《论孟撮说》（写

---

① 1936年版作"《学庸正文》三卷"。

本）二卷①、《郑延平事略》一卷、《国史剩议》二卷、《文章家训》二卷②。③《证心录》中，有关于致良知的文章三篇，现在列举其中第一篇如下：

> 主静之说出矣，则不能无居敬之说焉。居敬之说出矣，则不能无穷理之说焉。穷理之说出矣，则又何可无致良知之说焉。故有周子而后有程朱，有程朱而后有阳明子，皆势之不可已，而所以立人极也。夫主静之旨微矣，恐其偏于静也，故说居敬而救之。而敬亦静也，故更说穷理而补之。而为其说者，必欲穷尽天下事物之理而后实之于践履力行，故援之以先知后行，博之以一草一木。丝毫分析，终伤命脉焉。穷理之说亦弊矣。于是阳明子直斥之以俗学，而曰：惟精是惟一的功夫，博文是约礼的功夫，道学问是尊德性的功夫，格物致知是诚意的功夫，即行即知，即修即悟，即功夫即本体，即下学即上达。一洗支离缭葛之习，而其要归之于致良知三字。可谓霹雳手段矣。盖静也，敬也，理也，皆所谓良知也。主也，居也，穷也，皆所谓致也。乃所以明周程朱子之本旨，而岂故标异立奇者哉？抑如后之为良知之说者，以放纵为自然，以善恶为应迹，云云。呜乎，在议者何足以知阳明！而如为其学者，亦岂谓之不负良知之教，不营伤周程朱子之心，又将欺阳明在

---

① 1935 年版作"《论孟撮说》四卷"。
② 1936 年版作"《文章训蒙》二卷"。
③ 1936 年对其著书种类进行了小结，"大约有二十九种四十九卷，都收载在《泽泻先生全集》之中"。

第十一章　东泽泻　附栗栖天山

天之灵也！阳明子尝言："良知之二字，自九死一生中得来。"嗟后之学良知者，九死一生果何在？果何在？

由此可知其思想之一斑。①

泽泻的朋友中，有一位叫栗栖天山的人，亦奉行王学。天山，名靖，字子共，称平次郎。与泽泻一同获罪贬谪南岛。天山当时愤世嫉俗，情难自禁。离开南岛归来后，向同志倾诉所思所想，剖腹而死。时年二十八岁。众人感其勇决。

---

① 1936 年版在此后增加内容："嗣子敬治，发行杂志《阳明学》，并且著有《困记》《叉子》《阳明学要义》等书。"

第十二章
真木保臣、锅岛闲叟等

此前已将阳明学派中学说或事迹可观之人，列举出来并对他们稍加议论。然而仍然不能说全部穷尽。尚有下面二三位不可错过，在此列举出来，以补缺漏。

真木保臣，称和泉，号紫滩，筑后人，醒目事迹颇多。在《靖献事件》（卷下）①及《维新史料》（第二编）中详细记述了他的事迹。权藤高良作《真木和泉传》，收于《伟人史丛》之中。和泉原本在会泽正志门下求学，之后自学阳明学，为子孙创作《何伤录》一篇。其他著作还包括《紫滩遗稿》二卷。②

锅岛闲叟公，乃是佐贺藩藩主，有卓见之名，曾喜好阳明学，称阳明为万世之英雄。有诗道：

---

① 1936年版增添一本书："《殉难录稿》（卷二十五）。"
② 1936年版增加内容："这些遗著，都收载在《真木和泉守遗文》之中。"

堂堂大路久荆榛，天以苍生付此身。腰下空横三尺剑，胸间才蓄一团春。

千年学术推元晦，万世英雄见守仁。寒月寥寥小窗底，焚香默坐养精神。

可见他对阳明推崇备至。适逢公的侍臣永山二水亦热心地推崇阳明学，①因此藩里的学问极大地倾向于阳明学，以至于到了朱子学将要被废除的地步。因此草场佩川向公上呈了一份谏草，论证此举的失当之处。但藩之学问也未得变更。广濑淡窗在拜访草场佩川时，作诗道："谏草成时残月落，讲筵回处夕阳空。"其中谏草，就是指佩川上呈闲叟公的文书。

云井龙雄是东北的一位奇士。悲壮淋漓，作诗述怀。维新后，暗地谋划恢复幕府，事败被捕，在小塚原被处刑。时年二十七岁。他的事迹在《云井龙雄全集》中有详细记述。中村忠诚氏又作《云井龙雄传》，可见于《旧幕府》（第二卷第九号）。龙雄虽然原本拜师安井息轩，但尊奉阳明之学。人见宁撰写的龙雄碑文中写道：

居常力学，方夜读书思眠，或以冷水洒面，或含辛味以驱之。犹尚不堪，乃制一木棒，自连击头上，殆至满头生瘤。尝读左氏传，一夕而竟，其勉励如此。后博总群书，最通王氏之学。君为人，矮身广额，如妇人，天资沈

---

① 1936年版增加内容："当时公有一名侍从永山二水，亦是热心的阳明学者。二水，名贞武，字德夫，通称十兵卫，后改为宽助。二水是他的号，后改为迂亭。侍奉公成为侍讲。如此君臣共同推崇阳明，藩里的学问极大地倾向了阳明学。"

毅，有倜傥大志，云云。

可以想见他并非寻常之人。偶然看到《五十名家语录》，谷隈山氏评价云井龙雄道：

> 云井龙雄非一般之人物，犹如今日壮士之头领。他可谓像极了打着幌子到处招摇求财的人。只是由于东北没出什么人才，方加以推赏，因此不值得传颂。

他的评价失于严酷。当今壮士之首领，岂有像他一般的气象？又岂有像他一样的诗才？

岛义勇，佐贺人，明治七年（1874）与江藤新平一起作乱后服罪。他极好阳明学，在《苍海闲话》中写道：

> 岛与兄是从兄弟，并且同年出生。岛稍有不同，喜好阳明学。云云。岛这个男人，亦是一位很伟大的人物。其天生讲信用，被朝廷重用。是个勤奋用功的人，称得上勤勉。并没有特别缺乏才能的地方。如此通过阳明学，擅长立刻决断。其人在佐贺之时，虽然起初根本没有计划暴动，不知道是计划帮助他人。还是被他人请求。他因此迅速做出了决断。在未能充分考量事情之前就做出决断，这一点与大盐平八郎等人是一样的。云云。根据岛是阳明学家，其舍弟重松元右卫门、副岛权介，皆修习阳明学，同系佐贺骚动的祸首。

果然，岛义勇无疑也是通过阳明学锻炼心胆的一位人物。

第十二章　真木保臣、锅岛闲叟等

即便如明治三十二年（1899）一月殁的海舟胜安房，也颇有些近似王学的观念。他在少壮之时，曾拜入岛田见山的门下，学习剑术。见山早先修习禅学，解其妙味，因而劝其学习禅学。他于是前往牛岛的广德寺修习禅学，①虽然不知是不是其修习禅学的结果，但总之他通过方寸的修行操纵一身，这一点与王学者并无不同。曾议论处世之要道：

> 此心湛然如止水，莹然如明镜，所谓物来顺应，虽酬酢万变，天机灵活，无不入而自得。

这显露出了他内心的想法，又道：

> 世间之人，动则或流芳千古，或遗臭万年。将此作为出处进退的标准，如此小气的想法，能有什么成就？男子处世，只以正心诚意应对现在之事尚且做不到，在后世的历史中是狂，还是贼，难道还有什么意义吗？要之，处世之秘诀，就是诚这一个字。

他所说的诚，在王学者看来，无外乎良知。又评论王阳明道：

> 王阳明，是自孟子以来的大贤。致良知之说，知行合一之论，毫无疑问在哲学界大放异彩。即便在诗书这等末技上，亦有独特之妙，其文章在唐宋八家之外，亦独树一帜。

---

① 1936 年版增加内容，"并且他曾求学于佐久间象山门下"。

虽然不知道海舟是如何受到姚江学派感化的，但其心术性行，颇有类似王学者之处。我将他附记在此，可知并非没有缘故。海舟的见解，可见于《冰川清话》《全续篇》①及《续续篇》之中，事迹可见于《胜海舟》《胜海舟翁》《胜伯昔日谭》等书，如诗文歌则记载在《海舟遗稿》之中。②

补正③

旅顺口战争中被击毙的中佐广濑武夫与师父共同信奉阳明学，他自己也通过阳明学锻炼精神修养。明治三十七年（1904）四月十二日《国民新闻》中刊载了工藤一记的谈话，道：

> 在令兄胜比古氏赠予已故广濑中佐的手翰中，有提及先考及山县先师之语。就以上内容，工藤宫内省文事秘书官说道："益于世道人心者出世，绝非偶然。其家系自不用说，也有他所受教育的原因。已故广濑中佐之先考重武氏生于丰后冈藩，自幼修习阳明学，是倡导勤王的主力人物。与同藩的小河弥右卫门，及之前被赠予从四位恩典的同藩门阀家中川栖山，以及从日向延冈来的、最为提倡勤

---

① 1936年版作"同续篇"。
② 1936年版增加内容："其他赤穗义士中，如吉田忠左卫门及木村冈右卫门，都是为世人所知的受到阳明学影响的人物。如果搜索他们的史实，绝不在少数，但属于学说普及及应用的内容，多数都将之省略了。"
③ 此处为1936年版附录1《补正》对此章所作的内容补充。——译者注

王论的僧人慈眼寺胤康（赠从四位）等为友，最为亲善，如小河氏，可以称得上是在九州首位主张勤王的人，地位在真木和泉之上。文久年间与重武氏一起数次入狱，当时曾欲共赴刑场。重武氏和小河氏均是有名的阳明学者，精通和汉经史，是以气概立世的人。共同撰写数帙自传等文书，无疑志在天下后世。重武氏常说：'士以意气而立，志在百年。'小河氏这样尊重意气，始终生死与共，以天寿而逝。他常以此意气教养子孙。胜比古、武夫两者的今日，全都因为这个原因。先师山县氏称小太郎，中川氏的臣下。他也修习阳明学，是有气概的人。他劝诫子弟道：'死轻于鸿毛，君国重于泰山。'他亦与重武氏亲善，维新之际共盟生死，很早就成为浪人，出入上国，与天下有志之士相交。在攻打会津城时，成为一方旗头。通过上述功劳，赏赐典禄五十石，其后在海军供职。重武氏看到山县氏为人，将嫡男胜比古、二男武夫两人托付给他，恳请山县对兄弟二人进行精神上的教养。如此，胜比古氏在本所松井町的山县宅邸成人。武夫氏能有今日，绝非偶然。"

另外，关于他的详细事迹，题名为《故海军中佐广濑武夫君补传》，刊载在《弘道》第百四十七号、第百五十一号及第百五十二号中，可一并参考。

结　论

　　自中江藤树倡导阳明学以来，其命脉缕缕不绝，虽然其间时而受到官府的压迫，但在人才辈出这一点上，反而优于朱子学。到底是何种人物受到了阳明学的陶冶，根据之前的叙述想必已经明了。虽然只列举了其中主要的学者，但已经不下二十余人，并且每个人的学问或者事业功绩，没有不显明于世的。因此，对此进行历史性的研究，绝非无酬之劳。但如果尚有被我忽视的学者，那只能成为遗憾了。然而恐怕还是存在这样的情况啊！三岛中洲曾在学士会院中发表《仁斋学讲话》，说道："仁斋学源于阳明的气学。"把仁斋作为阳明学派的人来论述（可见于《学士会院杂志》第十八编之八）。然而这实属谬见。将天地作为一元气的观点，自汉朝以来就存在了，仁斋倡导此说，未必可以说立足王阳明，何况仁斋曾批判王阳明呢。他论道：

　　　　王阳明亦以见闻学知为意见，以良知良能为真知。其

以良知为真知似矣。然以见闻学知为意见者，亦犹佛氏之见也。（《古学先生文集》卷五）

通过这段话就可以知道他的立脚点在何处了。

或有将朱舜水作为阳明学派学者的言论，这也十分可疑。舜水曾向安东省庵说过："我无他长，只一诚而已矣。"这句话稍微类似致良知之说，但也未必尽然。致诚，本出自《中庸》。并且他曾经明明白白地指出了阳明的弊病，又如何能将他作为阳明派的人呢？藤田幽谷及其子东湖，都追慕蕃山，多少从蕃山处有所启发。幽谷曾作《熊泽伯继传》，称赞其才华。小楠曾评价东湖道："其人口齿爽利，议论缜密，学于熊泽蕃山、汤浅常山等人，嫌程朱流之究理，专心于事实。"由此可知藤田父子的学风。然而直接将其列入阳明学派，还为时尚早，不如说将其作为水户学派的人来论述更为妥当。另外再为赖山阳呈上一句辩词，他曾在读王阳明集时作诗道：

为儒为佛姑休伦，吾喜文章多古声。北地粗豪历城险，尽输讲学老阳明。

然而他又在题朱晦庵画像时写道：

韩岳驱弛虎啸风，四书独费毕生力。一张万古科场彀，无数英雄堕此中。

他贬斥朱子而对阳明颇为赞赏，然而也只不过是作为文章大家而喜爱其文章罢了，和王阳明的学问毫无关系。虽然他曾与中斋结交，但并非出于王学的缘故。其他诸如贝原益轩、二山义长、大塚退野、松崎伯圭、古贺精里及大桥讷庵，都是最初崇拜姚江，而后归于紫阳。又如冈田竹庵，起初喜爱姚江之学，后一变而皈依佛门。因此这些人都不能列于阳明学派之中。

若说阳明学的根本，虽然出自明朝的王阳明，但一进入日本便立刻日本化，以至于自身带有了日本的性质。若要列举其显著的表现，那就是与神道合一的倾向。扩而言之，呈现出以国家精神为本的趋势。藤树就已经显现出了这样的征兆，如蕃山曾说过："求学，也学儒，也学佛，使理论丰富，心胸宽广，当立吾独有之神道。"大力主张将神道作为根据。大盐中斋也非常崇敬伊势大庙，作乱之时，旗帜上写着"天照皇太神宫"。奥宫慥斋也立意神道与王学的一致，也是我们必须注意的地方。简而言之，阳明学的日本化是毫无疑问的事实。与神道合一的倾向，只不过是其显著的一个征兆。日本的阳明学除了与神道的关系之外，不可否认具有日本的趣味。日本人性喜单纯，而作为学问，没有比阳明学更单纯的了，当得上易简直截之学。因此日本人在接触到阳明学的时候，其性与阳明学相符，以此迎彼，以彼容此，相互融会，成为一体，炎炎活气蓄积于内，遇事则如电光一般迸发，足以眩人眼目。若一瞥日本阳明派的人物，想来人数过半了吧！即便是中国阳明派的人，往往也显露奇节。然而日本的阳明学派，十分活跃，成就了众多事迹，留下了赫赫声名，远比中国的阳明学派优越。因此对日本阳明学派进行历史研究，绝不会缺乏趣味。但是阳明学派的学者，著书不多，而理论也比较缺乏，因此作为哲学来看的话，过于寡少且浅疏。然而其重视实行之人众多，是断乎不可怀疑的。虽然阳明学派之人论著较少，但他们的行为可代替著书，反而比著书更多地教导世人。就如同知行一致是他们的原则，他们践行其所知，因此根据他们的行状可以发现他们的主张，实际上足以代表他们的论著。因此他们的行为足以值得学者进行充分研究。

然而王学并非没有弊端。王学容易偏向主观。因为偏向主观，就轻视客观事实，亦有动辄被感情驱使，贻误终身之人。无论如何，道德可以从主观上达到圆满，因此王学者期待通过致良知的修行，实现主观上的圆满道德。他们只在此一途上奔波。因此从主观的角度来评价，确实十分优美。如藤树自然无须多说，即便是执斋、东里，其心境净洁纯粹，没有丝毫污秽；即便是其他王学者，虽然在文明智识上有所缺陷，唯有在其心德上，足以永远受到后人尊敬。然而道德单纯从主观上是无法追求完全的，在客观上也不可不完全。如果想要达到客观性的完全，必须开发客观的智识。大凡客观智识，就是教导我们如何顺应境遇或者时势并以此自处的知识。而主观的道德进步亦无外乎客观的智识。为了在主观上为善，在行为上实现其善，就不得不了解其境遇和时势。然而境遇和时势是不断变化的，因此需要客观的智识。通过客观的智识，来改良实现善意的方法，由此道德也不得不进步。因此，践行道德必须兼顾主观的修行和客观的智识，即需要心法和学术。如果缺少其中一个的话，与飞鸟失去一侧翅膀无异。然而王学者偏向于主观一个方面，而拒绝客观的智识，不明白道德进步的缘由，这就是我们无法袒护王学的地方。

然而短处所存之处，即是长处所在之地。王学者不追求客观的智识而偏于主观虽是其弊病，但也正是其确立决心的合理原因。他们在主观层面上将自我彰显在心胸之中，没有一点污染。我等践行正道是源于正义，那么我等又有什么可以畏惧呢？我等排斥一切不善、不义，仅贯彻我之道德而已。这样的思想成就了他们的决心。因此时而不顾境遇、时势，做出拔山翻海之举。涩井太室有言："信而守之，行而勿违，莫过于阳明家。暗斋次之。徂徕次之。倚而不憾，排而不校者，唯罗山之徒乎。"（《读书会意》卷中）阳明学派在实践方面优于其他学派，确是事实。如今伦理学研究渐渐兴起。然而伦理之说，或为利己，或为利他，或为利用①，或为完成，交互错杂，毫无定数。后生无不有越学越迷之感。因此自称深谙伦理学的学者，就得道这一点上，面对古人不得不惭愧。如此，在重视学理研究的同时，也不能不看重心德的磨砺。那么言及心德的磨砺，王学岂会对后生无所裨益？王学是禅与儒教合一而诞生的胚胎，与禅一样，是东洋特有的一种心法。如此心法与柔道相类。柔道是应用于腕力的心法，心法是精神界的柔道。在西洋没有柔道，也没有心法。虽然也不能说西洋完全没有心法，但确实没有如同我邦这样的心法。西洋的伦理并非以磨砺心德为主，而是以知识的探求为主。换而言之，是通过知识的探求来

---

① 1936年版作"或为实现"。

确立道德原则而后实行的学问。两者合一，不可偏废。若两者合一，将东西洋道德的长处融为一体，得以实现古今未曾有之伟大道德。想来西洋的文明最初是从东洋输入的。而其文明渐次蔓延，遂到达美国，横跨美国出其西海岸，遂与我邦相接。于是正如电器的正负两极相碰一般，东西洋的道德，忽然呈现出彼此冲突的景象。这不过是未来道德正在胚胎化的征兆罢了。

日本阳明学派之哲学　终

人生不满百岁，岂可放荡旷日而不惜空过斯生耶。古人曰，天地有万古，此身不再得，人生只百年，此日最易过。幸生其间者，不可不知有生之乐，又不可不怀虚生之忧。此言可时省。

——贝原益轩

附　录

附录一　阳明学派系统

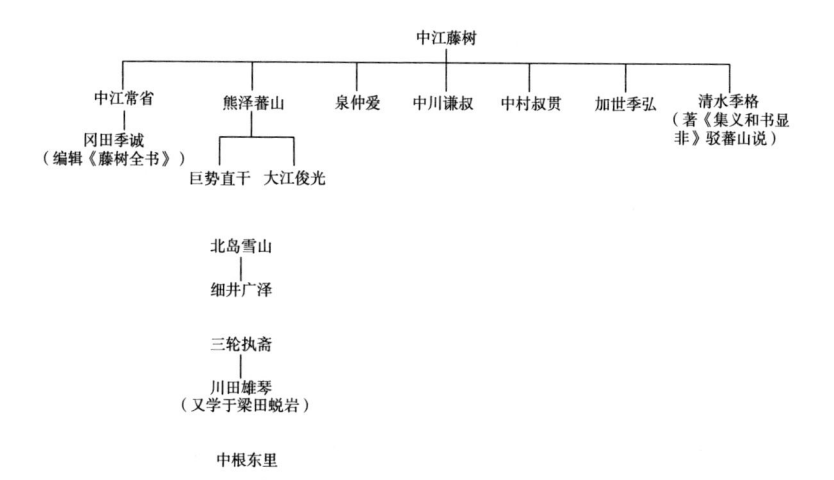

```
                              中江藤树
    ┌──────────┬──────────┬──────┬────────┬────────┬────────┬──────────┐
  中江常省    熊泽蕃山    泉仲爱  中川谦叔  中村叔贯  加世季弘   清水季格
    │        ┌───┴───┐                                      （著《集义和书显
  冈田季诚   巨势直干  大江俊光                                 非》驳蕃山说）
（编辑《藤树全书》）

            北岛雪山
              │
            细井广泽

            三轮执斋
              │
            川田雄琴
          （又学于梁田蜕岩）

            中根东里
```

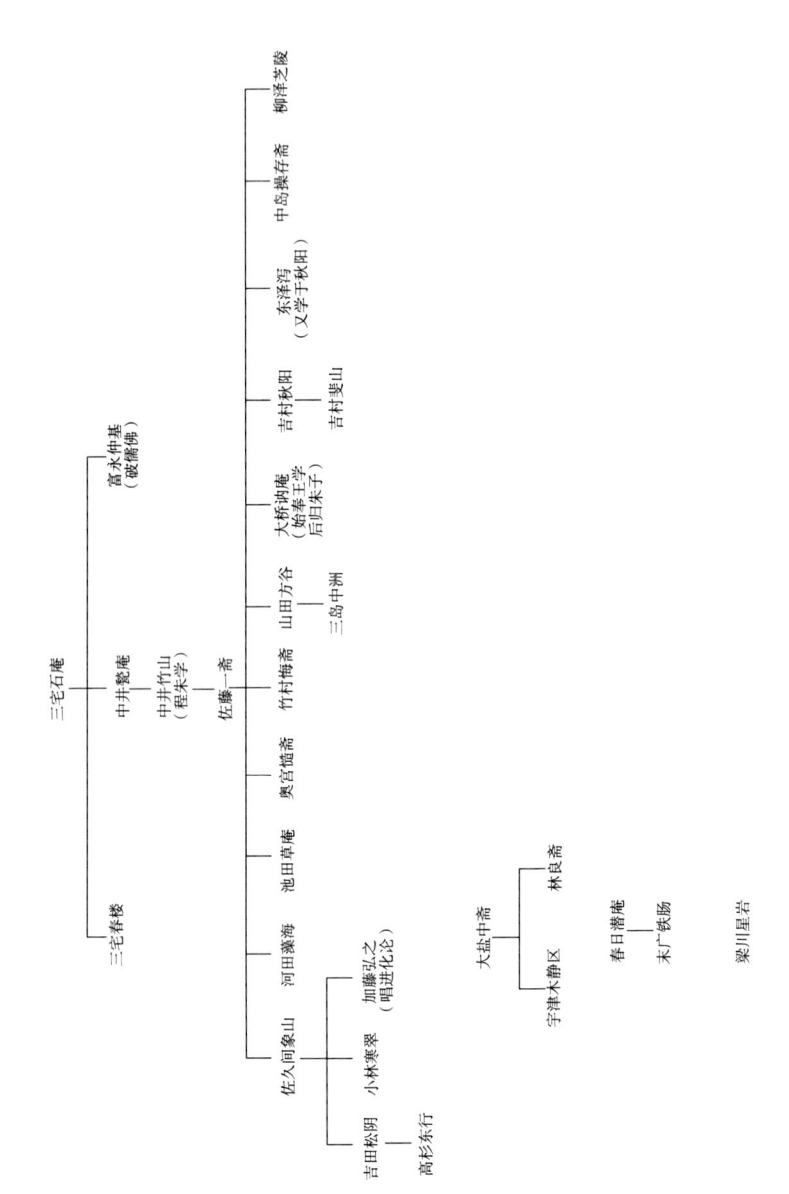

```
三宅石庵 ┬ 三宅春楼
        ├ 中井甃庵 ─ 中井竹山（程朱学）
        │                            ┌ 富永仲基（破儞佛）
        ├ 佐藤一斋 ┬ 竹村梅斋
        │         ├ 奥宫慥斋
        │         ├ 池田草庵
        │         ├ 河田迪海
        │         ├ 加藤弘之（唱进化论）
        │         ├ 佐久间象山 ┬ 小林寒翠
        │         │            ├ 吉田松阴
        │         │            └ 高杉东行
        │         └ 山田方谷 ─ 三岛中洲
        ├ 大桥讷庵（始奉王学 后归朱子）
        ├ 吉村秋阳 ─ 吉村斐山
        ├ 东泽泻（又字子秋阳）
        ├ 中岛操存斋
        └ 柳泽芝陵

大盐中斋 ┬ 宇津木静区
        └ 林良斋

春日潜庵
末广铁肠

梁川星岩
```

附录二　阳明学派系统[1]

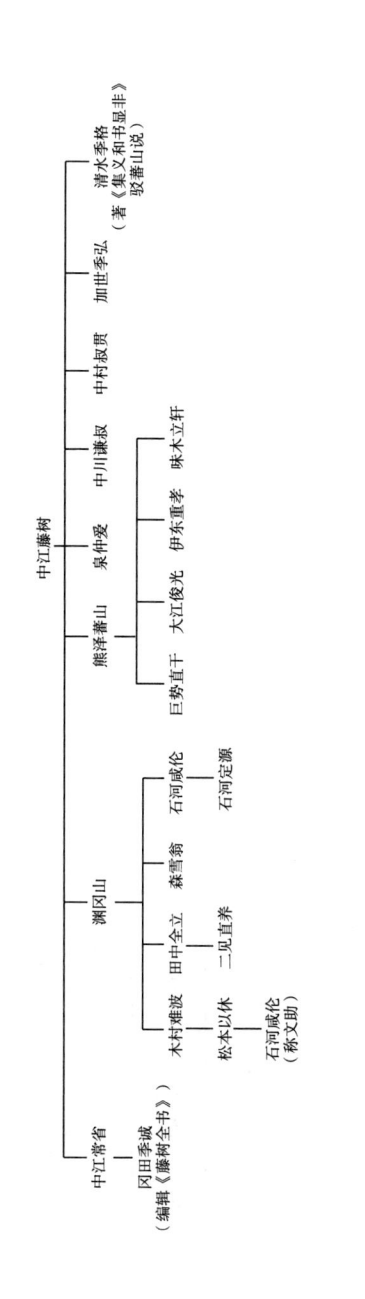

```
中江藤树
├─ 中江常省
│   冈田季诚
│   （编辑《藤树全书》）
├─ 渊冈山
│   ├─ 木村难波
│   │   └─ 松本以休
│   │       └─ 石河咸伦（称文助）
│   ├─ 田中全立
│   │   └─ 二见直养
│   ├─ 森雪翁
│   ├─ 石河咸伦
│   └─ 石河定源
├─ 熊泽蕃山
│   ├─ 巨势直干
│   └─ 大江俊光
├─ 泉仲爱
│   └─ 伊东重孝
│       └─ 咪木立轩
├─ 中川谦叔
├─ 中村叔贯
└─ 加世季弘
    └─ 清水季格
        （著《集义和书是非》《驳蕃山说》）
```

---

[1] 该附录是1936年版对原版的增补。——译者注

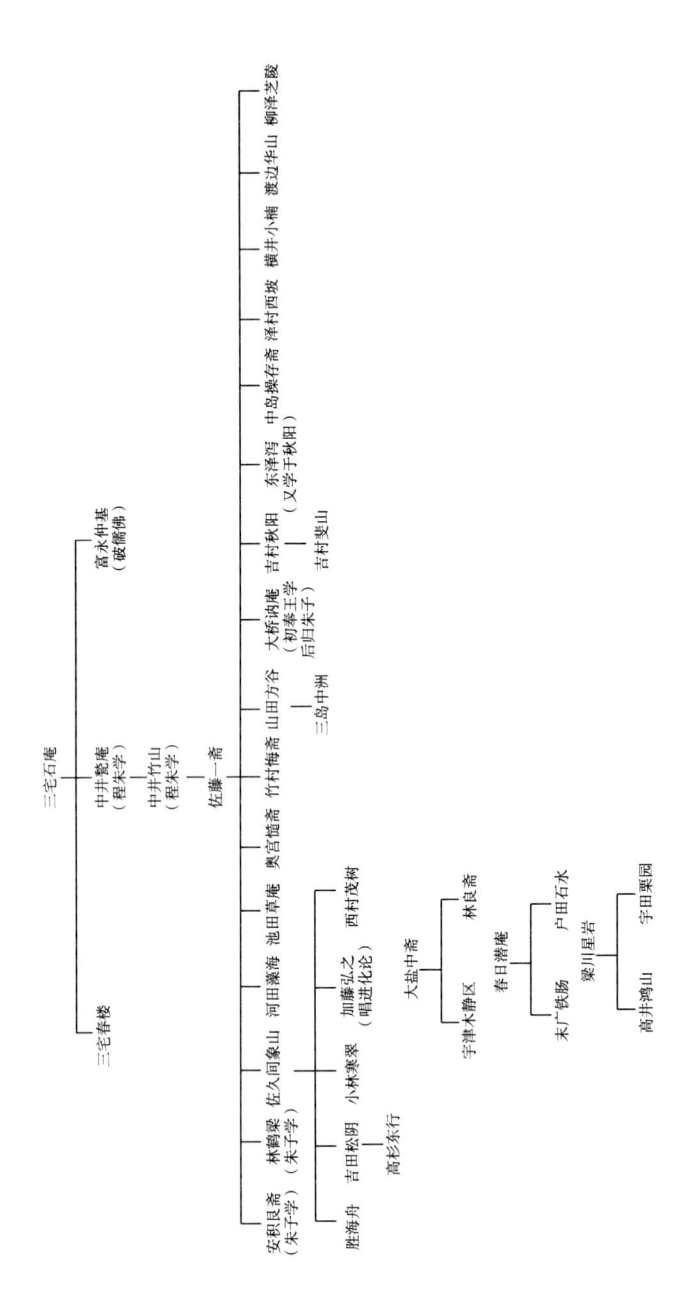

三宅石庵
├─ 三宅春楼
├─ 富永仲基（破儒佛）
├─ 中井甃庵（程朱学）
│   └─ 中井竹山（程朱学）
│   └─ 佐藤一斋
│   ├─ 安积良斋（朱子学）
│   ├─ 林鹤梁
│   ├─ 佐久间象山（朱子学）
│   ├─ 吉田松阴
│   │   └─ 高杉东行
│   ├─ 胜海舟
│   ├─ 小林寒翠
│   ├─ 河田岕海
│   ├─ 池田草庵
│   ├─ 奥宫慥斋
│   ├─ 竹村梅斋
│   ├─ 山田方谷
│   │   └─ 三岛中洲
│   ├─ 加藤弘之（唱进化论）
│   │   └─ 大盐中斋
│   │   ├─ 宇津木静区
│   │   ├─ 春日潜庵
│   │   │   ├─ 林良斋
│   │   │   └─ 户田石水
│   │   ├─ 末广铁肠
│   │   ├─ 梁川星岩
│   │   │   ├─ 高井鸿山
│   │   │   └─ 宇田栗园
│   ├─ 西村茂树
│   ├─ 吉村秋阳
│   │   └─ 吉村斐山
│   ├─ 大桥讷庵（初奉王学 后归朱子）
│   ├─ 东泽泻（又字秋阳）
│   ├─ 中岛操存斋
│   ├─ 泽村西坡
│   ├─ 横井小楠
│   ├─ 渡边华山
│   └─ 柳泽芝陵

附录三　阳明学派生卒年表（西历）

中江藤树　1608—1648①

熊泽蕃山　1619—1691

北岛雪山　1637—1697

三重松庵　?—?②

中江常省　1646—1709

细井广泽　1658—1735

三宅石庵　1665—1730

三轮执斋　1669—1744

川田雄琴　?—?

中根东里　1694—1765

林子平　1732—1793

佐藤一斋　1772—1859

竹村悔斋　?—1829

梁川星岩　1789—1858

大盐中斋　1794—1837

吉村秋阳　1797—1866

山田方谷　1805—1877

宇津木静区　1809—1837

横井小楠　1809—1869

奥宫慥斋　1811—1882

佐久间象山　1811—1864

真木保臣　1812—1864

春日潜庵　1812—1878

池田草庵　1813—1878

林良斋　?—1849

---

① 1936年版订正为"1608—1648"。
② 1936年版补充为"1674—1734"。

锅岛闲叟	1814—1871	河井继之助	1827—1864
吉村斐山	1812—1882	吉田松阴	1830—1859
柳泽芝陵	1816—1845	高山东行	?—1867
中岛操存斋	1822—1864	东泽泻	1832—1891
金子得所	1823—1866	云井龙雄	1844—1870
西乡南洲	1826—1877		

附录四　备前的阳明学者
（曾刊载于《阳明学》）

备前在德川时代与阳明学有很深的因缘。第一，自熊泽蕃山前往近江，在中江藤树门下求学以来，阳明学进入备前，受其影响之处颇多。蕃山学成后归来，再侍奉芳烈公，众所周知他的治绩有多大。不过，蕃山后来不得志离开备前，但阳明学的影响并没有因此而停止。第二，芳烈公自身尊奉阳明学。他曾招聘中江藤树门人中川谦叔等其他诸人，与阳明学的关系十分复杂。然而今日并非要详述他们的事情，而是想就其后备前的阳明学进行些许论述。山田方谷到闲谷黉开办讲义，这件事为人所熟知，而且他也是备中人，因此暂时放在一边。还有其他不为世人所知的备前的阳明学者，在此对他们进行介绍。

迄今为止，在《阳明学》杂志上搜索各色阳明学者被埋没之事，从各方面进行报道，这些工作成果作为阳明学的史料，都对研究有所助益。然而我在这里想要介绍的几位，尚未在报道中出现，这也是令人意外之处。

作为备前的阳明学者，在这里想要介绍的第一位是河上忠晶这个人。忠晶名市之丞，是冈山藩的世臣。此人和石黑后藤兵卫共同鼓吹阳明学，与佐藤一斋往来，和大盐中斋互赠文书。忠晶之后与黑住宗忠接触，继而信奉黑住教。在黑住教一侧，忠晶的事迹广为流传。忠晶殁于文久二年（1862），当时六十岁。现今在黑住教的关系者中有一位叫河上市藏的人，此人是忠晶的后裔。问他忠晶有没有诗文什么的，表示尚存有其诗作，并将诗作寄给我，现列举如下。

言志诗　十六首摘录五首

穷经经既明，治身身如何。不识经与身，恰如隔天河。
击剑元有法，学书岂无式。心术乏明师，独顺帝之则。
帝赍余白璧，粲其有光英。色食兼货利，晦蚀丧厥明。
处世如涉海，覆溺不可量。不知天意在，徒云任彼苍。
六尺美髯须，赳赳是干城。华服兼软语，学著女儿贞。

黑住先生肖像赞

伟哉先生，祇顺天命。五官有伍，莫物不正。圆灵泄秘，握造化柄。使人禳灾，振困除病。更锡祉福，保寿成性。有子有孙，国土丰盛。瑞穗之邦，赫赫神圣。其道之传，孰不加敬。皇化隆兴，人心维持。于戏先生，百世之师。

另外又有如下的版本，也将其刊载出来吧！

黑住先生肖像赞

天照太神，日本崇祀。黑住先生，奉道克履。皇天乃感，先生之诚。救溺之权，独擅先生。天谓先生，人心善良。自趋回辟，我为悲伤。尔克赞我，袯禳弗祥。登坛讲道，厥声如钟。意从天起，无物于胸。先生常说，惟忠与孝。袯之一言，神道首教。说空非空，是太神诏。不拘于儒，不佞于释。合则可矣，不合奚择。谆谆之谕，切切之箴。阳气勃兴，夏日春风。爱如父母，威如霆震。四方景从，远迩响应。支体之疲，顷刻而宁。私心之晦，一朝启明，克俾邪横。不轨之夫，化为慈祥。敦厚之徒，若夫劳人。一经灵煦，疾苦立除。来舆归步，众曰伟哉。先生之力，神道之光。昏迷将息，先生曰吁。吾无知识，天照太神。覆冈之德，于戏先生。年已七旬，肌肤丰厚。神强气纯，天生尤物，良有以也。徒闻其声，知其情寡。孰如先生，昆有识者。

弘化丁未畅月。　纪晶。　谨撰并书。

为了参考，也将大盐中斋的书翰刊载出来。

大盐氏书翰写

拜读贵书，即辰向寒之节，恭祝御体安康。虽久仰，未得见贵颜，近日垂示盛著，恭谨呈上拙跋相缀，不胜惶恐。另亦仔细研读采纳所著文章及御师家之文。当年自闲谷有故直接归帆，不得见贵颜，遗憾不少。请来年三四月之时，石黑君相访，其节缓缓相告。贵君御亲历之次第一一知晓。《易》曰因德之辨也。因穷而通，因以寡怨，是九卦中之一，而文王之御德也。非因则君子小人之辨不分晓，则其道通亨，则谁怨。贵君之志操，乍惮于因彰彰然。请拜谒，承道之物语，度来年相乐。此节笔记一说，以别楮御览。可置之一笑。恳求垂示，千万荣辱。时下风雪，专一奉祈珍重御体。先如上答礼，惶恐谨言。

　　　十一月十三日　　　　　　　　大盐平八郎

　　　　　　　　　　　　　　　　　　花押

　　河上市之丞　　　　　　　　　　　梧下

第二位是石黑后藤兵卫，这位阳明学者后藤兵卫的祖父后藤兵卫，他的事迹中也有十分有趣的经历，在下面刊载出来。

此人是备前藩七勇士中的一人。流传着这样的故事：他曾经到山上狩猎，有一只狼跳出来将要噬人。此时后藤兵卫主动将右手伸入狼嘴中，探入其咽喉拉出人骨。狼感到害怕最后落荒而逃。除此之外，还有这样的故事：冈山城下旭川禁止游猎的地方，曾发生鱼大量死亡漂浮的事件。那时因为犯禁夜猎者颇多，一时议论纷纷。后藤兵卫担心此后会有大量的人犯罪，因此带着一张旧网来到河边，将之抛洒进河川之中。如此果然被处罚了。这时后藤兵卫将旧网取上来表示自己只是为了清洗旧网，如此了事。因为这件事，之后再也没有犯禁的人了。他在临死之际用纸袋覆盖身体而死。这是为了不让人看到难看的死貌。此人死于元文四年（1739）。

其曾孙定度仍然称后藤兵卫。此人仰慕熊泽蕃山的遗风，尊信阳明学，而且他与斋藤一兴、河上忠晶等人勤于讲学。因此我想斋藤一兴或许也尊信阳明学。如果从与阳明学者共同学习这个角度思考的话，多半是这样的。详情尚未可知，因此暂且存疑搁置。

幕末涌现了一批阳明学者，其中有一位叫牧野权六郎的人。此人身高六尺有余，容貌魁伟，传言有古英雄之风。是勤王家中最早崛起的一人，事迹极多，是西乡隆盛的朋友。常有如下传言，即：

> 备前公与幕府有骨肉之谊。逡巡不决去就，乃因有杰物牧野权六郎，未敢为念。

牧野权六郎殁于明治六年（1873），当时五十一岁。虽然他的事迹记载在《冈山县人物传》中，但在这本书中并不能看到权六郎是阳明学者的相关记录。然而确实从冈山县的人那里听说了他是阳明学者的事情，因此为了确认这件事，询问了河上市藏，得到了下面的回信。由此牧野权六郎是阳明学者就是确定的事实了。其回信附录如下：

> 本月二十一日，谨拜贵墨……然寻牧野权六郎之阳明学思想之意。先人忠晶私淑阳明学，与石黑氏有莫逆之交，和石黑氏先人一同，与浪华的大盐氏交往也特别亲密。先人与大盐氏之间有书信往来，现存有其散佚的一二封书信。另外附纸誊写。牧野氏追随先人，得其学脉，存有在其入门之际，携来出示先人的手书，这份手书也另作

誊写。牧野权六郎无疑是具有阳明学思想的。还有根据函示要需一两篇忠晶的诗作，虽然有许多和汉文章，但并没有诗作。道歌有数百首，因而奉上。忠晶在算术上造诣最深，其师乃是藩士片山金弥。金弥前往江户的宅邸，跟随幕府的天文官涩川助左兵卫门，益发修习其学。天保十三年壬寅任命为朝廷的司天官，修改历法。被涩川征召前往京师，金弥辅助其作业。先人拜此金弥为师，最为精通算术。请宽恕我说了您找求之外的事情。前几天因为百年祭的原因，事情繁多，极尽繁忙，给您的回信迁延许久，望海涵。

草草不能尽言

上为大正三年四月二十五日书翰

牧野权六郎虽是川上忠晶的门人，但在进入忠晶门下时，提出了如下手书。

便条

长久以来，吾自心底欲学有用之学，成有用之人。未得其师，然近日得侍先生之讲筵，粗知其学之有用，现下拜读著述之书物，始知先生思想之深邃程度。诚心诚意，请拜先生为师。虽不顾愚蒙惮入，若示以教导，恭谨奉教，永成有用之人。以上虽极为羞耻，但道出心底之污浊，在下文记之。衷心请求指教。顿首再拜。季夏日。　牧野成宪

一、为人之养子者，仕养父母，与仕实父母无异。骨

肉之亲，乃天性之义，与自然意相合之事多，非骨肉，气质大异。故存意不同之事，枉顾不同而求同，则似谀。如何理解哉？凡仕养实之道，或有轻重差别乎？

二、例如，实父母常劝务学之事。子之心又有其志。然养父母勉强务学，反生不悦，尤其其志当时之学，恐落入时弊。然而若奉实父母之教，则背养父母之志，亦背其志，未能贯彻善，如此无害哉。

三、父之好事母不悦，母之好事父不悦，如何？

四、声色害耳目之事甚多，如何理解绝耳目之欲之事？

五、暗夜途中，逢物时大为惊栗。此乃心气不治、学识不足之故。此事，如何学？

六、根性弱、记忆薄，虽说依性质而定，可有修学而至强健之事？

七、如何理解在日用上简易且终身践行之事？

这些事情，无论哪一件，作为阳明学的史料，都具有参考价值，因此先在这里把它们记录下来。

最后需要注意的是，黑住教的教旨将天照皇太神作为宇宙的本体来尊信。因为天照皇太神在黑住教中是实际存在的神明，而且具有阳明学的良知的意味，阳明学中的良知日本化后形成实际存在的神明，就成为天照皇太神。因此河上忠晶受到黑住教祖黑住宗忠的感化，成为黑住教信徒，而黑住宗忠又从忠晶处学习阳明学。那么，在黑住教中是否存在一定程度阳明学的影响，尚存有疑问。另外，熊泽蕃山以良知为神明、光明、太阳、天照皇太神，以明德作为心之太阳。因此蕃山是在黑住教教理之前就已经道破此理了。如此说来，通过河上忠晶，黑住教中存在着熊泽蕃山的影响。河上忠晶修习阳明学很大程度上受到熊泽蕃山的感化。曾经我前往黑住本厅的时候，本厅以管长为代表的主要人物，都前来迎接，其中河上市藏氏最通晓文书。当时，我一再追问熊泽蕃山的学问与黑住教之间是否有联系，尤其是忠晶的阳明学是否承自熊泽蕃山，但对他们的历史关系，我始终没得到明确的答复。但是如果从今天的角度来思考的话，虽然忠晶和蕃山之间原本没有直接的联系，但他间接地受到蕃山影响的事情是不能否定的。值得注意的是阳明学与黑住教及其教理非常类似。有观点认为黑住教是阳明学的神道化、日本化。为了参考之故，这回先将相关事宜记录出来。

译后记

  《日本阳明学派之哲学》作为井上哲次郎"日本儒学"系列三部曲的第一部,是他对日本儒学思想进行追根溯源的作品之一。在这本书中,井上哲次郎以中江藤树、熊泽蕃山、大盐中斋等几位人物为主线,串联起了中国阳明学传入日本后的传播及演变。在他看来,以"良知""诚""慎独"为中心,主张内心修养的阳明学,与日本人的性格十分契合,因此,阳明学迅速"日本化",成为日本近代国民道德的思想源泉。井上哲次郎通过详细记录日本阳明学者的学说、著作以及事迹,直观地揭示了阳明学对个人修身养性的作用。井上哲次郎以西方哲学作为日本阳明学的参照对象,在批判阳明学缺乏实验精神的同时,挖掘阳明学中的哲学意识。由此可见,井上哲次郎的目的不仅在于追溯日本精神的来源、去向,还致力于东西方哲学思想的融合,在世界文明的大格局中定位日本思想。其学术野心之大昭然于纸上。然而,井上哲次郎在政治意识形态上的缺陷决定了他"御用文人"的偏狭性。以"忠君爱国""尊皇"为价值取向的刻板议论，使本书在学理性上失色不少。例如，井上哲次郎在分析中江藤树重视"孝"的原因时，运用了"家族制度""家族国家观"等近代化的概念论说"祖先教"对日本国的重要意义，由"忠孝一本"进而发展为忠君即爱国的理念。可以说井上的理论有种新瓶装旧酒的感觉。而且，在评价大盐中斋这一人物时，井上哲次郎将大盐视为反叛幕府的"忠臣"大加鼓吹，而对批判大盐者则加以讽刺。即便搁置大盐中斋起义事件能否称得上"忠臣"之举这一历史问题，井上哲次郎以"倒幕""尊皇"为标准的评价，也极大地损害了其学术论述的连贯性和合理性，相信读者亦能在阅读中感受到这类评价的突兀和浅薄。对于井上哲次郎这种偏狭民族情结，译者实难苟同。在此，亦提醒各位读者铭记历史真相，以求实、批判的态度对待文本，勿盲信盲从。

　　本书的翻译工作由付慧琴与贾思京共同负责。付慧琴主要负责叙论至第五章的内容，贾思京的工作则集中在第六章至后记部分。因此，译书前后用词习惯、语言风格难免发生些许变化，还望读者见谅。本书的翻译主要依据1900年富山房初版发行的《日本阳明学派之哲学》，同时以1936年同出版社再次发行的巽轩丛书版为参考。与初版相较，1936年版增添了数位人物介绍，译者亦在正文中进行了补充。此外，1936年版于卷末增加了《补正一》和《补正二》，译者将《补正一》的内容融入到了对应人物的章节最后，专门设置"补正"一节，以便于读者及时掌握修订内容；另将《补正二》作为附录置于卷末，供读者参评。

本书的翻译工作以保留原文风格为主旨，尽可能还原井上哲次郎的写作风格与语言特色。另外，井上哲次郎在论述人物学说时，对大量的汉文原著进行了和译，译者尽可能找寻到相应的汉文原文，以期确保引用文本的原始性和正确性。不得不说，翻译《日本阳明学派之哲学》这本书，是一个漫长且艰辛的过程。书中出现的大量引用以及古典语法的使用，为翻译工作带来了诸多困难。在此，真诚地感谢那些为翻译工作提供热情帮助的师长、朋友。是他们的指导、关怀，促成了这一译稿的完成。受限于译者能力不足，译稿尚存有诸多不足，还望各位读者不吝赐教，对其中的错漏之处进行批评指正。

译　者
2021 年 3 月 6 日